KB265961

데이터 투 하트

데이터 투 하트

히트 상품은 어떻게 만들어지는가

여명랑 지음

DATA TO HEART

데이터로 소비자의 심장까지

소비자를 이해하는 일은 갈수록 어려워지고 있다. 소비자는 무엇을 원하는지를 정확하게 말로 이야기하는 듯 보이지만 실제 구매 선택은 전혀 다른 방식으로 하기 때문이다. 같은 연령, 같은 소득, 같은 가족 형태 안에 있어도 각자 중요하게 여기는 가치와 욕구는 다르다. 이제 소비자는 더 이상 하나의 집단으로 묶어 설명할 수 있는 존재가 아니다. 국내 소비재 시장은 그만큼 빠르게 바뀌고 있고, 특히 식품을 비롯한 생활 밀착형 시장에서는 개인의 취향과 라이프스타일이 훨씬 더 직접적으로 소비에 반영되고 있다.

나는 이 변화를 단순한 유행이나 세대론으로 보지 않는다. 그보다는 시장을 움직이는 기준 자체가 근본적으로 변하고 있다고 본다. 과거에는 대중의 공통된 취향과 보편적 욕구를 읽는 일이 중요했다면 지금은 각기 다른 개인이 어떤 이유로 선택하고 반응하고 무엇에 끌리는지를 읽는 일이 더 중요해졌다. 함께 살아도 같은 방식으로 살지 않고 같은 제품을 보아도 서로 다른 기대를 품는 시대가 되었기 때문이다.

이제 소비자를 이해하는 일은 공통된 평균값을 찾는 것으로는 해결되지 않는다. 각기 다른 개인의 선택과 욕구를 더 정교하게 읽어야 하고 그 마음의 움직임을 따라가야 한다. 나는 그 변화를 읽는 가장 유력한 단서가 데이터라고 생각한다. 이 책의 제목을 '데이터 투 하트'라고 붙인 것도 바로 그 때문이다. 데이터는 단순히 무엇이 얼마나 팔렸는지를 보여주는 숫자가 아니다. 소비자가 무엇에 반응하는지, 무엇에 끌리는지, 무엇을 망설이는지, 그 마음의 중심에 어떤 욕구와 감정이 자리하고 있는지를 읽어내는 도구다. 내가 말하는 '하트'는 감상적인 표현이 아니다. 선택을 일으키는 욕구의 중심이자 행동을 일으키는 감정의 핵심을 뜻한다. '데이터 투 하트'는 결국 데이터를 통해 소비자의 심장 깊숙한 곳으로 다가가 내밀한 욕구를 읽고 시장의 기회를 발견해 공략하겠다는 뜻이다.

시장은 이미 개인의 시대로 넘어왔다. 그런데 여전히 많은 기업이 소비자를 평균값으로 읽고 있다. 소비자는 기업이 대규모로 진행하는 각종 조사에 답한 그대로 행동하지 않는다. 이는 소비자가 거짓말을 하는 것이 아니라 자신도 잘 모르는 욕구가 실제 행동으로 이어지는 것이다. 그럼에도 우리는 드러난 의견, 보이는 통계, 과거의 성공 방식에 기대어 시장을 해석하려 한다. 나는 현장에서 반복해서 확인했다. 진짜 기회는 겉으로 드러난 욕구가 아닌, 아직 충분히 설명되지 않은 '미충족 욕구' 속에 숨어 있다. 그리고 그 욕구는 소비자가 남긴 행동의 흔적, 즉 데이터 속에서 가장 먼저 모습을 드러낸다.

나는 단순히 데이터의 중요성을 역설하려는 것이 아니다. 개인이 시장의 주도권을 쥔 시대의 마케팅은 소비자의 마음을 더 깊게 읽고 세밀하게 충족시킴으로써 새로운 시장을 디자인하는 치밀한 전략이 필요하다. 이 책은 치열한 비즈니스 전장에서 모든 브랜드가 함께 생존할 전략을 고민하고 서로의 도전을 격려하고자 하는 마음에서 시작했다.

1장은 그 출발점이다. 내가 먼저 짚고 싶었던 것은 소비자의 모습이 이미 바뀌었다는 사실이다. 이제는 '대중'의 시대가 아닌 '개인'의 시대다. 개인의 취향이 선택의 기준이 되었고 흩어진 개인들은 디지털 환경 속에서 서로 연결되며 시장의 판까지 바꾸고 있다. 나는 시장 분석과 소비자 분석은 더 이상 같은 말이 아니며 소비자를 평균값으로 이해하는 방식으로는 새로운 기회를 만들 수 없다는 것을 말하고 싶다.

2장은 그렇다면 우리는 어떻게 소비자의 실제 욕구를 읽을 수 있는지의 질문으로 나아간다. 말로 드러난 의견만으로는 충분하지 않다. 소비자는 자신이 원하는 것을 정확히 말하지 못하기도 하고 스스로는 합리적으로 선택했다고 생각하지만 실제 행동은 전혀 다른 방향으로 나타나기도 한다. 그래서 오늘날 마케팅은 소비자의 말을 듣는 데서 멈춰서는 안 된다. 검색어의 변화, 감정어의 이동, 댓글의 맥락, 대화량의 미세한 흔들림처럼 디지털 환경에 남겨진 행동의 흔적을 함께 읽어야 한다. 데이터는 왜 지금 이 사람에게 이 선택이 의미가 있었는지와 아직 명확한 트렌드로 드러나지 않은 초기 신호가 무엇인지를 보여준다. 나는 오늘날 마케팅은 이미 형성된 수요를 두고 싸우는 일이 아니라 아직 이름을 붙이지 못한 욕구를 먼저 발견하고 그 위에 새로운 시장의 판을 짜는 일이라는 것을 말하고 싶다.

3장은 데이터가 미처 보지 못하는 영역에 대한 이야기다. 나는 데이터가 중요하다고 믿지만 데이터가 만능이라고 생각하지는 않는다. 같은 데이터를 보고도 서로 다른 결론에 도달할 수 있고 잘못된 결론은 잘못된 의사결정으로 이어질 수 있다. 숫자는 많은 것을 보여주지만 인간은 언제나 데이터보다 더 복잡하다. 따라서 데이터는 냉정하게 접근해야 하지만 그 해석에는 인간의 감각과 뜨거운 욕망에 대한 이해가 반드시 필요하다.

브랜드의 이미지는 오감의 경험으로 완성된다. 소비자는 제품 그 자체보다 그것을 사용하는 자신의 모습과 제품이 선사하는 가치에 반응하기 때문이다. 결국 소비자를 움직이는 것은 단순한 기능적 편익을 넘어 공감할 수 있는 서사, 진심, 그리고 일관성 있는 세계관이다. 나는 데이터 너머의 사각지대를 직관과 감성으로 보완할 때 비로소 소비자의 마음을 입체적으로 읽어낼 수 있다는 사실을 강조하고 싶다.

4장은 데이터 드리븐 마케팅이 개인의 기량을 넘어 '조직의 역량'으로 실현된다는 점을 이야기한다. 데이터 중심 조직은 남의 데이터에 의존하지 않고 '자기 데이터'를 스스로 축적하며 해석의 주도권을 확보한다. 그리고 그 과정을 조직의 핵심 자산으로 쌓아간다. 데이터 드리븐 조직의 진정한 역량은 툴을 다루는 기술이 아니라 데이터를 통해 끊임없이 학습하는 능력에 있다. 질문을 바꾸고 가설을 허물고 다시 세우는 학습이 반복될 때 마침내 데이터는 살아 있는 힘이 된다. 마케팅이 데이터로 사고하고 데이터로 말하며 데이터를 기반으로 움직일 때 마케팅 조직은 기능적인 역할을 넘어 비즈니스 방향을 제시할 수 있게 된다.

마케팅의 패러다임이 변하고 있다. 무엇을 잘 팔 것인가를 넘어 새로운 시장을 선제적으로 설계하는 것. 그것이 바로 지금 시대가 요구하는 마케팅의 실체다. 이제 마케팅의 성패는 아직 드러나지 않은 소비자의 미충족 욕구를 누가 먼저 더 정확하게 포착하는가에 달려 있다. 이는 대중으로서의 소비자가 아닌 '개인으로서의 소비자'에 대한 깊은 이해를 전제로 한다. 수백만, 아니 수천만 명의 소비자가 현재 무엇을 원하고 어떤 감정을 느끼는지다. 또 더 나아가 미래에 어떤 삶의 모습을 지향하는지에 대한 통찰 없이 성공적인 마케팅은 가능하지 않다. '파는 마케팅'을 넘어 '시장을 만드는 마케팅'은 한 사람의 직관만으로 완성되지 않는다. 방대한 데이터를 분석하고 끊임없이 학습하는 조직의 역량과 창조적으로 도전하는 사람들이 결합할 때 비로소 가능하다는 사실을 강조하고 싶다.

마지막으로 이 책에 담긴 수많은 사례와 통찰 역시 결코 나 혼자만의 기록이 아니다. 데이터를 함께 해부하며 밤낮없이 토론했던 실무자들, 현장에서 수없이 실험하고 실패를 반복했던 팀원들, 그리고 전례 없는 새로운 시도를 믿고 지지해 준 조직이 있었기에 가능했다. 그들과의 시간이 없었다면 이 책의 페이지들은 채워질 수 없었을 것이다. 그런 뜻에서 이 책은 한 사람의 성공담이 아니라 데이터를 통해 사람을 이해하고 시장을 읽어내기 위해 함께 고민하고 함께 부딪치며 만들어낸 기록이다. 그 시간을 함께 지나온 동료들과 팀 그리고 조직에 깊이 감사드린다.

여명랑

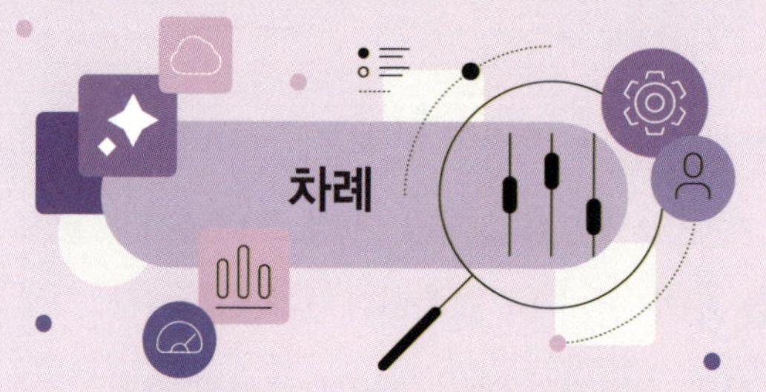

차례

서문 데이터로 소비자의 심장까지 · 5

1장 '대중'의 시대가 가고 '개인'의 시대가 왔다 · 15
: '1인 가구'를 넘어 '1인 시대'로 재편되고 있다

1. 개인의 취향이 선택의 기준이 됐다   17

1인 시대 개인은 더 완전한 개인을 추구한다 · 19 | 과거의 관점에서 벗어나 현대인의 욕구를 재해석해야 한다 · 24 | 행복의 새 공식은 내 맘대로, 똑똑하게, 다 함께다 · 29

2. 흩어진 개인들이 연대해 시장의 판을 바꾼다   34

디지털 시대에 개인의 영향력과 선택권이 강화됐다 · 37 | 소비자는 만족하지 않으면 미련 없이 떠난다 · 39 | MZ는 소비가 아니라 시장과 문화를 만드는 세대다 · 43 | 소비자의 숨겨진 니즈를 정확하게 찾아서 만족시킨다 · 47

3. 소비자는 설문조사에 성실하게 답했을 뿐이다   50

소비자는 질문자의 의도대로 정답편향 답을 하게 된다 · 52 | 소비자는 입으로는 'A'라 말하고 손으로는 'B'를 결제한다 · 55 | 소비자의 '미충족 욕구'를 알아내 해결해야 한다 · 59

4. 소비자는 무의식에 따라 행동한다   63

소비자가 SNS에 남긴 무의식의 흔적을 읽어야 한다 · 65 | 소비자의 '인식'을 점령해야 시장에서 이긴다 · 68 | 소비자의 보이지 않는 무의식 속

에 '진짜 시장'이 숨어 있다 • 71

5. 시장 분석과 소비자 분석은 완전히 다르다　76

왜 잘 나가는 브랜드를 벤치마킹해도 실패하는가 • 77 | 숫자로 보는 시장과 눈으로 직접 보는 사람은 다르다 • 81 | 데이터 마케팅은 도구가 아니라 '생각의 전환'이다 • 84

2장　판매가 아니라 '새 판'을 만드는 마케팅이다 · 87
: 데이터로 소비자의 진심을 읽어내고 활용해야 한다

1. 경쟁하지 말고 아예 새 판을 짜야 한다　89

새로 구미호는 어떻게 진로 두꺼비에 맞서 싸웠는가 • 91 | 펩시는 어떻게 한국에서 코카콜라를 이길 수 있었는가 • 97 | 누가 먼저 소비자의 마음을 터치하는가가 관건이다 • 103 | 레드오션에서는 브랜드 이미지를 다시 설계해야 한다 • 106

2. 숫자 더미에서 '진짜 사실'을 건져 올리자　112

왜 같은 데이터를 보고도 서로 다른 결론에 이르는가 • 115 | 가설은 반드시 검증 가능한 데이터에 근거해야 한다 • 118 | 소비자 관점을 놓치는 순간 가설은 엉뚱한 스토리를 만든다 • 121

3. 데이터 만능주의가 마케팅을 망친다　127

데이터는 점쟁이가 아니라 '가능성'을 보는 창이다 • 129 | 쓰레기 데이터를 분석하면 쓰레기 결과가 나온다 • 133 | 숫자보다 변수 사이의 관계를 파악해야 한다 • 136 | 데이터 기반으로 의사결정할 때 이중 점검이 필요하다 • 140 | 인간은 언제나 데이터보다 훨씬 복잡한 존재다 • 142

4. 정량×정성×서베이 원칙으로 의사결정하자　146

트라이앵글 프로세스로 육하원칙의 스토리를 완성한다 • 150 | 데이터의 성격부터 알아야 분석이 시작된다 • 157 | 소비자의 장바구니 속에

성공의 힌트가 있다 · 164 | 댓글의 원문을 읽어야 진짜 '마음의 맥락'이 보인다 · 168 | 소비자의 언어를 장면 단위로 분석해내야 한다 · 171 | 소셜 데이터 기반의 아이디에이션 7단계 구조 · 172 | 사전 검증 테스트 방식과 해석은 제품 특성을 반영해야 한다 · 183

3장 직관과 감성으로 데이터를 통찰한다 · 187
: 마케터의 직관과 감성이 필요하다

1. 데이터가 미처 보지 못하는 사각지대가 있다   189

숫자가 차가울수록 마케터의 직관은 뜨거워야 한다 · 193 | 데이터라는 렌즈로도 보이지 않는 시장이 있다 · 196 | 인간의 복잡 미묘한 감정을 100% 예측할 순 없다 · 199 | 데이터는 직관을 키우고 직관은 통찰을 완성한다 · 203

2. 오감을 자극해 데이터의 마법을 완성한다   206

브랜드의 이미지와 오감의 경험이 일치해야 한다 · 208 | 소비자의 시각과 청각을 넘어 감각을 공략해야 한다 · 211 | 소비자의 뇌가 느끼는 모든 신호가 지갑을 열게 한다 · 214

3. 물건이 아니라 '자존감'을 파는 시대다   220

제품이 아닌 '그 제품을 쓰는 나의 모습'을 산다 · 224 | 기능보다 중요한 것은 그 물건이 주는 '가치'다 · 227

4. 결국 사람을 움직이는 것은 '이야기'다   230

잘 만든 세계관은 백 년 된 전통보다 힘이 세다 · 233 | 세계관 마케팅의 생명은 '진심'과 '일관성'이다 · 237 | 이야기가 있는 브랜드는 그 자체로 하나의 문화가 된다 · 241

5. 문화 선도층이 흥미로워 해야 지속가능하다   246

트렌드 세터들에게 대체할 수 없는 '경험'을 선사하라 · 249 | 문층 선도

층의 흥미를 유지하는 전략을 세워야 한다 • 251 | 강력한 팬덤보다 '열린 지지자' 전략이 훨씬 현실적이다 • 255

4장 데이터로 일하고 데이터로 성장하라 · 259
: 성과를 내는 조직과 앞서가는 마케터의 무기는 데이터다

1. 데이터 드리븐 마케팅은 일하는 방식의 문제다　261
남의 데이터가 아닌 '우리의 데이터'가 진짜이다 • 263 | 데이터 역량이 마케팅 효율성과 효과성을 최대화한다 • 266 | 데이터로 증명할 때 리더십의 힘이 실린다 • 269

2. 데이터 해석의 주도권 확보가 무기가 된다　273
데이터 인덱스는 조직의 관점이 반영된 해석의 틀이다 • 275 | 시스템은 현장 실무자가 100% 활용할 수 있어야 한다 • 278

3. 개인의 감각과 조직의 경험을 자산으로 축적한다　281
데이터 드리븐 마케팅은 조직 역량을 높인다 • 283 | 협력 시스템은 프로세스가 아닌 신뢰 위에서 작동한다 • 285 | 리더의 태도에서 데이터 드리븐 조직의 전환이 시작된다 • 287

4. 마케팅 조직의 핵심 역량은 끊임없는 학습이다　290
시스템은 마케터를 감시하는 도구가 아닌 성장의 발판이다 • 292 | 데이터라는 공용어로 조직의 다양성을 시너지로 바꾸자 • 296

미주 • 300

1장

'대중'의 시대가 가고
'개인'의 시대가 왔다

: '1인 가구'를 넘어 '1인 시대'로 재편되고 있다

1
개인의 취향이 선택의 기준이 됐다

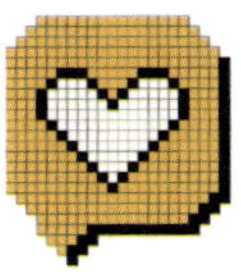

서울에 거주하는 30대 여성 지영 씨의 식탁에는 같은 시간에 같은 메뉴의 밥상이 오르는 법이 거의 없다. 식탁 위에는 각자의 입맛과 라이프스타일에 맞춘 세 가지의 서로 다른 레시피가 공존한다.

남편과 딸의 식사는 7시 30분에 시작된다. 지영 씨는 두 사람을 위해 현미와 렌틸콩을 섞은 잡곡밥 2인분만 준비한다. 아이의 등원은 출근길에 남편이 맡는다. 두 사람이 현관문을 나서고 나면 지영 씨는 조금 여유롭게 자신의 식사를 한다. 탄수화물 섭취를 줄이기 위해 채소와 단백질 위주로 간단히 차리는 편이다.

저녁 식탁의 풍경도 크게 다르지 않다. 지영 씨는 늘 딸의 식사와 부부의 식사를 따로 준비한다. 재료는 같아도 조리법은 다르다. 나이와 입맛을 고려한 선택이다. 아이는 6시에 먼저 먹고 부부는 남편의 퇴근에 맞춰 조금 늦은 시간에 먹는다.

지영 씨 부부는 잠자는 공간도 따로 쓴다. 지영 씨는 재택 근무

인데 밤 늦게까지 일할 때가 잦다. 그러다 보니 남편의 수면을 방해하지 않기 위해 각자의 공간을 정했다. 대신 주말만큼은 되도록 함께 보낸다. 장을 보고 산책을 하고 외식도 한다. 지영 씨가 가끔 혼자만의 시간이 필요할 때는 남편이 아이를 돌본다. 물론 그 반대도 가능하다. 지영 씨 가족의 '따로 또 같이' 사는 일상은 신혼과 출산을 거치며 숱한 시행착오 끝에 찾아낸 맞춤형 루틴이다.

지영 씨의 라이프스타일은 중년 이상 세대에게는 다소 낯설게 느껴질 수 있다. 하지만 가족 구성원이 각자 다른 밥을 먹고 수면 공간을 나누는 일상은 젊은 세대에게 이미 익숙한 풍경이다. 지금을 사는 사람들은 함께 살기 위해 개인의 취향을 무작정 포기하지 않는다. 대신 각자의 취향을 지키면서 공존할 방법을 적극적으로 고민한다.

SNS와 유튜브에는 밥솥 하나로 잡곡밥과 흰쌀밥을 동시에 짓고 하나의 재료로 아이가 좋아하는 메뉴와 엄마가 좋아하는 메뉴를 각각 완성하는 노하우가 인기 콘텐츠로 공유된다. 함께 사는 가족 구성원들이 공간을 지혜롭게 나누고 일상을 적절히 분리하는 방법에 사람들은 자연스럽게 귀를 기울인다.

한 집에 살아도 같은 방식으로 살 필요가 없는 라이프스타일의 등장은 우리 사회를 구성하는 기준과 작동 방식이 달라지고 있음을 보여준다. 함께 사는 삶은 여전히 중요하지만 그 기준은 점점 '개인'으로 이동하고 있다. 과거에는 집단에 맞춰 개인이 자신의 삶을 조율했다면 이제는 개인의 취향이 선택의 기준이 되고 관계의 출발점이 된다.

자신을 이해하고 스스로 추구하는 가치를 바탕으로 판단하고 선택하는 시대를 마케팅 관점에서는 '1인 시대'로 정의했다. 여기서 1인은 단순한 1명의 개인이 아니다. '다른 누구와도 묶이지 않는 독립된 판단의 단위'를 말한다. 1인 시대란 독립된 사고와 이에 따른 행동이 특별하지 않고 자연스럽게 받아들여지는 시대다. 우리는 지금 일상의 거의 모든 순간에서 나의 욕구와 내가 중요하게 여기는 가치가 의사결정의 중심이 되는 1인 시대를 살고 있다.

1인 시대 개인은 더 완전한 개인을 추구한다

"우리는 지금 모두 호로자식이 돼가고 있습니다."

소비자 데이터 분석 결과를 발표하는 팀원의 말에 회의실 안에 웃음보가 터졌다. 호로자식은 '부모에게 불효하거나 못된 행동을 하는 자식'을 일컫는 말이다. 우리가 당연하다고 오랫동안 믿어온 생각과 지금 시대의 솔직한 마음의 간극을 풍자적으로 표현한 말이었다.

한 시대를 정의하는 것은 그 시대를 살아가는 사람들이 가장 중요하게 생각하는 가치다. 사람들이 각자 삶에서 가장 중요하게 여기는 가치와 신념은 행동 양식과 추구하는 이상을 형성하며 그 시대의 문화, 사회, 그리고 변화의 방향을 결정한다.

2021년에 한국인이 삶에서 가장 중요하게 생각하는 가치에 관해 미국 퓨리서치센터의 발표로 언론과 SNS가 떠들썩했던 적이 있다. 한국을 포함한 17개 나라 국민 1만 9,000명을 설문 조사에서 거의 모든 나라에서 '가족'을 1위로 꼽았다. 그런데 오직 한국인만 ‘물질적 풍요’가 1위라고 답했다. 이 조사 결과에 많은 한국인이 불편함을 느꼈다. 곧 해당 내용에 대해 국가별 조사 방식의 차이와 신뢰도에 대한 문제가 제기됐다. 실제로 다른 나라는 여러 항목을 복수로 고른 뒤 그 안에서 순위를 매겼고 한국은 응답자가 하나의 항목만 고르는 방식이었다. 예를 들어 스페인은 가장 중요한 가치로 ‘건강’을 1위로 꼽았다. 하지만 ‘물질적 풍요’를 1위로 고른 사람의 비율만 따지면 42%나 됐다. 복수응답 후 순위를 정리하는 과정에서 건강이 조금 더 많이 선택됐을 뿐이다. 반면 하나의 항목만 고른 한국은 물질적 풍요(19%), 건강(17%), 가족(16%)이 나란히 뒤를 이었다. 결과적으로 퓨리서치센터의 데이터는 한국인이 조사 국가 중 유일하게 ‘돈’을 가장 중요한 가치로 여긴다는 결론의 근거가 되기 어렵다.

그렇다면 실제로 한국인의 인식은 어떨까? 이 질문에 답을 찾기 위해 ‘한국인의 가치 인식 변화’를 직접 살펴봤다. 사람들에게 ‘가장 중요하게 생각하는 가치’를 직접 묻는 설문조사가 아니라 데이터 분석 방식을 택했다. 물질적 풍요 대신 삶의 질과 가장 밀접한 가치인 ‘건강’을 중심 키워드로 정했다. 그리고 사람들이 온라인과 SNS에서 건강을 이야기할 때 어떤 단어와 함께 언급하고 무엇에 관심을 두는지 연관어를 관찰했다. 무려 6년간의 데이터를 추적했다.

그 결과 뚜렷한 변화가 나타났다. 과거에는 건강이라는 주제와 가장 밀접하게 이어져 있던 단어들이 ‘가족’ 관련 키워드였다. 그런데 이 단어들이 6년 사이 빠르게 뒤로 밀려나고 있었다. 가족은 2018년 16위에서 2023년 86위, 아이는 9위에서 116위로 내려갔고 ‘엄마’ ‘부모님’ 같은 단어는 2022년과 2023년에는 아예 300위

연관어 순위	2018년	2019년	2020년	2021년	2022년	2023년
가족	6	9	10	14	25	86
아이	9	18	13	26	32	116
어린이	64	106	103	123	174	158
엄마	45	35	108	228	–	–
부모님	103	89	88	92	160	–

연관어 순위	2018년	2019년	2020년	2021년	2022년	2023년
상태	15	11	11	11	2	2
질환	18	27	37	23	9	4
치료	12	17	27	19	6	6
병명	32	40	46	31	12	8
삶	118	46	57	50	54	34

권 밖으로 사라졌다. 이 말은 한국인의 삶을 의미 있게 만드는 가치에서 가족이 차지하는 비중이 예전보다 크게 줄었다는 뜻이다. 그렇다면 '가족(우리)'의 자리를 대체한 중심 가치는 무엇일까? 바로 '나'다. 건강에 대한 걱정과 관심의 중심에는 이제 '나'가 있다. 나의 건강, 나의 질환, 나의 치료, 나의 회복 방법에 초점이 맞춰진다. 건강이라는 한 가지 주제를 통해 본 변화다. 사실 이 안에는 이제 삶의 중요한 기준이 '우리'가 아니라 '나'가 됐다는 사실을 알 수 있다.

이런 시대에는 사람들의 소비도 달라진다. 사람들은 대중적인 선택보다 나에게 맞는 특별한 경험을 찾는다. "남들이 다 사니까"가 아니라 "내가 좋아서" 선택한다. 그래서 1인 시대의 소비는 단순히 물건이나 서비스를 사는 행위가 아니라 내 삶의 가치를 만족시키는 선택의 과정이 된다. 따라서 마케팅도 사람을 이해하고 접근하는 방식이 완전히 달라져야 한다.

과거 마케팅은 소비자를 하나의 거대한 집단으로 보았다. 나이,

'가사 노동'으로 바라본 과거와 현재 그리고 미래

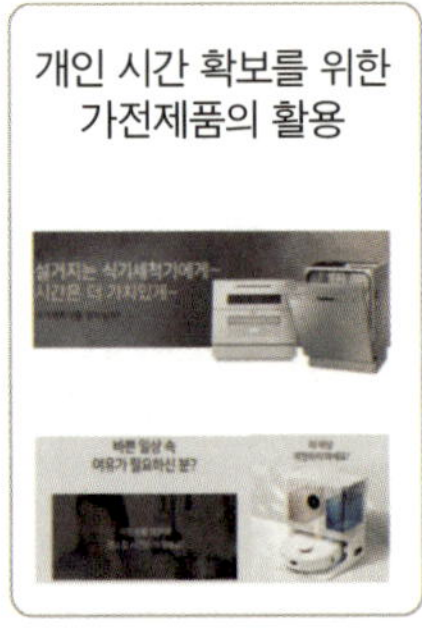

과거

현재

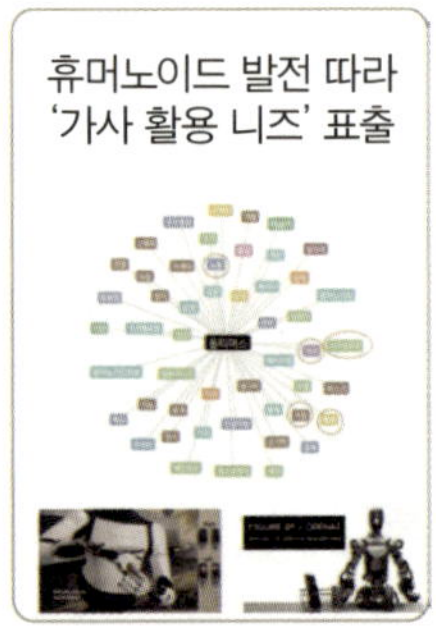

미래

성별, 소득, 지역 등의 기준으로 비슷한 특성을 가진 집단을 만들고 그 집단을 대상으로 메시지와 상품을 기획했다. 그런데 1인 시대의 소비자는 같은 나이, 같은 환경, 비슷한 소득 수준이라도 서로 다른 가치를 추구하고 욕구를 충족하기 위해 적극적으로 행동한다. 독립적이고 자율적인 주체로서 활동하는 개인들이 욕구와 가치를 기준으로 새로운 소비자군을 이루었다가 또 흩어진다. 지금의 소비자는 결국 각자 다른 욕구와 가치를 가진 '나'라는 개인들이 느슨하게 모여 있는 집합체에 가깝다.

1인 시대의 중심 키워드는 '나'다. 나 중심의 가치관은 자기 자신을 이해하고 그에 맞는 결정을 내리려는 태도다. 오로지 자기 욕구와 이익만 우선시하는 이기주의와는 완전히 다르다. 나 중심 가치관은 자기 자신뿐만 아니라 모든 개인의 취향과 가치를 존중한다. 내 욕구가 중요한 만큼 다른 사람도 각자 그런 권리가 있다고 인정하는 것이다.

나 중심의 가치관이 뚜렷한 1인 시대의 개인들은 자기가 추구하는 가치를 솔직하게 드러내고 충족하는 라이프스타일을 스스로 창조한다. 자기 가치와 일관성 있는 삶을 추구하는 것이다. 이는 소비 활동에 그대로 나타난다. '이 브랜드가 내가 추구하는 가치와 맞는가?' '이 제품이 나에게 어떤 경험을 주는가?'를 중요하게 생각한다. 요즘 많이 쓰는 '가치 소비'는 나 중심의 가치관, 즉 1인 시대 소비자를 설명하는 가장 대표적인 현상이다.

1인 시대는 앞으로 우리의 삶을 더 깊이 더 넓게 바꾸어갈 거대한 흐름이다. 이미 사람들은 기술이 일상을 얼마나 많이 바꿔왔는지 경험을 통해 알고 있다. 그래서 지금 진행 중인 디지털 혁명이 앞으로 자신의 일상에 어떻게 적용될지 상상하고 또 그 기술이 현재의 필요를 충족해주길 기대한다. 소셜 데이터는 사람들이 '미래의 나'를 어떻게 그리고 어떤 삶을 꿈꾸는지 꽤 구체적으로 보여준다.

과거에 사람들의 기술 관련 욕구는 주로 '제품 기능'에 초점이 있었다. 식기세척기와 로봇청소기처럼 바쁜 일상에서 시간을 아끼고 싶은 욕구를 충족시키는 제품들이 그 예다. 그런데 지금은 아예 가사노동을 외주화하고 싶어 하는 욕구가 생기면서 생활 밀착형 플랫폼 비즈니스가 등장했다. 인공지능 로봇에 대한 기대의 대부분도 집안일과 생활 노동을 줄이는 데 맞춰져 있다. 사람들은 '혼자 살아도 전혀 불편함이 없는 미래'를 상상하고 있다.

1인 시대의 개인들은 점점 더 '완전한 개인'을 추구하는 방향으로 이동하고 있다. 대표적 현상이 폐쇄적인 네트워크의 인기다. SNS를 통해 일시적이고 느슨한 관계를 추구하며 독립성을 추구했던 사람들이 지금은 그마저도 피곤하다고 말하기 시작했다. SNS에 부계정이 늘어나는 이유는 '완전한 개인적인 공간'이 필요해졌기 때문이다.[1] 이런 니즈에 맞춰 소수만 연결되는 폐쇄형 SNS가 등장하고 있다. 20명 내외의 인원만 제한적으로 연결하는 로켓위젯loket widget은 잘파Zalpha(Z세대와 2010년대 출생 이후) 세대를 중심으로 크게 인기를 끌고 있다.

이 모든 변화의 배경에는 디지털 혁명이 있다. 예전에는 TV 같은 매스미디어를 통해 비슷한 콘텐츠를 함께 보며 쉽게 집단적 공감대를 형성했다. "요즘엔 다 이렇게 먹는대." "요새 TV 보면 다 이렇게 입더라."라며 큰 트렌드를 따르는 것이 당연했고 또 중요했다. 하지만 디지털 기술의 발전으로 사람들은 이제 자기만의 취향을 마음껏 탐색할 수 있게 됐다. 많은 채널에서 다양한 콘텐츠를 경험하고 호기심을 충족한다. 지금은 개인의 취향과 개성이 경쟁력인 시대다. 과거와 다르게 사람들은 '남들도 하니까'라는 기준으로 행동하지 않는다. 지금은 사람들이 원하는 것과 필요로 하는 것이 더욱 세분화되고 복잡해졌다.

과거의 관점에서 벗어나 현대인의 욕구를 재해석해야 한다

1인 시대를 쉽게 말하면 '자기만의 행복을 추구하는 시대'다. 예전에는 혼자 보내는 시간이 외롭다는 느낌과 가까웠다. 하지만 지금은 혼자서도 행복한 경험을 만들 수 있는 제품과 서비스를 쉽게 구매할 수 있다. 덕분에 '혼자는 곧 외로움'이라는 공식이 깨졌다. 이런 변화는 사람들이 무엇에서 행복을 느끼고 행복하기 위해 어떤 행동을 하는지 데이터를 관찰하면 분명하게 보인다.

지금 우리가 느끼는 행복의 주축은 '나 자신'

['행복하다'의 연간 표현어 변화]

2019

No.	연관어	언급량
1	먹다	46627
2	보다	42822
3	가다	31064
4	사랑하다	30620
5	좋아하다	25243
6	웃다	23643
7	만나다	22568
8	느끼다	20643
9	즐겁다	19852
10	만들다	18568
11	바라다	17791
12	받다	16593
13	건강하다	14594
14	쓰다	14325
15	보내다	13951
16	가지다	13775
17	찾다	12973
18	믿다	12465
19	맛있다	12318
20	그리다	12107
21	듣다	11835
22	기다리다	11472
23	시작하다	11155
24	고맙다	10675
25	원하다	9997
...		
38	찍다	7388
...		
40	예쁘다	7145

2020

No.	연관어	언급량
1	먹다	41377
2	보다	36004
3	가다	22485
4	좋아하다	21267
5	건강하다	21051
6	받다	17298
7	웃다	15540
8	즐겁다	14896
9	사랑하다	14469
10	느끼다	13155
11	맛있다	12503
12	만나다	11424
13	만들다	10553
14	쓰다	10223
15	보내다	9628
16	고맙다	8295
17	놀다	7850
18	기쁘다	6400
19	찍다	6359
20	사다	6134
21	예쁘다	5983
22	재있다	5550
23	읽다	5367
24	노력하다	5199
25	귀엽다	4968
...		
38	쉬다	4208
...		
40	그리다	4054

2021

No.	연관어	언급량
1	먹다	50671
2	보다	43031
3	가다	27886
4	좋아하다	26180
5	건강하다	20704
6	즐겁다	18317
7	웃다	16708
8	사랑하다	16428
9	맛있다	16246
10	느끼다	14785
11	쓰다	14462
12	만나다	14059
13	보내다	12117
14	만들다	11573
15	놀다	11572
16	고맙다	10503
17	받다	10170
18	찍다	9070
19	재있다	8972
20	귀엽다	7726
21	예쁘다	7530
22	사다	7195
23	기쁘다	7104
24	신나다	6946
25	쉬다	5926
...		
38	그리다	4869
...		
40	일하다	4420

Source | Sometrend™, 2019.01.01. ~ 2023.12.31

2022

No.	연관어	언급량
1	먹다	96946
2	보다	74219
3	가다	56318
4	좋아하다	45021
5	건강하다	36522
6	즐겁다	33371
7	맛있다	31475
8	사랑하다	28897
9	웃다	28649
10	쓰다	28165
11	느끼다	26113
12	만나다	25035
13	놀다	23532
14	만들다	20222
15	보내다	19960
16	재있다	18710
17	고맙다	17768
18	받다	17573
19	찍다	17192
20	귀엽다	15192
21	예쁘다	13843
22	신나다	13547
23	따다	13485
24	사다	12497
25	기쁘다	11634
...		
38	원하다	9067
...		
40	뿌듯하다	8968

2023

No.	연관어	언급량
1	먹다	111470
2	보다	69722
3	가다	57330
4	맛있다	44925
5	좋아하다	42161
6	건강하다	40753
7	즐겁다	32532
8	느끼다	28272
9	웃다	27368
10	사랑하다	25987
11	만들다	22084
12	만나다	22035
13	쓰다	21948
14	놀다	19403
15	보내다	18871
16	받다	16421
17	고맙다	15424
18	재있다	15242
19	찍다	14627
20	즐기다	14284
21	함께하다	12644
22	귀엽다	12574
23	신나다	12224
24	예쁘다	11825
25	기쁘다	11611
...		
38	걷다	8951
...		
40	남다	8596

라이징 해피

스스로 경험하는 것

- 먹다, 맛있다
- 건강하다
- 찍다, 귀엽다, 예쁘다

폴링 해피

타인과 나누는 것

- 사랑하다
- 만나다

최근 5년간 '행복하다'의 연관 표현 변화를 살펴보면 '누군가를 만나고 사랑하는 것'에서 '내가 직접 느끼고 경험할 수 있는 것'으로 옮겨가고 있다. 특히 '맛있는 걸 먹는 것, 건강한 것, 귀엽고 예쁜 것, 찍어서 남기는 것'과 행복함을 함께 언급하는 사람들이 늘어나고 있다. (출처: 생활변화관측소, 2019. 1. 1~2023. 12. 31.)

SNS에서 사람들이 '행복하다.'라고 쓸 때 자주 함께 나오는 단어를 살펴보면 '먹다, 보다, 가다, 좋아하다, 건강하다, 느끼다, 사랑하다, 웃다, 즐겁다, 만나다, 고맙다, 귀엽다, 예쁘다' 등이 있다. 즉 사람들은 먹고 보고 어딘가에 가고 건강을 챙기고 웃고 사랑할 때 행복함을 느끼고 또 행복해지고 싶어서 이런 행동을 많이 한다는 의미다.

그런데 5년 동안 이 단어들의 순위 변화를 보면 의미 있는 흐름이 보인다. 첫째는 행복의 개인화다. 과거에는 '사랑하다, 만나다'처럼 타인과의 관계에서 느끼는 행복이 상위권에 있었다. 그런데 시간이 지날수록 이 단어들의 순위는 내려가고 있다. 반대로 '건강하다, 맛있다, (사진을) 찍다, 귀엽다, 예쁘다' 같은 단어는 점점 더 자주 등장한다. 건강해지는 것, 맛있는 음식을 먹는 것, 사진을 찍는 것, 귀여운 것과 예쁜 것을 보는 것은 타인과 관계나 협력이 없어도 혼자 충분히 할 수 있는 경험이다. 둘째는 사람들이 가장 강하게 추구하는 행복의 욕구가 '먹다, 보다, 맛있다, 건강하다'와 같은 영역이다. 이는 '매슬로의 욕구 이론'과 조금 다르게 보인다.

매슬로의 욕구 이론은 마케팅에서 인간의 욕구를 설명할 때 가장 많이 쓰인다. 미국의 심리학자 에이브러햄 매슬로Abraham Maslow는 인간의 욕구를 5단계로 나눴다. 1단계 생리적 욕구(배고픔, 수면 등), 2단계 안전의 욕구(안전, 안정된 삶), 3단계 사회적 욕구(관계, 소속감), 4단계 자아 존중의 욕구(인정받고 싶은 마음), 5단계 자아실현의 욕구(잠재력을 발휘하고 싶어 하는 욕구)가 있다고 보았다. 이 5단계 이론은 이후 상위욕구 단계에 인지적 욕구, 심미적 욕구, 자아 초월 욕구가 추가된 8단계 이론으로 확장됐다.

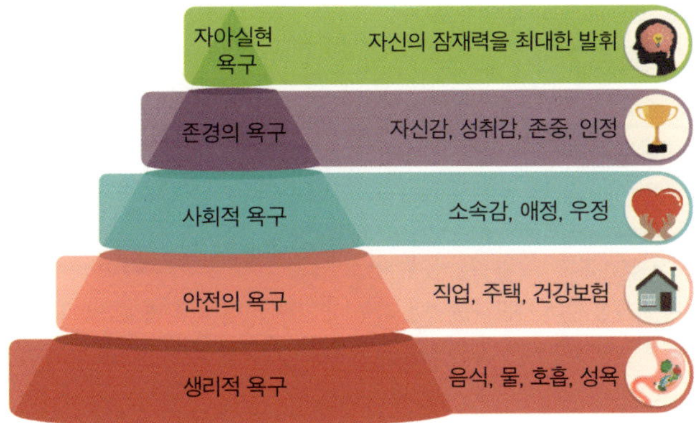

'먹다'가 생리적 욕구에서 벗어나서 상위 단계 욕구인 행복으로 들어왔다.

이 이론의 핵심은 '아래 단계의 욕구가 어느 정도 충족돼야 그 위 단계로 올라간다'는 구조다. 가장 아래 단계인 생리적 욕구나 안전의 욕구만으로는 진정한 행복에 도달하기 어렵고 상위 단계인 자아실현이나 자아초월 같은 욕구를 충족해야 깊은 행복과 연결된다고 설명한다.

그런데 지금 1인 시대 사람들이 가장 자주 이야기하는 행복의 순간은 '먹다, 보다, 건강하다' 같은 영역이다. 이들은 모두 매슬로의 욕구 이론에서 말하는 하위욕구, 즉 생리적 욕구와 안전의 욕구에 속한다. 특히 '먹다'는 언제나 행복 관련 연관어 1위를 지키고 있다. 마치 매슬로의 욕구 5단계 피라미드의 아래층이 실제 삶에서는 행복의 상위층으로 올라온 것처럼 보인다.

이런 현상은 한국에서만 나타나는 것이 아니다. 일본 Z세대를 대상으로 한 트렌드 예측조사에서 '앞으로 늘리고 싶은 행동은 무엇인가?'라는 질문에 '수면, 자유시간, 취미 시간, 입욕' 같은 답이

SNS로 보는 한국인의 자랑 문화 – 매슬로의 욕구 5단계 분석

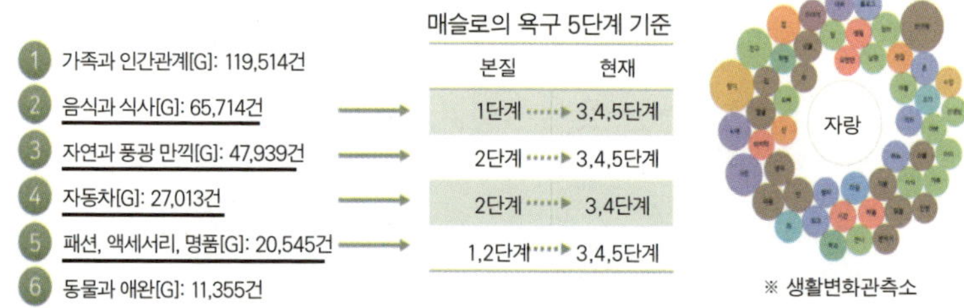

한국인이 SNS에서 가장 많이 자랑하는 것은 가족·인간관계, 음식, 자연 순으로 대부분 낮은 단계의 욕구에서 출발해 소속·인정 욕구로 표현되는 경향을 보인다.

압도적으로 많았다.[2] 이런 행동은 혼자서 자기를 돌보는 셀프 케어의 욕구에 해당하며 매슬로의 욕구 이론으로 보면 하위 단계의 욕구에 속한다.

마치 매슬로의 욕구 이론 피라미드가 반전된 듯 보이는 현상을 이야기하는 것은 그 이론이 틀렸다거나 바뀌었다고 말하려는 것이 아니다. 다만, 1인 시대의 사람들이 추구하는 행복을 과거의 이론과 관점만으로 설명하기는 부족하다는 것이다. 즉 지금 사람들은 상위단계 욕구를 추구하지 않는 것이 아니라 하위욕구를 충족하는 경험 속에서 상위욕구의 의미까지 함께 담아내는 것으로 보인다.

이런 변화는 "지금 한국인들은 무엇으로 '나'를 표현할까?"라는 질문을 통해서도 드러난다. 소셜 데이터를 분석해 보면 한국인이 SNS에서 자신을 표현할 때 주로 다루는 주제는 관계(사람·동물), 음식(먹다·마시다), 소유물(집, 자동차, 패션·잡화 등)이다. 가장 많이 언급되는 건 가족을 포함한 인간관계다. 하지만 자세히 들여다보면 인간관계는 자랑의 대상이 아니라 개인의 삶이 이뤄지는 '배경'일 뿐이다. 정작 사람들이 적극적으로 자신을 표현(자랑)하는 핵심은 '먹다' '건강하다' '맛있다' '생활공간, 옷, 반려견 혹은 반려묘'와 함께하는 자기만의 독특한 '경험'이다. 여기서도 매슬로의 욕구 이론의 하위욕구에 해당하는 행위들이 적극적으로 자신을 표현하는 상위 단계에 있다.

개인이 추구하는 가치는 사회, 경제, 기술의 변화와 밀접하게 연관된다. 따라서 시대가 변하면 당연히 개인의 욕구와 가치도 따라서 변한다. 디지털 혁명과 함께 시작된 1인 시대는 우리의 가치관을 크게 바꿨다. 지금 사람들이 무엇을 원하고 필요로 하고 어떻게 현실적으로 가치를 추구해나가는지 이해하려면 '예전에 그랬으니 지금도 이럴 것'이라는 과거의 관점에서 완전한 벗어나야 한다.

행복의 새 공식은 내 맘대로, 똑똑하게, 다 함께다

사회심리학자 에드워드 데시Edward Deci와 리처드 라이언Richard Ryan 은 인간이 행복감을 충족하려면 세 가지 심리적 욕구가 필요하다 고 말했다. 바로 자율성autonomy, 유능성competence, 관계성relatedness 이다. 인간은 모두 각자 자기 삶의 주인임을 자각하고, 능력을 발휘하고 있음을 느끼고, 타인과의 관계에서 유의미함을 경험할 때 더 행복감을 느끼고 자기실현의 삶을 살 수 있다는 설명이다.[3]

먼저 자율성은 '내가 원하는 방식으로 삶을 살아가는가?'에 대한 감각이다. 사람들은 자신이 하는 일을 스스로 결정하고 그 과정에 참여한다고 느낄 때 더 큰 만족감과 행복감을 느낀다. 자율성이 충족되면 외부의 강요나 압박이 아닌 내적인 동기에 따른 행동을 하게 되고 그 과정에서 긍정적인 감정이 증대한다.

둘째, 유능성은 '나는 꽤 잘하고 있다고 느끼는가?'에 관한 것이다. 자신이 어떤 일을 잘 해내고 있다는 느낌이 중요하다. 우리는 모두 자기 능력에 대한 인정과 성취감을 원하며 그로 인해 자기효능감을 느낄 때 행복감을 경험한다. 인정 욕구와 성취감 욕구가 충족되면 더욱 성장하고 발전하는 느낌을 받는다.

셋째, 관계성은 '내가 타인과 의미 있게 연결돼 있다고 느끼는가?'를 말한다. 사람들은 타인과의 진정성 있는 관계를 통해 존중과 사랑을 받는다고 느낀다. 이런 감정은 깊은 행복감으로 연결된다. 사회적 관계, 즉 연결과 소속감의 욕구가 충족될 때 개인은 정서적으로 안정감을 느끼고 자기 자신을 더 잘 이해하게 된다.

다시 말해 우리는 각자 자기 삶의 주인이라고 느끼고 싶고(자율성), 어떤 일을 나름 잘 해내고 있다는 감각을 느끼고 싶고(유능성), 소중한 사람들과 의미 있는 관계를 유지하고 싶어 한다(관계성). 이 세 가지가 어느 정도 충족될 때 더 행복감을 느끼고 자기 삶을 긍정적으로 받아들인다. 흥미로운 점은 이 세 가지 욕구가 아주 잘 드러나는 공간이 바로 SNS라는 것이다. 사람들이 SNS를 많이 사용하는 이유는 단순히 심심해서가 아니다. 이 세 가지 욕구를 채울 수 있기 때문이다.

세계인의 60%가 하루 평균 2시간 30분을 SNS에 할애하고 1초당 평균 5.5명이 신규 가입한다.[4] 국내 SNS 이용률도 57.6%로 해마다 꾸준히 증가하는 추세다.[5] SNS는 단지 젊은 세대의 전유물이 아니다. 알파 세대에서 베이비부머 세대까지 정말 다양한 세대가 먹고 입고 보고 쓰고 경험하는 것들을 SNS에 사진과 글로 남기고

소비자의 욕구가 드러나는 공간

모바일 시대의 SNS가 행복을 온라인으로 옮겨두었다. SNS에서 자율성, 유능감, 관계성을 모두 누릴 수 있다. 그곳에서 음식으로 행복을 표현한다.

공유한다.

각자 원하는 방식으로 자유롭게 자기를 드러내는 활동은 자율성을 충족한다. 어떤 사람은 맛집 사진으로, 어떤 사람은 운동 인증으로, 또 어떤 사람은 반려동물 사진으로 자신을 표현한다. 줄을 서서 기다린 맛집, 남들이 발견하지 못한 장소, 나만 아는 브랜드 경험을 공유하는 것은 '이건 내가 찾고 선택한 것'이라는 자율성을 드러내는 행위다. 이런 게시물에 좋아요, 하트, 댓글, 조회수 등의 반응이 더해지면 유능감이 충족된다. '내가 선택한 것에 공감해주는 사람이 있다'는 사실은 작지만 의미 있는 성취감을 준다. 그리고 나와 비슷한 취향을 가진 사람들과 자연스럽게 연결되면서 관계성도 만들어진다.

현실 세계의 관계는 책임, 의무, 피로감을 동반하는 경우가 많다. 하지만 SNS 관계는 원할 때만 접속하고 원하지 않을 때는 쉽게 떠날 수 있다. 언제든 연결을 끊고 또 언제든 새로 맺을 수 있는 관계다. 그래서 1인 시대 사람들에게 SNS는 독립성을 지키면서도 관계성을 충족할 수 있는 공간이 된다.

그렇다면 다시 매슬로의 욕구 이론 피라미드 이야기로 돌아가보

소비자의 모습과 그들의 니즈

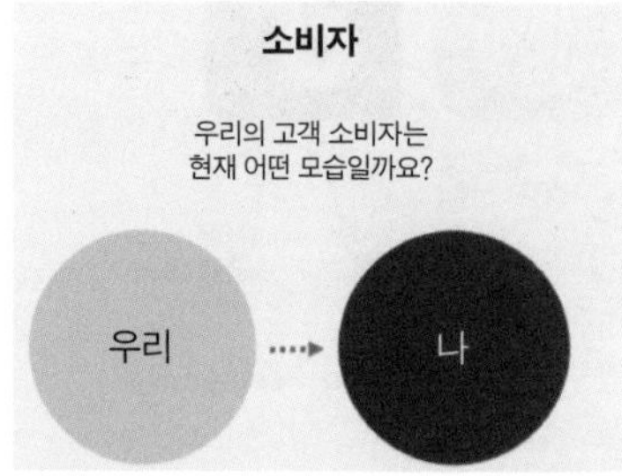

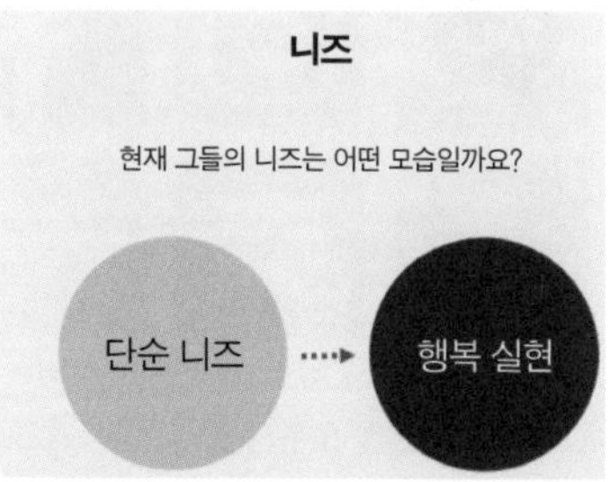

자. 먹고 예쁜 것을 보고 사진을 찍는 행동은 하위욕구로 분류된다. 하지만 1인 시대 사람들에게는 자율성, 유능성, 관계성을 동시에 채울 수 있는 행동이다. 그것도 아주 효율적으로 행복감을 충족할 수 있다. 무엇을 먹을지 스스로 고르고(자율성), 예쁘게 담아 사진을 찍어 올리고(유능성), 거기에 달린 반응을 보며 누군가와 느슨하게 연결된다(관계성). 이것이 바로 '먹다'가 행복의 1순위가 된 이유다. 자율성, 유능성, 관계성의 욕구는 사람마다 중요하게 느끼는 정도가 다르고 필요의 우선순위도 다르다. 다만, 이 세 가지 욕구가 균형을 이룰 때 행복감은 더 높아진다고 한다.

1인 시대 소비자의 욕구는 단순한 필요_{needs}를 넘어 '행복'과 '감정적 만족'에 집중하는 경향이 뚜렷하다. 마케팅은 소비자가 원하는 것을 더 잘 채워줘서 제품과 서비스를 판매하는 활동이다. 그런데 지금은 '배가 고프니까 먹는다' 수준의 욕구를 넘어 '이걸 먹으면 어떤 감정을 경험하는가?' '이 브랜드를 선택하면 나는 어떤 사람이 된 것 같다고 느끼는가?'까지 함께 고려해야 한다. 가령 5,000만 인구의 시장에는 약 5,000만 개의 욕구와 이를 실현하는 방식의 차이가 존재한다.

　결국 1인 시대의 마케팅은 '전체'를 위한 마케팅이 아니라 각자 독립된 니즈를 가진 '1인'을 깊게 이해하는 마케팅이어야 한다. 여기서 데이터가 매우 중요한 역할을 한다. 데이터는 소비자 행동과 상호작용을 대규모로 분석하고 그 안에서 반복되는 패턴과 디테일을 찾아내는 도구다. 말로 드러나지 않는 무의식적 선택과 진짜 욕구를 파악하는 데 데이터만큼 유용한 수단은 아직 없다. 1인 시대의 마케팅이 데이터를 정확하게 이해하고 적극적으로 접목해야 할 이유다.

2
흩어진 개인들이 연대해
시장의 판을 바꾼다

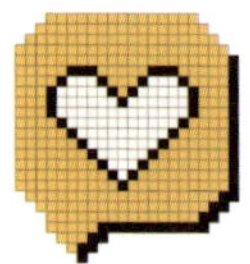

최근 몇 년간 이어진 스탠리 텀블러 열풍은 단순한 유행을 넘어 하나의 문화적 현상으로 자리 잡았다. 묵직한 텀블러가 전 세계적으로 인기 있는 패션 아이템이 되고 문화가 된 이른바 스탠리 텀블러 '현상'은 세 명의 평범한 소비자로부터 시작됐다.

쇼핑 블로그 '더 바이 가이드The Buy Guide'를 운영하는 미국인 애슐리Ashlee LeSueur와 테일러Taylor Cannon, 그리고 린리Linley Hutchinson는 스탠리 퀜처40oz 모델이 단종될 것이란 소식을 듣고 충격을 받았다. 그들은 '어떻게든 제품을 살려보자'는 마음으로 움직였다. 워킹맘 인플루언서들에게 퀜처40oz를 선물로 보내고 사용 후기를 SNS에 올려달라고 부탁했다.

얼마 지나지 않아 퀜처40oz를 소개하는 영상과 게시물들이 SNS에 올라오고 소비자들이 반응하자 스탠리 영업담당자의 관심을 끌었다. 애슐리, 테일러, 린리는 영업담당자를 통해 창고에 쌓여 있는

스탠리 현상

미국 텀블러 브랜드 스탠리는 100년 넘게 노동자와 캠퍼들의 '투박한 보온병'으로 인식되었다. 그러다가 단종 위기 이후 젊은 여성들의 패션 아이템이 됐다.

퀜처40oz 재고품 5,000개를 받아 5일 만에 완판시켰다. 그리고 본사에 퀜처40oz 단종 계획을 철회해달라고 요청했다.

스탠리가 퀜처40oz 단종을 결정한 이유는 매출이 미미하고 브랜드의 정체성과도 맞지 않는다고 판단했기 때문이다. 스탠리는 전통적으로 아웃도어 기능성을 강조해 왔고 타깃 소비자도 당연히 남성이었다. 그래서 손잡이가 달린 대용량 텀블러가 워킹맘들에게 특히 편리하다는 사실을 생각지도 못한 것이다.

2020년 스탠리는 기존과 완전히 다른 콘셉트의 제품을 출시했다. 기능은 그대로 유지하면서 패션 소품이나 액세서리로 사용하고 싶은 여성들의 니즈를 충분히 반영한 것이다. 신모델은 나오자마자 SNS에서 스타가 됐다. 텀블러 인증이 유행했고 젊은 여성들의 패션 아이템이 됐다. 10대 소녀들은 신모델이 나올 때마다 오픈런을 하는 진풍경이 벌어졌다. 스탠리는 대박 상품을 넘어 하나의 현상이 됐고 곧 미국을 넘어 전 세계로 확산됐다. 스탠리 매출은 불과 4년 만에 10배 성장했다. 이 극적인 브랜드 스토리의 주인공은 바로 소비자다. 열정적 소비자들은 기업이 오랫동안 유지해 온 마케팅 전략을 바꾸게 했고 오래된 브랜드를 문화의 아이콘으로 만들었다.

시장을 주도하는 소비자 파워는 국내에서도 쉽게 확인된다. 최근 우리 사회에서 자주 등장하는 '돈쭐내다'가 대표적이다. '돈쭐'은 '마음에 드는 가게나 좋은 행동을 한 사장님을 돈 많이 벌게 해주자'는 의미의 '바이콧buycott'이다. 예를 들어 치킨 가게 앞에서 우물쭈물 서 있던 형제에게 공짜로 치킨을 제공한 가게 사장님의 사연이 알려진 뒤 그 가게에 감당하기 어려울 정도의 주문이 쏟아졌다. 또 취약계층에게 무료 음식을 나눠준 외식 프랜차이즈는 갑자기 매출이 갑자기 뛰어오르기도 했다. 물론 반대의 경우도 있다. 대리점 갑질과 과장 광고 등으로 소비자에게 미운털이 박힌 모 기업은 소비자의 보이콧boycott을 피해 새로운 브랜드를 연이어 출시했다. 그러나 소비자들은 끈질겼다. 신제품이 나올 때마다 온라인 커뮤니티를 중심으로 정보가 공유됐고 여지없이 불매운동으로 이어졌다. 결국 해당 기업은 창업주 일가의 경영진 퇴출이라는 결과를 맞았다.

이제 소비자는 단순히 기업이 만든 제품과 서비스를 골라 쓰는 존재가 아니다. 직접 나서서 홍보도 하고 불매로 응징도 하는 적극적인 주체다. 이 과정에는 특별한 사전 예고도 없다. 어느 날 어느 순간 한 개인이 SNS에 글 하나나 영상 하나를 올리면 여기에 공감하는 다수의 소비자가 움직인다. 온라인에서 이뤄진 연대는 오프라인에서 행동으로 이어진다.

과거 시장은 기업이 주도했다. 제품과 서비스를 공급하는 기업이 필요한 거의 모든 정보를 쥐고 있었다. 하지만 디지털 시대의 평범한 개인들은 필요한 정보를 쉽게 얻는다. 그러다 보니 기업에 원하는 것을 적극적으로 요구하고 선택할 수 있는 강력한 힘을 갖게 됐다. 지금 시장은 온라인 네트워크로 연결되고 자발적으로 연대하고 적극적으로 행동하는 개인들이 주도한다.

디지털 시대에 개인의 영향력과 선택권이 강화됐다

1인 시대는 정치, 경제, 사회, 문화 모든 영역에서 개인의 영향력과 선택권이 강화되는 시대다. 이런 변화의 배경엔 디지털 기술의 발전이 있다. 디지털 기술은 개인의 정보 접근성을 크게 높였다. 과거에는 기업, 언론, 기관이 위에서 아래로 정보를 흘려보내고 사람들은 그 정보를 수동적으로 받는 위치에 있었다. 하지만 지금은 다르다. 누구든 검색으로 원하는 정보를 직접 찾을 수 있고, 또 다른 사람들에게 공유할 수 있다. 디지털 시대의 개인은 정보의 소비자이자 동시에 직접 정보를 생산하는 주체다.

소주 '새로'를 막 출시했을 때의 일이다. 새로는 국내 주류 최초로 용기에 영양 성분표를 부착했다. 당시에는 주류에 영양 성분표 부착 의무가 없었지만 향후 의무화될 예정이었다. 따라서 새로는 소비자에게 정보를 먼저 제공하자는 취지에서 선제적으로 성분 표기를 결정했다. 그런데 제품이 출시되자마자 온라인과 SNS에 새로의 성분표 분석 콘텐츠들이 올라오기 시작했다. 일반 소주와 성분을 비교하기도 하고 영양성분을 상세히 분석하며 의견을 나누기도 했다. 전문가 수준의 분석도 적지 않았다. 긍정적인 평가도 있었고 반론도 있었다. 중요한 점은 이 과정 자체가 소비자의 자발적인 정보 생산과 토론이었다는 것이다. 그 결과 제로슈거와 저도주에 관심이 커졌고 제품에 대한 이해도도 함께 높아졌다.

지금의 소비자들은 일방적으로 정보를 수용하지 않는다. 직접 시간을 들여 정보를 찾고 학습하는 과정을 통해 제품과 브랜드에 대한 신뢰도 스스로 만든다. 제로슈거 탄산음료 시장이 폭발적으로 성장하던 시기에 부정적 이슈가 등장한 적이 있다. 설탕 대신 사용하는 감미료와 각종 첨가물을 지적하는 보도가 이어졌고 '제로슈거가 몸에 안 좋다'는 부정적 게시물들이 온라인에 속속 올라왔다. 이때도 소비자들은 자발적으로 움직였다. 각자 성분표를 찾아보고 직접 내용을 정리하고 의견까지 정리해 SNS와 온라인에 올렸다. 시장 1위 제품인 칠성사이다 제로도 주요 검증 대상이었지만 부정적 여론의 화살을 피할 수 있었다. 소비자들이 직접 칠성사이다 제로의 성분을 타제품과 비교해보고 긍정적 의견을 공유했기 때문이다.

1인 시대의 소비자들은 정보에 대한 민감성이 높다. 그들은 모든 것을 알고 싶어 하고 적극적으로 정보를 취한다. 단순한 구매자라기보다 마치 제품과 서비스 기획의 참여자인 듯 영향력을 발휘한다. 또한 과거보다 까다롭고 유능해졌으며 매우 능동적이 됐다. 온라인 네트워크로 연결된 개인들은 특히 동일한 가치를 공유할 때 빠르게 연대한다. 과거 시장에서 소비자의 목소리는 대개 시민단체 등이 나서서 대변했다. 그러나 1인 시대의 소비자들은 각자 개인이 자기 이름과 계정을 걸고 목소리를 낸다. 굳이 단체를 거치지 않아도 자기 의견을 드러낼 수 있다. 흩어져 있는 개인들은 언제라도 소셜 네트워크 안에서 연대할 준비가 돼 있다. 그 힘이 얼마나 큰지 정부를 압박하고 기업을 움직이기도 한다.

2017년 넷플릭스 코리아의 사례를 보자. 넷플릭스 코리아는 당시 인기 개그맨을 광고 모델로 기용했다. 그런데 광고가 공개되자마자 과거 이 모델이 팟캐스트에서 했던 발언이 문제로 떠올랐다. 이미 시간이 꽤 지났지만 누군가는 그 발언을 기억하고 있었다. 광고 소식이 알려지자 SNS에 글이 올라왔고 이에 공감하는 다수의 소비자가 뭉쳐서 여론을 형성했다. 소비자들의 반응에 넷플릭스 코리아는 결국 광고를 철회했다.

소비자는 만족하지 않으면 미련 없이 떠난다

1인 시대의 소비자를 설명하는 주요 특징 중 하나는 멀티 페르소나다. 한 사람이 다양한 역할과 성격을 가진다는 뜻이다. 예전에는 '나는 이런 사람이다.'라는 정체성이 비교적 단순했다면 지금은 '회사에서의 나' '집에서의 나' 'SNS 속의 나'가 서로 다르다. 이러한 멀티 페르소나가 사회적 현상으로 드러난 대표적인 키워드가 '부캐'다. 부캐는 '부캐릭터'의 줄임말로 내 안의 또 다른 나 혹은 여러 개의 자아를 표현한다. 잡코리아와 알바몬이 2021년 진행한 조사에 따르면 성인의 64.9%가 부캐 현상에 긍정적이라고 답했다. 이유를 보면 "다양한 자아 정체성을 표현할 수 있어서" "새로운 자아를 발견할 수 있어서" "현실에서 포기한 꿈이나 취미를 부캐로 실현할 수 있어서"였다.

1인 시대의 소비자들은 자신을 다양한 방식으로 표현하며 하나의 정체성에 고정되지 않으려고 한다. 자신의 내면에 서로 다른 정체성이 있다는 것을 알고 숨기기보다 오히려 적극적으로 드러내고 싶어 한다. 직장인으로서의 나와 퇴근 후의 나, 가족 앞의 나와 친구들 앞의 나, 오프라인의 나와 SNS 속의 나는 모두 다를 수 있다. 이렇게 자기 안의 다른 정체성을 표현하고자 여러 개의 SNS 계정을 만드는 일도 자연스럽다. 각 계정에는 서로 다른 취향과 관심사가 반영된다. 어떤 계정은 일상, 어떤 계정은 취미, 또 다른 계정은 아주 개인적인 생각과 감정을 담는다.

이런 소비자의 변화는 마케팅에서 말하는 '페르소나' 개념도 완전히 바꿔놓았다. 예전에는 성별, 나이, 직업, 소득, 거주지 같은 기본 정보로 소비자 유형을 나누고 '30대 직장여성 A' '20대 남성 대학생 B'와 같은 고정된 페르소나를 만들어 그 집단에 맞춰 마케팅했다. 이는 특정 유형의 집단에 속한 소비자들은 비교적 일관된 행동 패턴을 보였기 때문에 가능했다. 하지만 지금은 한 사람이 상황에 따라 전혀 다른 모습으로 행동한다. 회사에서는 실용성을 중시하는 사람처럼 행동하다가 온라인에서는 감성적인 소비를 즐기고 또 다른 공간에서는 환경을 중요하게 생각하는 소비자로 행동할 수 있다.

이제 페르소나는 단순히 '특정 소비자 유형'을 대표하는 도구가 아니라 개인 안에 존재하는 여러 층의 욕구와 상황별 행동 패턴을

원래의 페르소나와 1인 시대의 페르소나 비교

페르소나	1인 시대의 페르소나
성별, 나이, 직업 같은 기본 정보 중심	관심사, 경험, 데이터 발자국 같은 심리와 행동 정보 중심
고정된 단순 프로필	상황에 따라 달라지는 동적인 프로필
대중적인 타깃 설정	세밀한 맞춤형 타깃팅
일방향 커뮤니케이션	소셜 미디어와 데이터를 활용한 양방향 소통
TV와 광고 중심	앱, 웹, SNS 등 다양한 디지털 채널 중심

이해하는 도구가 돼야 한다. 원래의 페르소나와 1인 시대의 페르소나를 비교하면 위와 같은 차이가 있다.

내 안의 여러 페르소나와 여러 얼굴을 동시에 만족시키고 싶어 한다. 이런 특성을 잘 이해하는 브랜드가 바로 나이키다. 나이키는 고기능성 스포츠 제품을 원하는 소비자들을 대상으로는 전문 운동선수들이 스우시swoosh 로고가 선명한 운동복과 운동화를 착용하고 뛰는 이미지를 보여준다. 데일리 운동을 즐기는 사람들에게는 '저스트 두 잇just do it' 캠페인으로 도전을 응원하면서 일상용 운동화를 보여준다. 운동을 앱으로 관리하고 싶은 사람들을 위해 '나이키 트레이닝 클럽' '나이키 런 클럽' 등과 같은 디지털 서비스를 제공하고 스포츠웨어를 패션 아이템으로 활용하고 싶은 사람들을 위해 종종 힙한 패션 브랜드와 컬래버레이션을 진행한다. 그 외에 젠더와 소수자 이슈와 사회적, 환경적 책임 등에 민감한 소비자를 겨냥한 나이키 우먼 캠페인, 나이키 프로 히잡 캠페인을 진행하고 재활용 소재를 활용한 제품라인도 선보인다.

이는 각각 다른 소비자층을 따로 노리는 전략처럼 보일 수 있지만 실은 그렇지 않다. 이 전략은 '서로 다른 소비자를 다 잡는' 것이 아니라 한 명이 소비자 안에 있는 여러 욕구를 동시에 만족시키는 전략에 가깝다. 예를 들어 '운동을 좋아하고 패션에 관심이 있고 환경 문제도 신경 쓰는 나'라는 한 사람이 있다고 하자. 나이키는 이 사람의 여러 페르소나를 한 브랜드 안에서 모두 충족시킬 수 있다.

국내 사례로 보자면 소주 '새로' 역시 멀티 페르소나 전략이 잘 드러난다. 소비자 안에는 '술을 좀 많이 마시고 싶은 나' '하지만 살은 찌기 싫은 나' '기분은 내고 싶은데 취하고 싶지는 않은 나' '예쁘게 생긴 술병을 좋아하는 나'가 동시에 존재한다. 새로는 이 다층적인 욕구를 묶어 '저도수 + 제로슈거 + 감각적인 디자인'이라는 하나의 제품 콘셉트로 풀어냈다. 애플도 마찬가지다. 애플 제품을 선택하는 사람 안에는 '기술적으로 우수한 제품을 쓰고 싶은 나' '편리한 기능을 좋아하는 나' '스타일리시해 보이고 싶은 나'가 공존한다. 애플은 이 세 가지 니즈를 모두 충족시키는 방향으로 제품과 브랜드 정체성을 설계한다.

1인 시대의 소비자는 한 브랜드에 여러 가지를 기대한다. 기능, 감성, 디자인, 가치, 스토리까지 동시에 충족되기를 바란다. 그러다 보니 기대에 못 미치면 오래 고민하지 않는다. 다른 브랜드 제품으로 빠르게 이동한다. 정보 접근이 쉽고 타제품과 비교도 쉽고 대체재도 넘쳐나기 때문이다. 멀티 페르소나를 이해하지 못하면 소비자는 예고 없이 언제든 아주 빠른 속도로 떠날 수 있다.

MZ는 소비가 아니라 시장과 문화를 만드는 세대다

스탠리 텀블러의 인기를 상징하는 키워드는 '텀꾸'다. 텀꾸는 '텀블러 꾸미기'의 줄임말로 각자 자기 스타일대로 텀블러를 꾸미는 놀이다. 용도에 맞춰 스트로우를 바꾸고 재미있는 스티커를 붙여 개성을 드러낸다.

텀꾸에 열광한 이들은 1020세대 소비자들이다. 이 유치한 듯 보이는 놀이는 인플루언서들의 동참을 유도했고 SNS를 텀꾸 사진, 영상, '#stanleycup' 해시태그로 뒤덮었다. 텀꾸로 인해 스탠리 텀블러는 단순한 음료 용기가 아니라 자기 취향을 표현하는 캔버스가 됐고 하나의 사회 문화적 현상으로 자리 잡았다.

스탠리의 성공은 단지 소비자층의 확장이 아니라 새로운 문화를 창조함으로써 가능했다. 텀꾸 문화를 주도한 건 10대와 20대가 주축이 된 잘파Zalpha*들이다. 이들은 소비를 하나의 현상으로 만드는 힘을 가진 집단이다. 예를 들어 텀꾸를 하나의 문화로 만든 디토ditto 현상**은 자기표현이 매우 중요한 세대의 특성이 크게 반영됐다. 디토는 '나도 갖고 싶다'는 욕구에서 시작된 소비 현상을 말한다. 하지만 잘파세대는 단순한 모방이 아니라 자기만의 방식으로 변형하고 재구성하는 놀이로 만들었다. 그런가 하면 2030 MZ세대는 유행을 창조하는 방식으로 소비에 영향을 미쳤다. 그들은 데일

---

*   10대 알파α+20대 제트Z

** 소비자가 특정 제품을 선택할 때 스스로 정보를 찾고 고민하는 대신 자신이 신뢰하는 인물, 콘텐츠, 커머스 플랫폼의 제안을 그대로 따르는 소비 경험이다.

리룩과 어울리는 텀블러를 들고 다니는 모습을 SNS에 경쟁적으로 올렸다. 그로 인해 스탠리는 핫한 패션 아이템이 됐다.

1인 시대는 MZ세대를 제외하고 설명하기 어렵다. MZ세대는 기업과 브랜드에 엄청난 기회를 제공하는 소비자들다. 전 세계적으로 MZ세대의 구매력은 이미 다른 세대를 앞서고 있고 앞으로도 상당 기간 영향력을 유지할 것으로 예상된다. 이들에 비해 아직 구매력이 형성되지 않은 10대는 얼마 안 가 1인 시대를 주도하는 소비자층이 될 것이다.

이들이 중요한 진짜 이유는 '돈을 쓰는 세대'가 아니라 '지금 이 시대의 시장과 문화를 만드는 세대'이기 때문이다. 이들은 어느 세대보다 열심히 SNS 콘텐츠와 소셜 데이터를 생산한다. MZ들의 라이프스타일은 SNS의 인기 콘텐츠다. 이들의 창의성, 도전성, 그리고 유니크함은 시장에 문화적 충격을 준다. MZ들이 먹고 보고 입고 즐기는 방식은 곧 유행이 된다. 아래로는 10대에서 위로는 중장년층까지 확산된다. 탕후루와 마라탕과 같은 단기적 유행을 만들고 헬시 플레저healthy pleasure*와 셀프 케어self-care와 같은 장기적 트렌드를 이끈다. 술을 완전히 끊지는 않지만 저도주를 마시거나 의도적으로 술을 줄이는 소버큐리어스sober curious 문화도 주도한다. 중장년의 아이템이었던 저속노화를 사회 전체의 트렌드로 확장시켰다. 이들은 단순히 인구통계적 집단이 아닌, 시장을 주도하고 만드는 1인 시대 소비자들의 욕구를 이해하는 소비자들의 지표이자 선행 신호다.

---

* 건강을 해치지 않는 선에서 즐기기

MZ세대 심층 분석 리포트

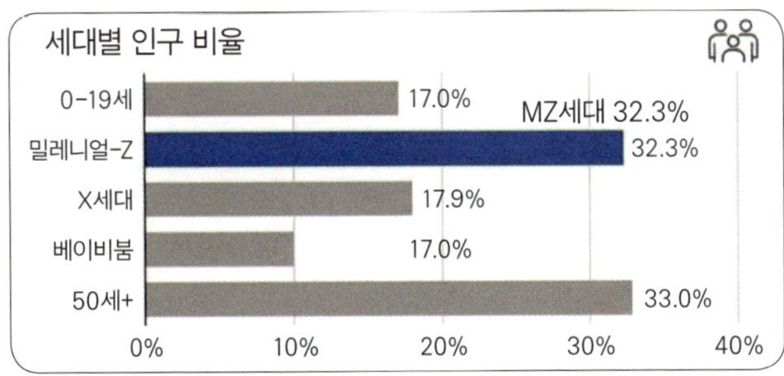

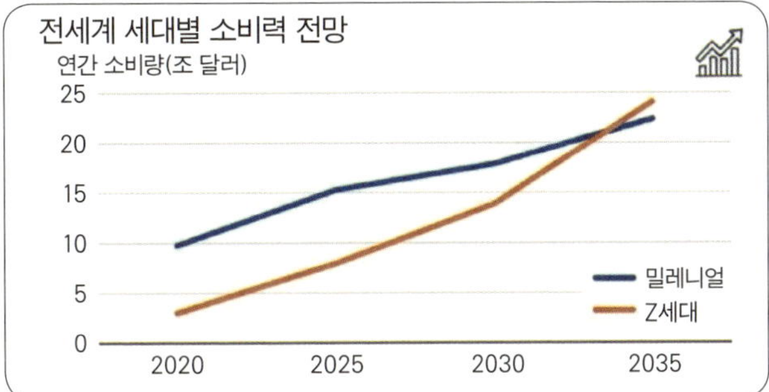

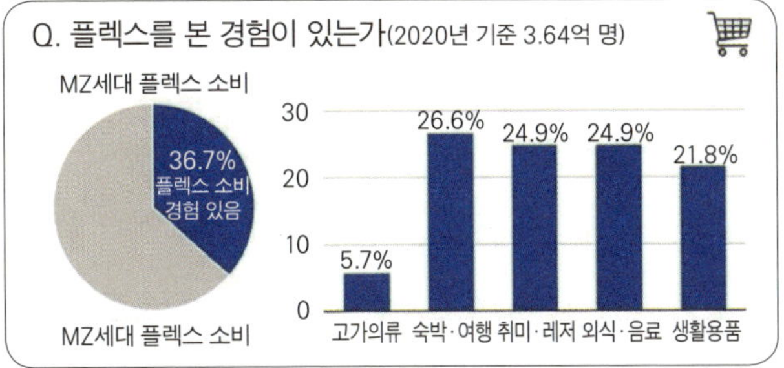

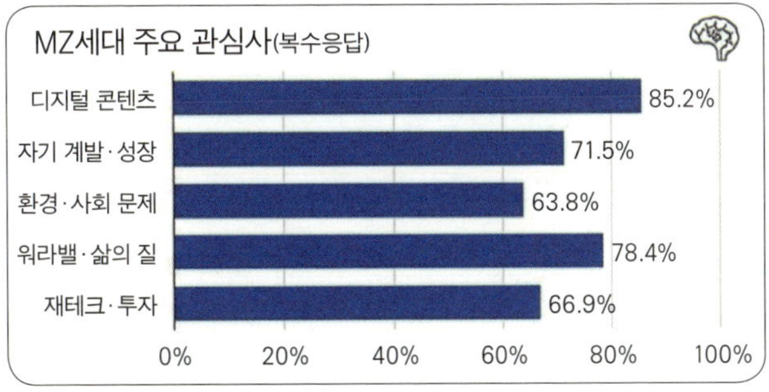

(출처: 메리츠증권 리서치센터·주요 경제 연구소 및 통계청 데이터 종합, 2024. 5)

추구 가치별 페르소나

M세대		Z세대	
공통 라이프스타일		공통 라이프스타일	

- 👔 완벽한 나
- 🎒 소유한 물품으로 드러내는 나
- 💄 #대과시 #콘셉추얼 #인정욕구
- 💅 날 이해해주고 인정해줘

- 👜 특별한 존재
- 👟 행동과 말로 나타내는 나
- 💄 #일상 #취향 #트렌드로그
- 💅 날 팔로우하고 구독해

👤 팔로어	👤 콜렉터	🏆 성취가	🖊 표현자	🙌 활동가
트렌드 라이프스타일 유행선 호응반응	디테일 헤리티지	자기계발 성장 목표 지향 노력과 성과	창의적 자기표현 독창성 콘텐츠 제작	사회적 참여 가치소비 변화 추구
#미디어프로슈어	#디테일탐험가 #특별함 #수집욕	#자기계발 #성장기록 #갓생	#크리에이터 #개성표현# 취향공유	#소셜임팩트 #참여 #연대
트렌드를 주도하는 이들의 선택에 공감하고 반응하며 소셜미디어에서 적극적으로 소통합니다.	특별하고 희소성 있는 아이템을 수집하며 그 속의 디테일의 역사에 대한 깊은 애착을 가집니다.	명확한 목표를 설정하고 끊임없이 노력하며 자신의 성장 과정을 기록하고 공유하여 성취감을 얻습니다.	자신만의 독특한 관점과 개성을 콘텐츠로 제작하여 공유하고 다양한 방식으로 자기 자신을 표현합니다.	사회적 이슈에 관심을 가지고 적극적으로 참여하며 가치소비를 통해 긍정적인 변화를 만들어가는 데 기여합니다.

이들의 가치관을 한 문장으로 표현하면 '1인분은 하자'이다. 더 하지도 말고 덜하지도 말고 딱 1인분만 하자는 말은 '제 역할을 책임있게 해내는 것'과 동시에 '남에게 부담을 주지 않는 것'이다. 이들에게 '1인분을 한다'는 것은 자기 삶을 잘 책임지는 것이고 스스로 독립된 존재로 서는 것이다. 그래서 혼자 먹는 식사도 대충 때우지 않고 제대로 차려 먹는다. 혼밥을 위해 조리도구에 투자하고 자기가 좋아하는 대상(브랜드와 제품)에 돈을 쓰는 것을 아깝게 여기지 않는다. 먼 미래의 막연한 행복보다 지금 이 순간의 확실한 행복을 더 중요하게 여긴다.[6]

개인의 취향을 거침없이 드러내는 MZ들은 트렌드에 민감하게 반응하고 빠르게 적응한다. 혁신 제품에 대한 수요가 높으며 새로운 것을 경험하는 데 주저하지 않는다. 브랜드는 MZ세대의 관심사에서 새로운 기회를 발굴할 수 있다. 하지만 단순히 세대적 특성으로 MZ세대를 온전히 이해하기는 어렵다. MZ세대는 동일한 가치관과 라이프스타일의 집단이 아니기 때문이다. 실제로 M세대와 Z세대는 상당히 다르다. 좀 더 세분화하면 20대 초반과 후반이 다르고 30대 초반과 후반의 가치관이 같지 않다. 1인 시대의 마케팅은 변화무쌍한 MZ세대에 대한 정확한 이해 없이 성공할 수 없다. 데이터 기반의 세밀한 관찰과 분석이 반드시 필요한 이유다.

소비자의 숨겨진 니즈를 정확하게 찾아서 만족시킨다

기술 발전과 데이터 분석을 통해 브랜드는 소비자들의 특성, 취향, 행동 등을 세밀하게 파악할 수 있게 됐다. 기업들은 이를 토대로 다양한 니즈를 충족하는 제품과 서비스를 경쟁적으로 쏟아내고 있다. 그 결과 시장은 공급과잉 상태에 이르렀고 제품과 서비스의 종류와 선택지는 거의 무한에 가까운 상황이다. 이런 환경에서는 소비자의 니즈가 오히려 복잡해지고 더 세분화된다. 이는 브랜드가 소비자와 훨씬 더 깊게 연결돼야 하고 더 섬세하게 차별화된 경험을 제공해야 한다는 것을 의미한다.

소비자와 장기적이고 강력한 관계를 만들려면 단순히 제품을 더파는 전략으로는 부족하다. 아직 제품이나 서비스로 구현되지 않은 니즈, 즉 미충족 욕구unmet needs를 찾아야 한다. 그래야 소비자에게 새로운 경험을 제공할 수 있고 깊게 만족시킬 수 있다.

스마트폰은 그 대표적인 예다. 스마트폰 등장 이전에도 사람들은 전화기를 썼고 카메라를 썼고 컴퓨터를 썼다. 하지만 '이 세 가지를 손안에서 언제 어디서나 인터넷과 함께 쓰고 싶다.'라는 욕구를 명확히 표현하는 사람은 많지 않았다. 스마트폰은 소비자가 말로 표현하지 못한 미충족 욕구를 제품과 서비스로 구현해 완전히 새로운 시장을 만들었다.

한편 전기차는 전체 자동차 시장을 통째로 바꾸기보다 기존 시장 안에 새로운 카테고리로 새로운 선택지를 만든 사례다. 기후 위기와 탄소중립 등 환경 이슈에 관심이 높아지면서 '환경에 덜 부담을 주는 이동 수단'에 대한 니즈가 강하게 형성됐다. 전기차는 기존 자동차 시장을 세분화하는 전략으로 시장을 만들었다.

또 한국의 식물성 대체육과 미국의 배양육 시장은 건강, 동물복지, 환경보호라는 여러 가치와 니즈를 동시에 충족하는 가치 소비 시장이다. 이런 특성이 시장 규모는 작지만 가치에 기반한 소비가 강하게 작동하는 영역이다. 소비자와 깊게 연결되는 특성이 있고 따라서 성장 가능성이 크다.

혁신 시장이든, 세분화 시장이든 결국 핵심은 같다. 아직 제대로 다뤄지지 않은 니즈를 정확하게 찾아내고 섬세하게 만족시켜야만 새로운 기회를 만든다. 데이터 드리븐 마케팅은 새로운 시장을 만드는 전략의 성공 가능성을 크게 높인다. 소비자 내면의 숨겨진 니즈에서 새로운 기회를 창출할 수 있기 때문이다. 데이터의 가장 큰 힘은 기존 시각으로는 보이지 않던 새로운 소비자 집단과 숨은 니즈를 발견하는 것이다.

데이터는 단순히 소비자의 행동을 보여주는 도구가 아니다. 데이터는 소비자가 웹사이트와 앱에서 어떤 행동을 하는지, 무엇을 검색하는지, SNS에서 무엇을 말하는지, 어떤 것에 반응하는지를 보여준다. 이런 다양한 데이터를 종합해 행동 뒤에 숨어 있는 진짜 욕구를 찾아낸다. 소비자가 실제로 무엇을 원하는지와 어떤 문제가 해결되지 않았는지를 알아내는 게 핵심이다. 예를 들어 특정 제품 카테고리에서 사람들이 반복적으로 표현하는 불편함을 발견할 수 있다면 그 불편함을 해결하는 제품과 서비스를 통해 아예 새로운 시장을 만들 수도 있다.

또 데이터는 시장의 변화 속도를 따라갈 수 있는 도구이기도 하다. 소비자의 관심사와 행동 변화를 거의 실시간으로 반영하기 때문에 빠르게 피드백을 받고 제품과 서비스 방향을 조정할 수 있다. 특히 새롭게 형성된 시장에서는 소비자 반응을 정확하게 읽고 얼마나 빠르게 대응하느냐가 시장 선점을 유지하는 핵심 요인이 된다. 점점 더 까다롭고 복잡하고 빠르게 변화하는 시장에서 데이터는 성공적인 마케팅을 위한 핵심 자원이자 시장 분석의 수준을 넘어서 완전히 새로운 시장의 창조에 필요한 통찰을 제공하는 도구다.

3
소비자는 설문조사에 성실하게
답했을 뿐이다

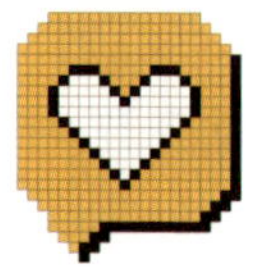

그날 회의는 상당히 심각했다. 아니, 한 마디로 난리가 났다. 경쟁사에서 새로 출시한 캔·병RTD, Ready To Drink 커피와 자사 제품 '칸타타'를 나란히 놓고 비교하는 자리였다. 모두의 시선은 제품의 용기에 꽂혀 있었다.

자사의 칸타타는 짧고 통통한 모양이고 경쟁사 제품은 길고 날씬한 형태였다. 용기 디자인은 취향의 차이일 수 있지만 실제 매출에 영향을 미칠 수도 있는 요소였다. 경쟁사의 용기 디자인은 두 가지 장점이 있었다. 첫째, 같은 용량인데도 더 많아 보이는 시각적 효과다. 연구에 따르면 사람들은 용기의 너비보다 높이를 기준으로 양을 판단하는 경향이 있다. 그래서 같은 용량이어도 용기의 키가 높은 제품을 선택하는 사람이 더 많다. 둘째, 잡기 더 편했다. 날씬한 용기는 손에 쥐었을 때 안정적이고 더 편안한 느낌을 준다. 캔·병RTD 커피는 특정 장소에서 오래 머무르며 편안하게 여유를 즐기는 커피가 아니다. 지하철, 버스, 길 위, 사무실 책상 등 이동 중에 많이 마신다. 그래서 휴대성과 그립감이 중요하다.

시장점유율만 보면 칸타타가 훨씬 앞서 있었지만 이런 작은 차이가 치열한 캔·병RTD 시장에서는 순식간에 판도를 바꿀 수도 있다. 우리는 긴장할 수밖에 없었다. 그래서 서둘러 소비자 설문조사를 진행했다. 소비자가 자사 제품의 용기에 어떤 불편감을 느끼는지 파악하고 경쟁사처럼 날씬한 용기를 더 선호하는지 알아보기 위해서였다. 조사결과는 충격적이었다. 응답자의 85%가 자사 제품의 용기가 불편하다고 답한 것이다. 당혹감을 감추기 어려웠다.

'지금 당장 디자인을 바꿔야 하는가, 아니면 차라리 출시 준비 중인 신제품에 더 집중해야 하는가?' 고민 끝에 한 번 더 조사를 진행하기로 했다. 이번에는 소셜 데이터 분석을 해보기로 했다. 일상에서 소비자들이 칸타타에 대해 어떤 말들을 하는지 관찰이 필요했다. 그런데 또 한 번 깜짝 놀랄 만한 결과가 나왔다. 설문조사에서 무려 85%에 달했던 부정적 반응과는 완전히 달랐다. 소셜 데이터 어디에도 칸타타의 용기가 '두껍다.' '예쁘지 않다.' 혹은 '잡기가 불편하다.' 등의 불만은 거의 보이지 않았다. 참으로 난감한 상황이었다.

"설문조사와 소셜 데이터 둘 중 누가 거짓말을 하는 걸까?"

결론부터 말하면 설문조사의 결과가 틀렸다. 하지만 설문조사에 참여한 사람들이 의도적으로 거짓말을 한 것은 절대 아니다. 그들은 질문에 그저 성실하게 답했을 뿐이다. 결과의 오류는 소비자의 거짓말이 아니라 질문과 답변의 방식으로 진행되는 전통적인 소비자 조사법의 한계에서 비롯됐다.

"현명한 답을 원한다면 합리적인 질문을 하라."

독일 문호 괴테는 일찌감치 질문의 중요성에 대해 이렇게 말했다. 답의 질은 질문이 결정한다는 뜻이다. 원하는 답을 얻으려면 먼저 제대로 된 질문을 해야 한다. 당연한 얘기가 실제로 해보면 가장 어려운 일 중 하나다.

전통적인 소비자 조사법의 핵심은 질문이다. 설문조사는 알고 싶은 것을 소비자에게 직접 묻는다. 기업이 궁금한 건 소비자의 마음이다. 왜 어떤 제품(서비스)은 구매하고 또 어떤 제품은 외면하는가? 소비자가 기꺼이 지갑을 열어 특정 제품을 선택하는 이유를 알아내면 우리 제품과 서비스를 선택할 이유를 제공할 수 있다. 마케터는 소비자가 구매 접점에서 불과 몇 분 사이에 내린 결정이든 혹은 수일에 걸친 고민의 결과이든 구매를 결정하게 된 진짜 이유를 찾아야 한다.

과거에는 데이터라는 도구가 없었기 때문에 정량 조사(숫자로 보는 조사)든, 정성 조사(이유와 맥락을 듣는 조사)든 대부분이 설문과 인터뷰 중심이었다. 대규모 설문조사를 하면 통계적 검증을 거쳐 시장 규모, 적정 가격, 구매 빈도, 선호 매장, 예상 점유율과 같은 수치 데이터를 얻을 수 있다. 이것이 중요한 정보인 것은 맞다. 하지만 이런 방식의 조사는 소비자가 '도대체 왜 이 제품만 구매하는지' 또 '왜 이 브랜드를 좋아하는지' 진짜 이유를 알기 어렵다.

전통적인 조사는 대부분 상향식 방식으로 접근한다, 즉 '가설을 세우고 → 설문을 만들고 → 소비자에게 물어보고 → 수치와 답변을 모아 해석하는 방식'이다. 이때 주로 쓰는 정성 조사 기법이 갱서베이gang survey, 표적집단면접법FGI·FGD, 개별심층인터뷰IDI 같은 것들이다. 갱서베이는 조사 대상자들을 한 공간에 모아서 똑같은 설문지를 주고 한 번에 답을 받는 방식이다. 광고물처럼 여러 개를 나란히 놓고 비교 평가할 때 유용하다. 표적집단면접법은 우리 제품의 주요 타깃이 될 만한 사람들 4~8명을 기준에 맞게 선발해 한자리에 모은 뒤 사회자가 질문을 던지고 대화를 유도하는 방식이다. 새로운 시장을 찾거나, 신제품 개발 아이디어를 얻거나, 특정 집단이 어떤 생각과 문화를 가지고 있는지 이해할 때 자주 사용한다. 개별심층인터뷰는 1:1로 깊게 이야기 나누는 방식이다. 일반 소비자뿐만 아니라 특정 분야 전문가나 오피니언 리더를 인터뷰할 때도 쓰인다. 한 사람의 머릿속에 있는 생각과 경험을 깊이 듣고 싶을 때 유용하다.

이런 전통적 소비자 조사법은 각각 고유한 특성이 있고 나름의 장점이 있다. 하지만 결국 사람에게 질문을 던지고 그에 대한 말이나 글로 답을 받는 방식이 갖는 공통적인 한계가 존재한다. 첫째는 바로 인지 편향이다. 대표적으로 정답편향answer bias이 있다. 사람들은 질문을 받으면 무의식적으로 '상황에 맞는 답' '조금 더 바람직해 보이는 답'을 고르는 경향이 있다. 예를 들어 "당신은 환경 보호에 관심이 있습니까?"라고 물으면 대부분 "예."라고 대답한다. 실제로 환경 보호에 대해 그다지 깊은 관심이 없고 그와 관련된 행동을 하지 않더라도 긍정적인 답을 하는 경우가 많다. 우리는 모두 사회적으로 바람직한 모습으로 보이길 원하는 '사회적 바람직성 편향Social desirability bias'을 가지고 있다.

둘째는 설문 문항을 만드는 것 자체가 매우 어렵다. 조사 결과의 신뢰도와 타당성은 '무엇을 어떻게 묻는가?'에 달려 있다. 질문은 조사 목적에 맞는 적절한 변수와 맥락을 설계해야 한다. 그런데 아무리 경험이 많은 설계자라도 사람들 머릿속에 있는 수많은 생각과 감정을 완벽하게 포착하는 문항을 만들어내기란 불가능에 가깝다. 마케터 관점에서는 중요하게 생각돼서 항목에 넣어보지만 실제 구매 결정에 얼마나 영향을 주는 질문인지는 알기 어렵다.

셋째는 언어 중심 조사 방식의 한계다. 질문을 들으면 사람들은 의식적이든 무의식적이든 질문의 의도를 추측한다. 그리고 그 범위에서 벗어나지 않는 답을 고르려고 한다. 이때 질문지에 있는 단어, 질문 순서, 예시 문항 하나하나가 전부 질문의 의도를 파악하는 힌트가 된다. 특히 언어 기반의 조사는 질문의 구조와 어휘가 특정 방향으로 제한되면 답변도 그 방향으로 유도된다. 물론 답변하는 사람은 자기 생각이 외부의 특정 요소에 의해 유도됐다는 것을 전혀 의식하지 못한다.

앞서 설문조사에서 응답자의 85%가 칸타타의 용기가 '불편하다'고 답한 것도 그 때문이다. 당시 우리는 솔직한 답변을 얻기 위해 세심하게 문항을 작성하고 질문의 순서까지 고려하는 등 공을 들였다. 그럼에도 질문이 응답의 방향을 정하는 상황이 발생하고 말았다. 먼저 길고 날씬한 용기와 짧고 통통한 형태의 용기를 주고 "어느 쪽이 더 편한가?"라고 물었다. 대부분 날씬한 용기를 골랐다. 그리고 이어서 통통한 형태의 용기에 대해 "불편하다고 느끼는가?"를 물었다. 이 경우 앞서 두 개의 용기를 비교한 응답자들은 높은 확률로 "네."라는 답을 했다.

하지만 소셜 데이터를 보면 일상에서 칸타타를 마시는 소비자들은 용기의 모양을 거의 신경쓰지 않았다. 물론 타 브랜드의 용기와 디자인을 비교하지도 않았다. 소비자가 진열대 앞에서 다양한 캔·병RTD 커피를 고를 때 가장 크게 작용한 요소는 칸타타라는 브랜드 이름이었다. 용기의 디자인은 구매 결정에 영향을 주지 않았다. 만약 설문조사 결과만 믿고 성급하게 디자인 리뉴얼을 했다면 어떻게 됐을까? 실제 소비자 만족도와 매출에는 거의 변화가 없어 회사의 부담만 증가했을 것이다.

소비자는 입으로는 'A'라 말하고 손으로는 'B'를 결제한다

실패를 겪지 않은 브랜드는 없다. 마케팅에서 실패담은 흔하지만 그래서 더 중요하다. 실패에는 항상 배울 것이 있다. 제품이 망한 이유는 기획한 사람들이 제일 잘 안다. 누구보다 제품의 장점과 약점을 잘 알기 때문이다. 그런데 가끔은 "도대체 왜 망한 걸까?"라는 의문만 남는 제품이 있다. 어니스트 티honest tea 콘셉트로 만든 차음료 네이처티가 그랬다.

2000년대 초반 전 세계적으로 환경 문제와 기업의 사회적 책임에 대한 관심이 높아졌다. 그와 함께 정직한 브랜드와 지속가능한 제품에 대한 호감도도 함께 올라갔다. 이때 다양한 분야에서 '어니스트'라는 키워드를 내세운 제품들이 등장했다. 성분을 솔직하게 공개하고 인공 첨가물을 줄이고 자연 친화적인 이미지를 강조하는 어니스트 콘셉트의 브랜드들이 인기를 얻었다. 네이처티는 이런

네이처티는 어니스트 콘셉트로 만든 차음료이다.

흐름에 맞춰 기획됐던 제품이다. 녹차에 천연 과즙을 더하고 합성 착향료와 합성첨가물을 넣지 않았다. 타깃 소비자는 어니스트 가치에 관심이 높은 2030 여성들이었다.

네이처티는 출시 전 타깃 소비자를 대상으로 한 조사에서 맛, 향, 성분은 물론이고 자연 이미지를 강조한 용기 디자인까지 모두 높은 평가를 받았다. 글로벌 컨설팅사에서 조사와 분석을 맡았고 내부에서도 "이 정도면 성공 가능성이 높다"며 기대가 컸다. 하지만 실제로 시장에 출시한 후 반응은 완전히 달랐다. 네이처티는 시장에서 오래 버티지 못했다. 예상 밖의 실패에 모두가 당황했다. 타깃 소비자들이 사전 조사에서 "좋다"고 말한 요소들을 충실히 반영했는데 구매하지 않았다.

소비자의 말과 행동이 다른 상황이 벌어지면 전통적인 설문조사 방식으로는 실패의 진짜 원인을 찾기 어렵다. 그래서 몇 년이 지난 후 데이터 분석 환경이 갖춰졌을 때 네이처티 실패 원인을 다시 들여다보기로 했다. 이번에는 소비자에게 "네이처티를 왜 안 사셨어요?"라고 묻지 않았다. 대신 소비자들이 일상에서 차 음료에 대해

한국 소비자의 차 음료에 대한 인식

구분	정량 데이터(사실)	소비자 인식·의미(해석)
차음료 시장 규모	2018년 대비 2022년 액상 차음료 판매량 증가. (K-푸드 트렌드 자료)	단순 전통 차가 아니라 캔·병RTD 차·프리미엄 차 등 다양한 차 카테고리 수요 증가.
음료 시장 내 비중	전체 음료 판매액 중 차음료 11.77% 차지. (2018, 식약처)	커피나 탄산음료는 아니지만 여전히 주요 음료 선택지 중 하나로 유지되고 있음.
성장률 전망	한국 차 시장, 향후 연평균 4~5% 성장 전망. (IMARC 그룹, 2024)	건강, 웰빙, 카페 문화 확산 등으로 차를 찾는 이유가 다양해지고 있음.
캔·병RTD 차 제품 증가	편의점 캔·병RTD 차음료 상품 수 증가와 매출 지속성장	간편성, 이동성, 즉시성에 대한 니즈 반영. '쉽게 마시는 차'의 부상.
프리미엄 차 소비 증가	프리미엄 티백과 리프티 제품 매출 증가	소비자는 차를 '맛을잘보다'는 분위기·건강 이미지로 더 인식하는 경향.
건강 지향 소비 증가	무가당·저칼로리 차 제품군 성장	차를 건강한 선택으로 인식하는 심리 강화.
커피 대비 차 선택 이유	커피 과잉 피로 → '부담 없는 음료'로 차 선택 증가	소비자는 차를 '맛' 보다는 분위기, 건강 이미지로 더 인식하는 경향.
MZ세대 유입	SNS 차음료 관련 해시태그와 리뷰 증가	트렌디하고 경험적인 음료로 차를 재해석하며 즐김.

어떤 이야기를 하는지를 데이터로 추적했다. 차를 마시는 장면, 차에 대해 나누는 대화, 편의점에서 차 음료를 고르는 행동 등 소비자들이 남긴 흔적들을 데이터로 관찰한 것이다. 그제야 비로소 사전조사에서는 보이지 않았던 소비자의 진짜 니즈가 보였다.

첫째, 맛의 문제다. 설문조사와 다르게 소비자들은 과일맛 녹차에 큰 관심이 없었다. 사전 조사에서 긍정적 반응이 나온 이유는 어니스트 트렌드에 민감한 소수 소비자 그룹을 대상으로 했기 때문이다. 그런데 이 결과를 전체 소비자의 취향으로 오인한 것이다.

당시 서구에서 과일맛 차 음료가 크게 성공한 것은 단지 어니스트 가치 덕분이 아니다. 실제로 그 사회의 대중이 선호하는 맛과 잘 맞았기 때문이다. 반면 과일맛 녹차는 한국 소비자의 보편적 선호도와 거리가 멀었다. 만약 한국 시장을 겨냥한 대중적 어니스트 티를 만든다면 적어도 과일맛 녹차는 아니라는 얘기다.

둘째, 디자인의 문제다. 용기 디자인은 그 자체로 참 예뻤다. 자연의 이미지를 강조한 색감과 그래픽의 수준도 높았다. 하지만 편의점 진열대에 놓았을 때 문제가 생겼다. 원색과 형광색으로 치장한 다른 음료들 사이에서는 눈에 잘 띄지 않았던 것이다. 보기에 예쁜 것이 잘 팔리는 것은 아니다. 진열대는 치열한 전쟁터다. 소비자의 눈을 사로잡지 못하면 경쟁에서 살아남기 어렵다.

셋째, 사용 경험의 문제다. 용기의 입구가 넓은 것은 형태적으로 더 아름다웠지만 마실 때 음료가 옆으로 새기 쉽다. 특히 여성들은 입술 화장이 지워지거나 입 주변에 음료가 묻는 것에 더 불편함을 느낀다. 시중의 음료 용기 입구가 거의 비슷한 크기와 형태를 유지하는 이유다. 이런 문제는 실제로 써봐야 알 수 있다. 설문 응답으로 미리 파악하기 어렵다. 소비자는 사용 경험이 없는 질문에 답을 할 수 없다.

넷째, 구매 채널의 문제다. 네이처티의 주 판매처는 편의점이었다. 그런데 2010년대 편의점의 주 이용 고객은 젊은 남성들이었다. 담배, 캔·병RTD 커피, 주류, 간식류 등 상품 구성도 당시에는 남성 소비자 취향에 맞춰져 있었다. 반면 한국의 젊은 여성 소비자들은 편의점에서 차음료를 구매하기보다 카페에서 차를 마시거나 전문 브랜드의 티백을 집에서 우려 마시는 방식을 더 선호했다. 즉 편의점은 애초에 여성들이 차를 구매하기 위해 자주 찾는 장소가 아니었다. 타깃 고객이 자주 오지 않는 공간에 네이처티를 진열한 것이다.

네이처티의 실패는 이 모든 요소가 합쳐진 결과였다. 사람은 자기 자신의 욕구를 모두 알지는 못한다. 특정 제품을 구매하는 이유를 물으면 "맛이 있어서"라고 답하지만 실제로는 용기 디자인이 더 예쁘거나 혹은 가격이 더 저렴해서 골랐을 수도 있다. "몸에 좋을 것 같아서" 먹는 음식이 사실은 건강하지 못한 음식을 잔뜩 먹은 죄책감을 잠시 덜어내기 위한 선택일 수도 있다. 소비자의 말과 행동이 언제나 같을 수 없다. 소비자 자신도 스스로 알지 못하는 니즈가 존재하고 실제 행동에 개입하기 때문이다. 소비자에게 물어보는 것만으로는 다 알 수 없다. 따라서 전통적 조사방법의 한계를 명확하게 인식하고 보완하지 않으면 마케팅은 잘못된 선택에 이르게 된다.

소비자의 '미충족 욕구'를 알아내 해결해야 한다

소비자의 욕구는 크게 두 개의 층으로 나눌 수 있다. 하나는 스스로 알고 있고 말로 쉽게 표현할 수 있는 '드러난 욕구explicit needs'다. 다른 하나는 스스로 인식하지 못하고 따라서 말로 표현하기 어려운 '미충족 욕구unmet needs'다.

드러난 욕구는 당장 '불편하거나 부족해서' 해결해야 하는 문제나 필요다. 예를 들어 스마트폰에서 통화 품질, 검색 기능, 카메라

화질, 배터리 시간, 저장 용량 등 기능에 관한 니즈가 해당한다. 드러난 욕구는 이미 많은 기업이 해결하려고 시도하는 문제다. 경쟁이 치열하고 실제 제품 간 차이도 크지 않다. 따라서 드러난 욕구를 충족하는 경쟁으로는 시장 우위를 확보하기 어렵다.

미충족 욕구는 '충분히 충족된 적이 없어서 아직 제대로 느껴보지 못한 욕구'다. 스마트폰의 터치스크린, 앱 생태계, 모바일 결제, 얼굴 인식 기능 등이 여기에 속한다. 이런 기능이 나오기 전 소비자 대부분은 '이게 없어서 불편했다'고 생각하지 않았다. 하지만 일단 사용한 후에는 '없으면 불편한' 기본 기능으로 인식된다. 기업은 사용자가 명확히 인식하지 못하는 미충족 욕구를 발견하고 해결책을 제시했을 때 큰 가치를 창출할 수 있고 새로운 시장을 만들 수도 있다. 하지만 소비자의 미충족 욕구를 정확하게 읽어내기는 쉽지 않다. 겉으로 명확하게 드러나지 않기 때문이다. 특히 질문 기반의 전통적 조사법은 미충족 욕구 발굴에 적합하지 않다. 소비자 스스로 아직 그 욕구를 명확하게 인식하지 못한 상태이므로 아무리 캐물어도 답을 할 수 없기 때문이다. 바로 여기서 필요한 조사 방식이 '관찰'이다.

미충족 욕구는 소비자가 명확하게 인식하지 못할 뿐 실제로 존재하는 욕구다. '아직은' 말로 분명하게 설명하지 못하는 욕구와 무의식에 존재하는 욕구들은 우리가 무심코 반복하는 행동으로 드러난다. 관찰은 이런 소비자 행동을 지켜보는 것이다. 무엇을 사는지, 어떤 상황에서 사는지, 어떤 제품을 집어 들었다가 다시 내려놓는지, 그리고 특정 상황에서 어떤 말을 하는지를 입체적으로 관찰하면, 그 행동을 일으킨 마음속 미충족 욕구가 드러난다.

관찰 기반의 조사에 활용되는 도구로는 대표적으로 타운워칭 townwatching. 에스노그라피ethnography, 섀도 트래킹shadow tracking 등 이 있다. 타운워칭은 사람들이 특정 공간, 상권, 거리에서 어떻게 이동하고 무엇을 하는지 관찰하는 방식이다. 에스노그라피는 사용 자의 일상으로 직접 들어가서 함께 생활하거나 인터뷰·관찰을 반 복하면서 행동과 문화를 이해하는 방식이다. 섀도 트래킹은 소비 자의 하루 혹은 특정 여정을 따라다니며 그때그때 어떤 선택과 행 동을 하는지 기록하는 방식이다.

이런 관찰조사 방식은 소비자의 특정 행동을 이해하고 사용자 경험을 탐구하는 데 유용하다. 하지만 한계도 존재한다. 예를 들어 타운워칭과 섀도 트레킹처럼 소비자가 관찰 대상자임을 알지 못하 는 '비참여적' 관찰의 경우 프라이버시 이슈가 생길 수 있다. 또 소 비자가 '내가 지금 관찰당하고 있다'는 사실을 알게 되면 의도적이 지 않더라도 실험(관찰) 목적을 의식한 행동을 할 수 있다. 반면 에 스노그라피처럼 관찰자가 직접 사용자 그룹과 함께 생활하는 '참 여적' 관찰은 편향성 이슈가 생길 수 있다. 관찰자가 관찰 대상자 들과 너무 깊게 연결될 경우 관찰자 본인의 편견이 해석에 섞일 수 있다. 그리고 무엇보다 이런 전통적 관찰 도구를 활용한 조사는 내 용, 규모, 기간에 따라 비용이 정말 많이 든다.

이런 전통적인 관찰법의 한계를 보완하는 새로운 도구가 바로 데이터다. 데이터는 한 마디로 소비자의 말과 행동과 생각의 흔적 들이 쌓인 기록이다. 우리가 웹사이트를 방문하고 앱을 사용하고 제품을 검색하고 댓글을 달고 SNS에 글과 사진을 올리고 구매 버 튼을 클릭할 때마다 데이터 발자국이 남는다. 데이터 분석은 이 흔적을 한꺼번에 모아 패턴을 찾고 의미를 읽어내는 과정이다.

데이터가 더 나은 관찰 도구인 까닭은 규모, 다양성, 그리고 실시간 처리 능력 덕분이다. 예전에는 조사원이 사람을 따라다니며 수첩에 적거나 소수의 사람만 인터뷰할 수 있었다. 하지만 이제는 수십만에서 수백만 명의 행동을 '실시간에 가깝게' 관찰할 수 있다.

구매 이력 데이터, 로그 파일(웹사이트 방문 기록 등), 기본 고객 정보, 매출, 판매, 가격 등 소비자 행동 데이터, 지리, 기후, 공간, 교통 등의 데이터 등의 광범위한 정량적 데이터와 이메일, 소셜 미디어 게시물, 웹사이트 콘텐츠, 고객 리뷰와 피드백, 영상과 이미지 등 정성적 데이터를 상호비교하고 분석하면 소비자를 입체적으로 이해할 수 있다.

데이터는 질문하고 답을 듣는 '설문' 방식과 직접 따라다니는 '관찰' 방식보다 규모, 속도, 다양성, 비용 등의 장점이 탁월한 관찰 도구다. 하지만 데이터 역시 만능은 아니다. 전통적 설문, 인터뷰, 관찰은 여전히 소비자를 심층적으로 이해하는 데 필요한 도구들이다. 따라서 데이터와 기존의 전통적 조사 도구들을 서로 보완적으로 함께 사용할 때 소비자의 마음속 숨은 욕구들을 보다 정확하게 이해할 수 있고 충족하는 제품과 서비스를 제공할 수 있게 된다.

4
소비자는 무의식에 따라 행동한다

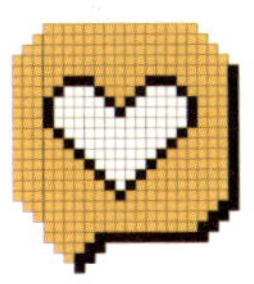

"다른 나라에서는 잘 팔리는데 왜 한국만 이럴까?"

탄산음료 '마운틴듀'는 북미와 유럽에서 꾸준히 사랑받는 제품이다. 하지만 유독 한국 시장에서는 고전을 면치 못했다. "다른 나라에서는 잘 팔리는 제품이 왜 한국에서만 힘을 쓰지 못할까?"라는 질문에 답을 찾아야만 했다. 결국 판매율을 끌어올리기 위해 2017년 출시 11년 만의 패키지 디자인 리뉴얼을 단행했다.

우리의 전략은 간단하고 명확했다. 편의점 냉장고 진열대 위에서 독보적으로 눈에 띄는 것이다. 라벨에 강렬한 검은색을 사용해 형광색을 강하게 살렸고 거친 서체를 넣어서 '에너지 넘치는 느낌을' 강조했다. 특히 용기 형태를 맥주병과 흡사한 모양으로 바꿨다. 젊은 사람들이 휴양지의 펍에서 시원하게 맥주 한 병을 들이켜는 장면을 연상하게 하려는 목표였다.

리뉴얼의 결과는 기대를 훨씬 뛰어넘었다. 디자인만 바꿨을 뿐

마운틴듀 리뉴얼 전과 후(2017)

기존 마운틴듀에서 디자인만 바꾸었을 뿐인데 매출이 크게 상승했다. 소비자들은 디자인 변경인데 맛이 달라졌다고 인식했다.

인데 매출이 크게 상승했다. 이토록 폭발적인 반응은 사실 기대하지 못했다. 무엇이 소비자의 선택을 바꿨을까? 그 이유를 확인하기 위해 진행한 사후 설문조사에서 정말 뜻밖의 답변들이 쏟아졌다.

"마운틴듀가 훨씬 맛있어졌어요."

소비자들은 마운틴듀를 구매한 이유가 '달라진 맛' 때문이라고 말했다. 하지만 레시피는 그대로였고 바뀐 것은 패키지 디자인뿐이었다. 이 놀라운 반전에 무척 당황했지만 곧 상황을 알아차렸다. 마운틴듀의 맛을 바꾼 것은 바로 뇌 안에서 작동하는 '무의식'이었다. 달라진 디자인이 소비자의 감정 경험을 자극했고 그 감정이 맛을 느끼는 인식을 바꾼 것이다. 뇌에서 찰나의 순간 일어난 이 작용으로 인해 소비자들은 똑같은 맛을 '더 맛있다.'라고 인식했다. 스스로는 인지할 수 없는 무의식의 결정이다.

제럴드 잘트만Gerald Zaltman 하버드 경영대학원 교수는 소비자 욕구는 겨우 5%만이 외부로 표현되고 있다고 분석한다. 겉으로 드러나는 말과 설명은 5%에 지나지 않고 진짜 행동과 선택을 움직이는 것은 대부분 무의식이라는 얘기다. 사람들은 대부분 '나는 이성적으로 판단해서 선택한다'고 믿는다. 하지만 실제로는 습관, 감정, 이미지, 과거 경험, 분위기 같은 것들이 우리도 모르게 결정에 영향을 미친다.

패키지 디자인이 예쁘면 더 맛있게 느끼고 가격이 비쌀수록 더 맛이 좋다고 말한다. 이는 혀가 아닌 뇌의 결정이다. 결국 소비자 행동을 제대로 이해한다는 것은 무의식을 관찰하는 것과 같다. 무의식을 이해하지 못하면 마케팅이 성공하기 어렵다. 이유는 간단하다. 소비자는 '뇌가 좋아하는 것'을 구매하기 때문이다.

소비자가 SNS에 남긴 무의식의 흔적을 읽어야 한다

"마케팅은 가치에 관한 것이다."

스티브 잡스가 한 말이다. 그는 애플의 핵심 가치는 세상을 더 나은 방향으로 변화시킬 수 있다는 신념이라고 정의했다. 애플의 마케팅 캠페인을 보면 자세한 기술 스펙보다 소비자가 제품을 사용하면서 어떤 기분을 느끼고 어떤 삶을 살게 되는지에 집중한다.

애플은 여전히 기술의 혁신을 주도하지만 경쟁사와 가장 차별화된 가치는 기술 자체가 아니다. 사람들이 애플을 사랑하는 이유는 단지 성능 때문이 아니다. 기능적 아름다움, 직관적인 사용감, 손에 잡았을 때의 감각, 심플한 디자인, 세련된 이미지 같은 것들이 하나로 묶여 '애플스럽다'는 감정을 만든다. 소비자는 애플 제품을 소유함으로써 '나는 좀 앞서가는 사람이다.' '기술과 문화에서 한발

앞선 삶을 살고 있다'는 프리미엄 감각을 느낀다.

애플을 비롯해 시장에서 독보적 지위를 유지하는 브랜드들은 공통점이 있다. 이 브랜드들은 단지 드러난 욕구(성능, 기능)만 채우지 않는다. 그 너머에 있는 미충족 욕구(감정, 자기표현, 문화적 욕구)를 지속적으로 채워준다. 이건 우연히 되는 일이 아니다. 매우 치밀하게 설계된 마케팅의 결과다.

구매 결정은 우리가 생각하는 것보다 훨씬 자주 무의식적 판단에 따라 이뤄진다. 그래서 무의식을 이해하는 일은 '하면 좋다' 수준이 아니라 '반드시 해야 하는 필수 작업'이다. 경험은 단순한 정보가 아니다. 경험은 항상 감정과 연결된다. 직접 제품을 사용해본 경험, 제품 광고를 보며 느낀 분위기, 로고나 패키지를 볼 때 떠오르는 이미지, 주변 사람들이 했던 이야기, 과거의 좋은 추억, 나쁜 기억이 모두 뒤섞여 이 브랜드를 '좋아한다·싫어한다' '이 제품은 믿음이 간다·안 간다'는 감정적 판단으로 이어진다.

가령 커피 향을 맡으면 커피를 함께 마신 사람, 음식, 그리고 그날의 분위기까지 함께 떠오른다. 칠성사이다의 로고를 보면 입안에서 터지는 탄산과 청량감이 자동으로 기억된다. 유기농 제품을 구매할 때는 자기도 모르게 빨간색 패키지보다 초록색 패키지의 제품을 고르게 된다. 우리가 이렇게 느끼는 이유와 과정을 일일이 설명할 수는 없다. 하지만 뇌는 이미 경험과 연상 기억을 통해 브랜드와 감정을 연결해 둔 상태다. 이 연결이 긍정적이라면 구매로 이어질 가능성이 높아진다.

이 무의식의 움직임은 자동적이고 비의도적인 반응에서 가장 잘 드러난다. 바로 이런 것들이다.

- SNS에 자발적으로 올리는 후기
- 검색창에 몰래 남기는 고민과 질문
- 무심코 반복해서 구매하게 되는 브랜드
- 리뷰에 쓰여 있는 솔직한 평가와 감정

온라인과 모바일 환경은 이런 무의식의 흔적이 그대로 쌓이는 공간이다. 요즘 사람들이 가장 솔직한 자기 모습을 드러내는 공간이 바로 온라인이다. 친구에게 털어놓지 못하는 질문을 구글 검색창에 남기고 솔직한 욕구를 SNS에 게시한다. 일상에서 사고 팔고 먹고 마시고 입고 웃고 울고 사랑하고 고민하는 말과 행동에 소비자의 의식과 무의식의 욕구들이 고스란히 드러난다. 이 데이터들 안에 브랜드가 소비자의 깊은 연결을 만드는 열쇠가 숨어 있다.

데이터 분석은 이 방대한 기록을 추적하고 패턴을 찾아내고 사람들이 진짜로 무엇을 원하는지와 아직 제품으로 나오지 않은 미충족 욕구가 무엇인지 발견하는 과정이다. 그리고 이를 적극적으로 마케팅에 접목한 방법론이 바로 데이터 드리븐 마케팅data driven marketing이다. 데이터 드리븐 마케팅의 목표는 간단하다. 우리가 팔고 싶은 것이 아니라 소비자가 원하는 것을 중심으로 제품, 서비스, 커뮤니케이션을 설계하는 것이다. 아직 시장에서 실현되지 않은 미충족 욕구를 찾아내고 그것을 충족하는 제품과 경험을 만든다면 히트 상품을 넘어 새로운 시장을 만들 수 있다.

소비자의 '인식'을 점령해야 시장에서 이긴다

"지구에게 미안해!"

국내 최초로 먹는 샘물에 무라벨 패키지를 적용한 아이시스 에코eco는 이 한 문장에서 출발했다. 용기에서 라벨을 떼어냈을 뿐인데 소비자 반응은 예상보다 훨씬 뜨거웠다. 아이시스 에코는 브랜드 이미지를 한 단계 끌어올렸고 매출 성장에도 힘을 보탰다.

무라벨 패키지는 먹는 샘물 시장에서 벌어진 인식의 싸움에서 승리한 마케팅 전략이다. 마케팅의 핵심은 소비자의 머릿속에 '이 브랜드를 어떻게 기억하게 만들 것인가?'의 싸움이다. 인식은 의식적 인식과 무의식적 인식이 상호작용한 결과다. 의식적인 인식은 가격, 기능, 성분, 디자인, 성능처럼 소비자가 논리적으로 판단할 수 있는 것을 말한다. 무의식적인 인식은 '인지하지 못한' 반응이나 태도를 결정한다. 우리가 "이 브랜드는 왠지 깨끗해 보여.", "이 제품은 묘하게 정이 가."라고 할 때 그 이유를 논리적으로 다 설명할 수는 없다. 그럼에도 우리는 이미 특정 브랜드를 어떤 이미지와 감정과 함께 묶어놓는다. 이게 바로 무의식적 인식이다.

마케팅에서 강조하는 인식의 싸움은 바로 이 무의식적 인식의 싸움이라고 해도 무방하다. 무의식에 형성된 인식은 객관적 사실의 제공으로는 전환이 어렵다. 인식은 사실보다 힘이 무척 세다. 샘물 시장을 보면 이미 각 브랜드는 소비자의 머릿속에 고유한 이미지를 갖고 있었다. 소비자 인식에서 아이시스는 '예뻐지는 습관으로 마시는' 물이다. 삼다수와 백산수는 '건강을 위해 마시는' 물이다. 몽베스트는 '셀럽이 마시는 프리미엄' 물이다. 가성비가 좋은

아이시스 에코

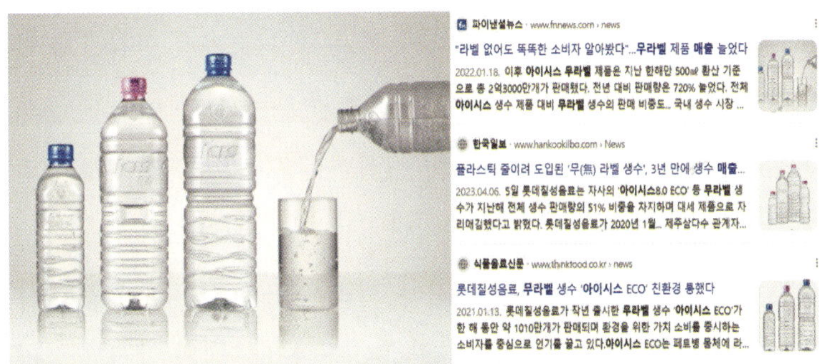

아이시스 에코는 먹는 샘물 최초로 무라벨 용기를 사용했다.

PB브랜드(커크랜드)는 '요리할 때 쓰는 가성비 좋은' 물이다.

아이시스는 오랫동안 '예뻐지는 물'이라는 포지셔닝으로 차별화를 해왔다. 이 전략은 나름 성공적이었다. 하지만 시장 환경이 바뀌면서 전략을 수정해야 했다. 가장 큰 변화는 주요 수요처가 가정으로 이동했다는 것이다. 예전에는 사무실과 외부에서 생수를 사마시는 비중이 컸지만 이제는 집에서 요리할 때, 차를 끓일 때, 식수용으로 생수를 대량 구매하는 소비가 늘었다. 가정용 대용량 생수 시장에서 '예뻐지는 물'이라는 이미지는 큰 힘이 되지 못했다.

소비자가 선호하는 좋은 물의 조건은 수질과 맛이다. 수질은 식수원을 따지고 맛은 목 넘김이 중요하다. 소비자들이 두 가지 조건을 따지는 이유는 '건강에 좋은 물이 맛도 좋다'고 생각하기 때문이다. 하지만 이는 사실과 다르다. 건강한 물을 결정하는 요소는 미네랄 함량, 청결도, ph(수소 이온 농도) 수치 등이다. 그런데 미네랄 함량이 높으면 물맛이 무겁고 목 넘김이 부드럽지 않다. 한 마디로 맛없는 물이다. 건강에 좋은 물과 맛있는 물은 다른 개념이다. 그런데 소비자들은 같은 의미로 인식한다.

데이터 분석 결과 한국 소비자가 먹는 샘물에 가장 민감하게 반응하는 요소는 의외로 '맛'이다. 커피를 고를 때보다 먹는 샘물의 맛을 더 따진다는 분석도 나왔다. 소비자들은 좋은 물을 마시기 위해 수원지 등을 꼼꼼하게 따지지만 실제로는 브랜드가 만들어준 '건강'의 이미지와 입에서 느껴진다. 따라서 물맛을 근거로 좋은 물을 판단하고 있었다. 그런데 이런 사실을 소비자에게 알리고 설명하면 인식이 바뀔까? 전혀 그렇지 않다. 무의식적 인식은 단순한 사실의 전달만으로 잘 바뀌지 않는다.

이럴 때는 아예 다른 인식의 프레임이 필요하다. 먹는 샘물 시장 안에서 기존의 브랜드와 싸우는 대신 프레임을 바꿔 아예 다른 게임을 설계했다. 새로운 프레임은 새로운 경기를 의미한다. 운동장, 선수, 룰이 모두 바뀐다. 기존 시장의 1위 브랜드는 더 이상 경쟁자가 아니다. 새로운 프레임에서 아이시스의 경쟁자는 다른 생수 브랜드가 아니라 정수기였다.

식구가 많아질수록 생수를 사 먹는 것보다 정수기를 설치하는 편이 더 경제적이다. 그럼에도 여전히 가정용 식수로 대용량의 먹는 샘물을 구매하는 소비자들이 있다. 이들을 유인할 새로운 미충족 욕구는 무엇일까? 데이터 분석으로 찾아낸 미충족 욕구는 '죄책감'이었다. 소셜 네트워크에는 집안에 쌓이는 페트병 사진과 함께 "매일 이렇게 많은 쓰레기를 만들어내다니……." "지구에게 미안하다."는 말들이 가득했다. 팬데믹을 거치며 사회적으로 환경에 대한 감수성이 더 올라갔고 먹는 샘물을 마시는 행위에 환경에 대한 죄책감이 함께 붙기 시작한 것이다.

아이시스 에코는 '죄책감을 줄이고 싶은' 미충족 욕구를 반영해 라벨을 없애고 용기의 무게도 줄였다. 라벨이 없는 가볍고 투명한 용기는 구구절절 설명하지 않아도 플라스틱 쓰레기를 줄이자는 메시지를 직관적으로 전달했다. 소비자들은 적극적인 구매로 깊은 공감을 표현했다. 아이시스 에코는 먹는 샘물 시장에 '지구에게 덜 미안한 소비'라는 새로운 카테고리를 처음 만들었다. 그 결과 기존의 뷰티 이미지를 넘어 '친환경'과 '깨끗한' 이미지로 확장할 수 있게 됐다.

소비자의 보이지 않는 무의식 속에 '진짜 시장'이 숨어 있다

한국인은 커피를 사랑한다. 1인당 연간 평균 405잔을 섭취한다. 전체 음료 시장에서 커피류가 차지하는 비중은 무려 30.8%로 탄산음료(25.5%)보다도 높은 수준이다.[7] 한국인들은 커피를 많이 마시는 만큼 커피의 품질과 맛에 민감하다고 자평한다. 실제로 여러 소비자 설문조사에서 한국인들은 커피 맛과 품질을 기준으로 제품을 선택한다고 말한다. 그런데 과연 그럴까?

롯데칠성음료는 캔·병RTD 커피 신제품을 기획하면서 매우 광범위한 소비자 인식조사를 진행했다. 특히 소셜 데이터를 집중적으로 분석했다. 사람들은 매일 커피를 사고 맛을 이야기하고 느낌을 공유하고 불만을 토로하는 글과 사진을 소셜 네트워크에 올린다. 이 안에는 소비자가 커피를 어떻게 인식하는지를 알려주는 데이터들이 가득하다. 데이터 분석 결과 소비자 머릿속에서 커피는 5개의

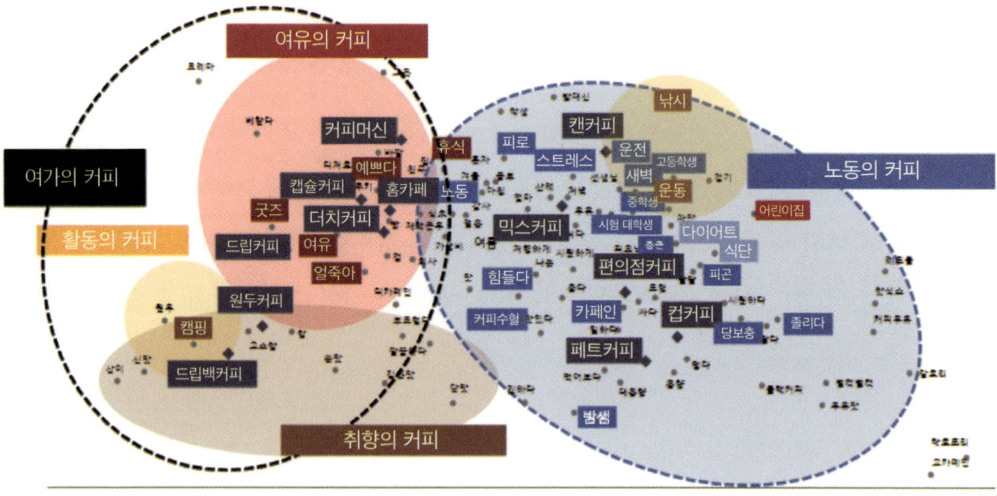

소비자 인식 속에는 5개의 커피가 존재한다.

카테고리로 나뉘어 있었다. 이는 인식의 구분일 뿐 공식적인 제품 분류와는 전혀 상관이 없다. 사람들이 커피의 카테고리를 구분하는 기준은 맛도, 종류도, 원산지도 아닌 마시는 목적이다.

머릿속에서 구분되는 5개의 카테고리는 다음과 같다. 첫째, 여유의 커피다. 집이든 카페든 예쁜 공간에서 여유와 분위기를 즐기는 목적이다. 드립커피, 원두커피, 더치커피, 캡슐커피 등이 있다. 둘째, 취향의 커피다. 말 그대로 취향을 충족하는 것이 목적이다. 원두의 원산지, 맛과 품질, 향과 로스팅 정도 등에 대한 기준이 높다. 프리미엄 핸드드립, 스페셜티 커피 등이 여기에 속한다. 셋째, 휴식의 커피다. 바쁜 일과 중에 잠시 쉬고 싶을 때 찾는다. 믹스커피를 포함한 거의 모든 인스턴트 커피들이 이 카테고리에 속한다. 넷째, 노동의 커피다. "졸지 말자, 버텨야 한다"를 위해 마신다. 도서관에서 잠을 쫓고 사무실에서 몽롱한 상태의 정신을 환기하는 목적이 크다. 캔커피, 페트커피, 컵커피 등 캔·병RTD 커피와 인스턴트 커피가 있다. 다섯째, 활동의 커피다. 특정 활동과 패키지처럼 연결돼 있다. 예를 들어 캠핑에는 드립백 커피, 산책과 가벼운 운동 중에는 캔커피, 페트커피, 편의점 커피를 선호한다.

소비자는 제품의 객관적인 특성보다 '이 커피는 나에게 어떤 상황에서 어떤 가치를 줄 것인가?'를 기준으로 선택한다. 즉 가장 중요한 것은 이미 머릿속에 '인식된 가치perceived value'다. 인식된 가치는 소비자들이 어떻게 생각하고 어떤 감정을 느끼고 어떤 경험을 하는지를 반영한다. 한 번 형성된 인식은 쉽게 바뀌지 않는다. 인식을 바꾸려면 많은 시간과 비용이 든다. 그래서 현실적인 전략은 기존 인식을 억지로 바꾸려 하기보다 이미 형성된 인식을 잘 이해하고 그 위에서 전략을 짜는 것이다.

국내 최초 500밀리리터 용량의 페트병 블랙커피로 출시된 '칸타타 콘트라베이스'는 이 인식의 구조를 정확하게 읽어낸 성공사례다. 칸타타 콘트라베이스 전략의 핵심은 단순했다.

'우리는 노동의 커피가 되겠다.'

그래서 제품의 모든 요소를 여기에 맞게 설계했다. 야근을 버틸 수 있을 정도의 대용량(500ml), 캔·병RTD 커피 최초 페트병 적용으로 가성비와 휴대성을 강조, 에너지 음료와의 경쟁을 고려한 합리적 가격, 꾸준히 마셔도 질리지 않을 맛과 카페인 밸런스를 맞췄다.

그리고 '노동의 커피를 위해 존재하는 브랜드'라는 메시지를 직설적으로 전달하는 커뮤니케이션 전략을 세웠다. 일반적인 커피 광고는 맛과 향, 원산지, 커피의 추출방식을 강조한다. 심지어 바리스타까지 등장시켜서 소비자 머릿속에 있는 커피의 이미지를 자극하는 전략을 사용한다. 하지만 이는 여유의 커피와 취향의 커피에 해당하는 코드다. 노동의 커피에는 해당하지 않는다. 야근 중인 직장인에게 중요한 건 향미가 아니라 "잠이 깨느냐, 안 깨느냐" "가격 대비 양이 충분하냐" 같은 현실적인 문제다.

실제로 데이터를 분석해보면 소비자들은 캔·병RTD 커피의 맛, 향, 원두의 원산지를 구분할 만큼 세밀하게 평가하지 않는다. 대부분은 가격이 구매 결정에 큰 영향을 미친다. 과거 거의 모든 캔·병RTD 커피 브랜드가 '우리 커피가 더 맛있어요.' '유명 바리스타가 프리미엄 원두에서 추출한 커피에요.'라는 메시지를 전달했을 때 소비자의 반응이 시원찮았던 이유는 캔·병RTD 커피가 노동의 커피이기 때문이다.

노동의 커피인 캔·병RTD 커피는 소비자에게 기능성 음료수에 더 가깝게 인식된다. 실질적 경쟁자는 사실 타 브랜드가 아니라 바로 에너지 음료다. 피곤함과 잠을 쫓아야 하는 소비자는 편의점 진열대 앞에서 잠시 고민할 것이다. 캔커피와 에너지 음료 중 어느 쪽이 더 잠을 쫓는 효과가 있을지 따지게 된다. 이때 중요한 것은 맛이 아니라 기능이다.

칸타타 콘트라베이스의 광고는 분위기 있는 배경 음악에 세계적 프리미엄 원두 생산지 혹은 고급스럽고 따뜻한 공간에서 아름다운 남녀 모델이 여유롭게 커피를 즐기는 영상 등 이른바 커피 광고의 클리셰를 모두 뺐다. 대신 활기찬 음악과 유머러스한 연출로 사무실에서 온종일 일하는 직장인의 현실을 보여줬다.

'당신의 노동을 버티게 해주는 커피입니다.'라는 메시지는 강력했다. 제품의 출시 직후 시장 반응은 엄청났다. 캔·병RTD 커피 신제품이 거의 필수처럼 해오던 가격 할인 프로모션 없이도 단숨에 시장 1위에 올랐다.

소비자가 어떤 제품과 서비스를 '인식한다'는 말은 단지 브랜드를 아는 것 이상의 의미다. 그 브랜드를 떠올릴 때 어떤 느낌이 들고 어떤 상황을 떠올리고 어떤 가치를 대표하는지에 대한 감각적 이해를 모두 포함한다. 데이터 분석 기술의 발전으로 마케팅은 소비자가 브랜드나 제품을 어떻게 받아들이고, 그것에 대해 어떤 감정을 느끼고, 어떤 가치나 이미지를 떠올리게 되는지를 정확하게 파악할 수 있게 됐다. 마케팅은 이제 감感에 의존하는 예술이 아니라 데이터와 무의식 관찰을 기반으로 한 과학적이고 전략적 작업으로 진화하고 있다.

5
시장 분석과 소비자 분석은
완전히 다르다

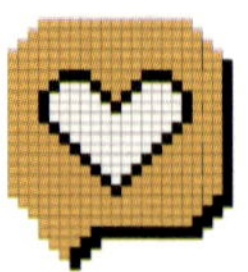

요즘 국내 비타민 시장의 스타 아이템은 이중 제형 비타민이다. 비타민 가루, 액상, 혹은 알약과 액상이 함께 들어 있는 형태의 제품은 2024년 기준 카카오톡 선물하기 랭킹 50위권을 꾸준히 유지하면서 카카오톡 비타민이라는 별명도 생겼다. 여러 제약사가 앞다퉈 다양한 제품을 출시하면서 시장의 성장 속도가 점점 더 빨라지는 중이다.

그런데 이중 제형 비타민이 지금처럼 익숙해지기 훨씬 전인 2014년에 이미 제품을 출시한 적이 있다. 당시 세계적으로 프리미엄 비타민 시장이 성장하고 있었고 한국 소비자의 니즈도 같은 방향으로 움직이는 신호를 포착했다. 해외에서 성공한 제품을 한국형으로 벤치마킹했고 타이밍에서 앞섰다는 자신감도 있었다. 그런데 결과는 실패였다. 도대체 무엇이 문제였을까?

그때 개발한 제품은 뚜껑 안에 비타민 가루가 들어 있고 뚜껑을

꾹 눌러서 아래 액상과 섞은 뒤 약 30초 동안 흔들어 마시는 방식이었다. 비타민 가루가 액상에 완전히 녹을 때까지 약 30초간 흔들어서 마시면 된다. 바로 이것이 문제였다. '먹기 직전에 섞어 더 신선하게 마실 수 있다'는 메시지를 담았지만 30초는 생각보다 치명적인 요소였다.

한국 소비자는 '즉시성'을 매우 중요하게 생각한다. 물건을 열면 바로 먹을 수 있고 버튼을 누르면 바로 작동하고 클릭하면 곧바로 재생되는 것을 당연하게 여긴다. 그런 소비자에게 '뚜껑 누르고 30초 동안 흔들고 완전히 섞인 뒤에 마셔야 하는 비타민'은 번거로운 제품이었다.

30초는 알약 비타민을 물과 함께 꿀꺽 마시는 시간보다 길다. 다른 나라 소비자에게는 고작 30초이지만 한국 소비자는 굳이 30초를 기다려서 먹어야 하는 제품에 매력을 느끼지 못했다. 실제로 지금 한국 시장에서 인기를 끄는 이중 제형 비타민은 가루가 아닌, 알약 형태의 비타민과 액상이 함께 들어 있는 타입이 주를 이룬다.

10여 년 전 앞서서 '프리미엄 이중 제형 비타민 시장이 온다'는 흐름을 정확하게 읽었다. 그러나 정작 한국 소비자가 중요하게 여기는 '즉시성'이라는 미충족 욕구를 제대로 읽지 못했다. 시장의 변화를 읽는 시장 분석에는 성공했으나 소비자 분석에서는 실패한 것이다.

왜 잘 나가는 브랜드를 벤치마킹해도 실패하는가

브랜드가 시장에서 성공할 확률은 생각보다 낮다. 그래서 많은 기업이 이미 성공한 제품과 전략을 벤치마킹한다. '검증된 방식'을 적용하면 시행착오를 줄일 수 있을 것이라는 기대 때문이다. 하지만 실제로는 벤치마킹이 실패하는 경우가 훨씬 많다. 이유는 단순하다. 성공한 제품의 '겉모습'만 모방할 뿐 성공을 만든 핵심 가치인 '왜 소비자가 반응했는가?'는 제대로 이해하지 못했기 때문이다.

일본의 할인잡화점 '돈키호테'를 벤치마킹한 한국의 '삐에로쑈핑'이 대표적 사례다. 삐에로쑈핑은 돈키호테의 '보물찾기하듯 탐험하며 쇼핑하라'는 '재미' 콘셉트를 거의 그대로 가져왔다. 압축 진열 방식을 똑같이 적용해 바닥부터 천장까지 물건을 가득 채워 넣고 동선도 미로처럼 배치했다. 하지만 결과는 참패였다. 일본 소비자들은 오래된 제품이나 희귀한 굿즈를 발견하는 재미를 즐기고 수집하는 오타쿠 문화가 강하다. 반면 한국 소비자들은 새로운 것, 깔끔한 것, 빠른 쇼핑 환경을 선호한다. 이미 온라인 최저가 쇼핑과 로켓배송이 일상화된 한국에서 오프라인 만물상 형태의 쇼핑 경험은 매력적이지 않았다. 삐에로쑈핑은 일본 소비자가 좋아하는 가치를 그대로 옮겨 왔다. 그런데 이는 한국 소비자의 니즈와 맞지 않았던 것이다.

반면 같은 벤치마킹 전략이지만 정반대의 결과를 만든 제품이 있다. 바로 즉석밥이다. 한국의 즉석밥은 일본의 제품을 모방했지만 한국 소비자의 니즈를 정확하게 읽고 접근했다. 사실 한국이나 일본이나 즉석밥이 제공하는 가치는 편의성으로 똑같다. 양국 소비자 모두 편의성 때문에 즉석밥을 구매한다. 하지만 미충족 욕구는 전혀 달랐다.

일본의 즉석밥은 주로 고령층이 '조리 편의성'을 위해 사용했다.

순하리

순하리는 일본 츄하이를 벤치마킹한 제품이다. 하지만 일본과 다른 한국 소비자의 취향과 라이프스타일을 적용해 성공했다. (제작 대홍기획)

반면 한국은 독신자와 워킹맘 등 '빠르고 효율적인 식사'를 원하는 젊은 층이 주 수요층이었다. 한국 소비자는 편의성 외에도 '가족에게 밥을 해주지 못하는 죄책감'이라는 정서적 니즈를 가지고 있었다. 당시 한국 제조사는 이를 발견해 '엄마가 해준 밥'이라는 메시지로 접근했고 그 정서적 니즈를 해결해 시장을 성공적으로 키웠다. 즉 같은 즉석밥이라도 국가별로 전혀 다른 미충족 욕구가 존재한다는 사실을 정확히 짚었기 때문에 성공할 수 있었다.

순하리 레몬진 역시 성공적인 벤치마킹 사례다. 일본 츄하이*의 콘셉트를 가져오되, 나머지는 전부 한국 소비자 기준으로 재설계했다. 일본의 직장인들은 퇴근길 편의점에서 술을 구매해 집에서 한 잔 마시고 살짝 취하는 혼술을 즐긴다. 츄하이는 높은 도수의

---

* 소주에 약간의 탄산과 과즙을 넣은 주류 음료

술로 '가볍게 취하는' 경험을 제공한다. 반면 한국 소비자는 혼술을 즐길 때 '취하지 않는 상쾌함'을 원한다. 이를 근거로 순하리는 4.5도의 낮은 도수, 한국인이 선호하는 시트러스 향, 그리고 높은 탄산감을 적용해 청량감을 강화했다. 그 결과 순하리는 연 매출 120억 원이 넘는 히트상품으로 출발해 현재 240억 원의 매출을 기록하는 효자상품으로 자리잡았다.

소비자의 차이가 브랜드의 성패를 가르는 사례는 글로벌 브랜드의 프랜차이즈 진출 전략에서 자주 발견된다. 스타벅스의 경우 대부분 국가에서 큰 성공을 거뒀지만 호주에서는 초기 진출에 크게 실패했고 전략을 전면적으로 수정해야만 했다. 이는 브랜드 파워나 제품력의 문제가 아니라 호주인들의 커피 문화에 대한 이해 부족 때문이었다. 호주는 로컬 카페 문화가 강하고 커피를 '삶의 일부'로 여긴다. 이웃과 교류하는 작은 카페, 바리스타의 기술, 에스프레소 기반 커피에 대한 까다로운 기준이 호주 소비자가 추구하는 가치다. 스타벅스가 제공하는 글로벌 프리미엄 경험은 호주인들에게는 매력적이지 않은 가치였다. 결국 스타벅스는 대규모 매장 폐쇄를 결정했고 현지 업체에 사업권 일부를 매각했다. 이처럼 세계 어디서나 통하는 전략도 현지 소비자 인식 구조와 충돌하면 실패할 수 있다.

벤치마킹의 실패는 소비자 분석의 실패다. 글로벌 대박 상품을 한국에 그대로 들여와도, 한국의 대박 상품을 해외 시장에 그대로 출시해도, 그 나라와 시장의 소비자를 이해하지 못하면 실패한다. 브랜드의 성공은 제품이 아니라 소비자가 만든다. 성공한 제품의 전략을 차용하려면 제품의 모방이 아니라 그 제품이 해결한 소비자의 미충족 욕구를 파악하는 게 먼저다. 그리고 이를 자기 브랜드의 타깃 소비자가 원하는 가치로 재해석해야 한다. 이것이 바로 벤치마킹의 본질이다.

숫자로 보는 시장과 눈으로 직접 보는 사람은 다르다

"우리는 A와 B 브랜드가 하지 않는 C 전략을 써야 합니다."

1위도 2위도 아닌 애매한 위치에 있는 자사 브랜드를 어떻게 살릴 것인지 논의하던 중 한 팀원이 한 말이다. 그가 열심히 준비한 자료에는 시장 현황, 브랜드별 특징, 특히 1위 A 브랜드와 2위 B 브랜드의 강점을 분석하고 다음과 같은 결론이 정리돼 있었다.

(1) A와 B가 이미 잘하는 영역에 들어가지 않는다.
(2) 두 브랜드가 하지 않는 콘셉트를 해야 한다.
(3) 강자들이 비워 놓은 틈새가 우리의 기회다.

논리만 보면 설득력이 있어 보인다. 마케팅에서 강자들이 하지 않는 틈새가 기회가 될 수 있다는 생각은 매우 흔한 접근이다. 그런데 여기에는 중요한 함정이 있다. 왜 1위 브랜드와 2위 브랜드가 진입하지 않았을까? 사실 그럴 만한 이유가 있는 경우가 많다. 특정 세그먼트를 공략하지 않거나 특정 제품 카테고리에 진입하지 않는 데는 이유가 있다. 그들이 단지 '아직' 시도하지 않은 것이 아니라 시장이 작거나, 자원의 투입이 비효율적이거나, 위험이 큰 영역이기 때문일 수도 있다. 기존 시장에서 1, 2위 제품은 대다수 소비자의 드러난 욕구를 이미 대부분 충족하고 있다. 이때 그들이 굳이 선택하지 않은 '빈틈'을 메우는 전략으로는 성장이 제한적일 수밖에 없다.

마케팅 전략은 크게 두 개의 관점에서 출발한다. 하나는 시장 분석market analysis이고 다른 하나는 소비자 분석consumer analysis이다. 시장 분석은 제조사 관점의 접근이다. 시장에서 잘 팔리는 브랜드와 제품 기준으로 본다. 누가 얼마를 팔고, 어떤 메시지를 쓰고, 얼마에 팔고, 유통을 어떻게 하고 있는지를 분석한다. 그 결과를 바탕으로 '우리는 어디에 포지셔닝할까?'를 고민한다. 이런 관점은 시장의 구조를 이해하기 쉽다. 하지만 기존 시장의 프레임에서 사고하게 만든다. 즉 1위와 2위가 이미 충족하고 있는 니즈를 기준으로 '우리는 거기서 조금 다른 점을 보여주자'는 식의 접근을 하게 된다. 언뜻 시장의 소비자 니즈를 분석한 듯 보이지만 사실은 '경쟁사 입장에서 본 소비자'인 경우가 많다.

반대로 소비자 분석은 소비자 관점에서 출발한다. 소비자 관점이란 소비자가 생각하고 느끼는 방식을 말한다. 처음 시작하는 질문부터 달라진다. 요즘 사람들은 어떤 감정을 자주 느끼고 있는가? 어떤 상황이 불편한데 '그냥 그런가 보다' 하고 참고 있는가? 스스로 정확히 설명하지 못하지만 은근히 바라는 것들은 무엇인가? 이 관점에서 보면 같은 제품도 전혀 다른 가치를 가진다. 예를 들어 즉석밥은 어떤 사람에게는 '시간을 아껴주는 편의성'이 중요한 가치이고 또 다른 어떤 사람에게는 '엄마의 죄책감을 줄여주는 장치'가 된다. 탄산주는 어떤 사람에게는 '취하기 위한 도구'지만 또 다른 어떤 사람에게는 '잠들기 전 나만의 작은 휴식'이 될 수 있다.

소비자 분석은 이처럼 드러난 욕구와 미충족 욕구를 구분하는 작업이다. 반면 시장 분석은 대개 드러난 욕구가 중심이 된다. 제품의 '편의성이 중요하다.' '프리미엄 맛이 포인트다.' 같은 수준에 머물기 쉽다. 하지만 소비자 분석은 그 이면의 이야기를 찾는다. "편의성은 이제 기본이고 그 뒤에 있는 감정은 죄책감이네." "프리미엄 맛보다 중요한 건 '나는 이런 사람이다.'라는 자기표현 욕구다." 같은 미충족 욕구를 잡아낸다. 이 차이가 프레임을 바꾸는 힘이다. 같은 카테고리라도 미충족 욕구 관점에서 재정의하면 완전히 새로운 제품, 새로운 메시지, 새로운 시장으로 변신할 수 있다.

시장 분석과 소비자 분석은 반드시 구분해야 한다. 시장 분석을 하고서 '우리는 소비자도 충분히 분석했다'고 착각하면 모든 전략의 기준이 경쟁사가 된다. 경쟁사를 따라가면 경쟁사만 잘되는 게 시장의 규칙이다. 마케팅에서 경쟁사 전략은 단지 참고용일 뿐이다. 마케팅에서 경쟁사가 무엇을 어떻게 하는지는 사실 중요하지 않다. 시장 상황과 경쟁사 전략을 이해한다고 소비자의 미충족 욕구와 인식을 파악할 수는 없다. 당연한 얘기지만 소비자가 어떻게 느끼고, 어떤 가치를 중요시하고, 무엇에 반응하는지를 파악하는 것이 훨씬 더 중요한 전략의 포인트다. 소비자 관점으로 소비자를 봐야 진짜 원하는 가치를 제공할 수 있다. 결국 시장에서 살아남기 위한 싸움은 마트의 매대가 아니라 '소비자 인식'이라는 것을 기억해야 한다.

데이터 마케팅은 도구가 아니라 '생각의 전환'이다

시장은 일찌감치 제조사 중심의 구조에서 소비자 중심의 구조로 이동했다. 소비자는 더 이상 수동적인 정보 수용자가 아니다. 소비자가 직접 기업과 브랜드의 이미지를 만들고 직접 홍보하고 진정성을 검증한다. 기업이 "우리는 이런 브랜드입니다."라고 말하는 시대는 지났다. 이제는 소비자가 "내가 보기에는 당신은 이런 브랜드입니다."라고 정의한다.

기존의 마케팅 분석 도구로는 이런 현상을 설명하기 어렵다. 이유는 간단하다. 전통적인 분석 도구들은 소비자를 이해할 수 있는 분석 도구가 아니기 때문이다. 마케팅의 기본이라고 하는 STP인 세분화segmentation, 표적 시장 선정targeting, 위상 정립positioning과 4P인 제품product, 가격price, 촉진promotion, 유통place과 4C인 소비자 가치customer value, 가격cost, 접근성convenience, 소통 전략communication 등은 시장을 나누고 자기 브랜드의 위치를 정하고 전략 방향을 설계하는 데 도움을 준다. 하지만 이 도구들은 지금 이 순간, 소비자가 머릿속에서 생각하고 느끼는 감정은 알지 못한다.

예를 들어 STP는 세그멘테이션, 타깃팅, 포지셔닝을 위한 도구이지 소비자를 깊이 들여다보는 도구는 아니다. 4P는 제품, 가격, 유통, 촉진 등 우리의 행동 계획을 정리해주는 도구이다. 여기에 목적, 성능, 위치, 이익 등을 더해 9P로 확장해도 본질은 같다. 4C는 조금 더 소비자 관점에 가깝게 재해석했지만 여전히 '마케팅 믹스를 어떻게 짤까?'에 초점이 맞춰져 있다. 이 프레임 워크들은 말하자면 '우리가 가고 싶은 미래의 그림을 그리는 도구'에 가깝다.

전통적 마케팅 전략 기획 대 데이터 기반 전략 기획

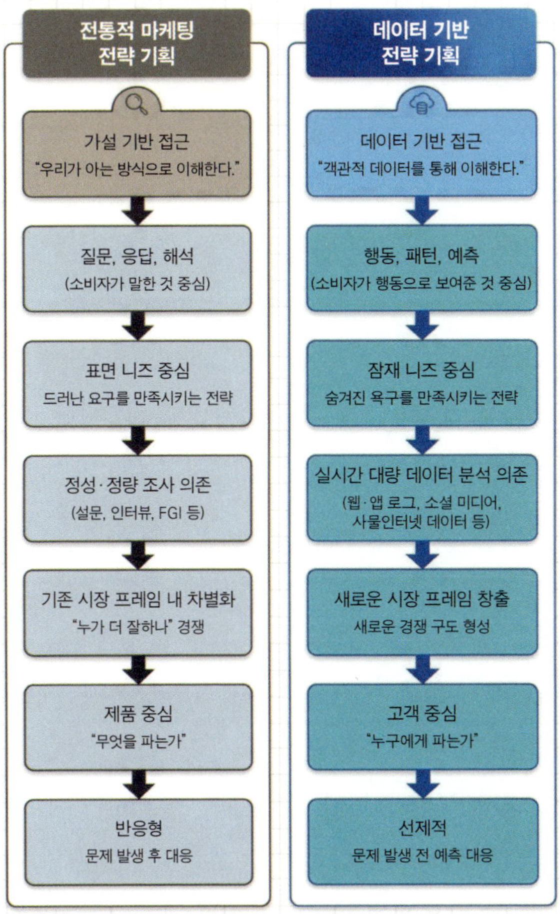

(출처: ⓒ 2024 Korea Business Process Strategies)

그 안에 '지금 현재 소비자의 생각'은 없다. 소비자가 어떤 불편을 느끼는지, 어떻게 행복을 표현하는지, 무엇을 부끄럽게 여기고 무엇에 죄책감을 느끼는지 같은 생생한 인식과 감정을 알려면 다른 도구를 활용해 깊이 들여다봐야 한다. 바로 데이터가 필요하다.

데이터는 현재 소비자의 머릿속을 이해할 수 있는 가장 유용한 도구다. 소비자의 말과 행동의 기록들은 마치 퍼즐과 같다. 한 조각 한 조각을 모두 모아보면 그 안에 소비자 머릿속의 인식, 감정, 욕구가 어떻게 연결되는지 읽어낼 수 있다. 그래서 데이터 드리븐 마케팅은 단순히 새로운 도구를 하나 더 쓰는 것이 아니다. 완전히 다른 질문을 던지게 만드는 마케팅 관점의 전환이다.

예전 마케팅의 질문은 "이 시장에서 우리 제품을 어떻게 포지셔닝하면 잘 팔릴까?"였다. 반면 데이터 드리븐 마케팅의 질문은 "지금 소비자는 무엇을 불편해하고, 무엇을 미안해하고, 무엇을 부끄러워하면서도 욕망하고 있을까?" "이 사람들의 마음속 빈칸을 채우는 새로운 가치는 무엇일까?"다. STP, 4P, 4C가 지금 시대에 낡아 보이는 이유는 도구의 잘못이 아니다. 지금 1인 시대의 복잡하고 세밀한 소비자 니즈를 담기에 그릇이 너무 크고 거칠기 때문이다. 하나의 세그먼트 안에도 수많은 1인이 있고 각자의 자율성, 유능성, 관계성이 다르게 작동한다. 단순히 세분화와 포지셔닝만으로는 제대로 이해할 수 없다.

디지털 시대는 기업에 무한 경쟁의 장을 열어주었고 동시에 소비자의 기대치를 끝없이 끌어올렸다. 이제는 제품과 서비스를 파는 브랜드가 아니라 '그 이상의 가치를 제공하는' 브랜드만이 살아남는다. 데이터 드리븐 마케팅은 '어떻게 제품을 잘 팔 수 있을까?'보다 '어떻게 새로운 기회를 창출할 것인가?'에 초점을 맞춘다. 우리는 데이터를 통해 소비자의 머릿속에 펼쳐진 광대한 인식의 바다를 탐험할 수 있다. 그 안에서 소비자가 실제로 필요로 하고 만족할 수 있는 가치를 끊임없이 창출할 수 있을 때 결국 브랜드도 지속가능할 수 있다.

2장

판매가 아니라 '새 판'을 만드는 마케팅이다

: 데이터로 소비자의 진심을 읽어내고 활용해야 한다

1
경쟁하지 말고
아예 새 판을 짜야 한다

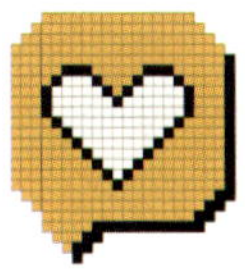

"밍밍한 소주가 잘 팔린대!"

'새로'가 처음 나왔을 때 이른바 술꾼들 사이에서 새로는 '밍밍한' 소주로 불렸다. 1965년 희석식 소주의 등장 이후로 한국인의 머릿속에 소주 맛은 하나로 정해져 있었다. 오랫동안 소주 맛 기준은 거친 알코올 향과 혀를 자극하는 인위적 단맛이었다. 새로는 이 기준에서 벗어난 제품이었다. 새로는 당시 판매하는 소주 중 가장 순한 16도에서 출발했다. 알코올 향이 적어서 목 넘김이 부드럽다. 설탕과 액상과당 등의 당류를 전혀 넣지 않았다. 대신 증류식 소주를 첨가해 특유의 자연스러운 단맛이 난다.

전통적인 소주 맛에 익숙한 다수의 중장년층 소비자는 새로의 맛을 대체로 '밍밍하다'고 했지만 새로의 타깃 소비자인 MZ세대는 다르게 반응했다. 그들에게 새로는 '산뜻하고 부드러운' 소주였다. 강하고 거친 소주에 익숙한 세대가 고개를 갸우뚱할 때 SNS에서는 이미 새로가 화제였고 술집에서는 MZ들이 "새로 한 병 주세요"를 자연스럽게 주문하고 있었다. 새로가 예사롭지 않은 흥행을 일으키고 있을 때 경쟁사의 제로슈거 소주가 출시됐다. 순식간에 또다시 치열한 경쟁이 시작됐다. 하지만 새로에 대한 소비자 반응은 꺾이지 않았다. 오히려 경쟁사의 참전으로 '제로슈거 소주' 시장 전체가 커졌다.

소비자들은 여전히 시장 1위 브랜드 진로를 가장 먼저 떠올린다. 왕좌는 여전히 굳건하다. 하지만 제로슈거 소주라면 얘기가 달라진다. 새로는 제로슈거 소주를 즐기는 소비자들에게 우선 고려되는 제품이다. 또 제로슈거 소주를 즐기지 않는 소비자에게도 제로슈거 소주를 대표하는 브랜드다. 기존 소주 시장에서는 '만년 2등' 이미지였던 '처음처럼'은 소비자 머릿속에 제로슈거 소주라는 새로운 카테고리를 만들고 선점함으로써 '제로슈거 소주=새로'라는 인식을 만드는 데 성공했다.

여기서 새로운 카테고리를 만든다는 말은 정확하게 설명하면 소비자 인식 안에 독립적인 시장을 만드는 것을 뜻한다. 제로슈거 소주와 기존 소주는 상품 분류상 같은 소주지만 소비자는 완전히 다른 제품으로 느낀다. 신시장을 만들고 선점하는 전략의 성공 여부는 결국 '소비자의 인식 안에서 어떤 독립된 영역을 만들 수 있는가?' '표면에 드러나지 않은 욕구를 얼마나 명확하게 포착하는가?'에 달려 있다.

새로의 모든 전략은 데이터 분석 기반으로 진행됐다. MZ세대의 언어, 행동, 라이프스타일, 술에 대한 태도 등을 소셜 데이터와 각종 데이터를 통해 수학적으로 세밀하게 분석하고 그 결과를 감각적인 제품과 커뮤니케이션으로 풀어냈다. 그 결과 'MZ 취향을 제대로 저격했다'는 평가를 받았다.

새로운 시장의 창출은 단순히 히트 상품을 기획하는 것으로는 불가능하다. 히트 상품과 유행은 소비자 인식 안에 독립된 시장을 만들지 못한다. 소비자가 어떤 제품을 기존 제품군과 전혀 다른 것으로 받아들이려면 그 뒤에 장기적인 트렌드가 받쳐줘야 한다. 새로는 데이터를 활용해 저당·저도주라는 흐름을 읽었고 '제로슈거'라는 키워드를 소주 시장에서 먼저 선점함으로써 새로운 시장의 대표 브랜드가 됐다.

새로 구미호는 어떻게 진로 두꺼비에 맞서 싸웠는가

새로가 막 출시됐을 때 소주 시장의 루키는 '진로 이즈 백'이었다. 진로의 독보적 캐릭터 두꺼비가 앰배서더로 등장해 뉴트로 트렌드에 푹 빠진 MZ들의 마음을 꽉 잡고 있었다. 새로 역시 MZ를 타깃으로 개발된 제품이다. 하지만 새로의 목표는 두꺼비를 이기는 것이 아니었다.

새로의 목표는 'MZ가 진짜 원하는 소주'였다. MZ들의 '미각, 시각, 촉각, 그리고 상상력까지 모두 충족하는 맛있고 재미있고 그래서 자꾸 이야기하고 싶은' 소주가 되고 싶었다. 우리는 소셜 데이터를 기반으로 MZ들이 일상에서 소주를 언제 어떻게 마시는지 세밀하게 추적하고 관찰했다. 어떤 상황에서 소주를 선택하는지, 어떤 술자리를 좋아하는지, 무엇을 자랑하고 싶어 하는지, 어떤 말투로 술을 이야기하는지, 겉으로 드러난 욕구와 말 뒤에 숨어 있는 욕구까지 파고들었다.

새로의 본질은 '제로슈거'와 '저도주'다. 이 두 개의 키워드는 사실 새로가 나오기 전부터 이어져 온 흐름이기도 하다. 1990년대만 해도 소주는 25도 이상의 높은 도수가 일반적이었다. 이후 도수는 점점 내려갔고 2000년대 중반 20도 벽이 무너졌다. 2022년 새로는 당시 기준 가장 낮은 16도로 등장했고 지금은 12도까지 나왔다. 알코올 도수가 낮아지는 흐름은 단순한 취향의 변화가 아니라 헬시플레저 트렌드를 반영한다.

제로슈거는 팬데믹을 거치며 헬시플레저 트렌드를 대표하는 키워드로 떠올랐다. '즐기면서 건강을 챙기고 싶다'는 욕구는 식품·음료·주류 전 카테고리에 저당, 제로슈거, 저칼로리 열풍으로 나타났다. 롯데칠성은 탄산음료 시장에서 이미 제로슈거 키워드를 선점했고 새로는 소주 시장에서 제로슈거 소주를 하나의 독립된 시장으로 만들었다. 그런데 새로는 단지 헬시플레저와 저도주 트렌드를 잘 반영해 성공한 것이 아니다. 헬시플레저와 저도주의 선호는 누구에게나 보일 정도로 뚜렷하게 표면에 드러난 현상이다. 새로는 그 이면의 '보이지 않는' 욕구에서 출발했다. 우리는 달지 않은 저도주를 마시면서 얻고자 하는 진짜 가치가 무엇인지 알기 위해 MZ세대의 말과 행동을 관찰했다.

■ MZ의 저도주 선호는 '인싸'가 되고 싶어서다

많은 문화에서 술은 소통과 관계의 도구다. 술을 함께 마시면서 대화를 나누고 유대감을 형성하고 기념하고 싶은 순간을 공유하면

상쾌한 아침_술쪼다킹들 두꺼
비 불러서 혼쭐내줌!! #각3병
#삼합 #관자 #가리비 #술부
심 #다이어트 #두꺼비

#팔도소주 #팔도소주기행
#팔도소주 여행 #술부심 #
간아파 #대방어 #방어회 #
디펜스사시미

그냥 와이프랑 간단하게 한 잔
#소주5병 #술부심 #이틀만에
만남 #한달동안안만나는그날
까지ㅋ

이건자랑하고싶자나 맥주
10X소주5

#술부심 #술데이트 #인스
타충 #술스타 #둘이먹어찌

서 친밀감을 만든다. 한국에서 그 대표적인 술이 바로 소주다. MZ세대도 사회적 도구로서 소주의 기능을 잘 알고 있다. 소주를 마시면서 얻고자 하는 가치는 단지 맛, 도수, 기분만이 아니다. 오히려 그 이면에는 다른 내면의 욕구들이 존재한다. 그중 하나가 바로 술을 잘 마시는 사람, 정확하게는 타인에게 '술 센 사람으로 보이고 싶은' 욕구다. 자신이 마신 다양한 종류의 술병을 쭉 늘어놓은 사진들은 어김없이 '술허세 #술부심 #간아파 #누가 보면 술이 엄청 센 줄 알 듯ㅋㅋㅋ' 등의 단어와 문장들을 동반한다.

그런데 왜 MZ세대는 술이 센 사람으로 보이고 싶은 걸까? 이들에게 술이 센 사람은 단지 주량이 센 사람이 아니다. 집단에서 중심이 되는 사람, 여러 사람과 잘 어울리고 분위기를 주도하는 사람, 즉 '인싸'를 의미한다. SNS에 올리는 술 사진과 글은 단순한 일상의 기록이 아니라 '나 이런 사람이야.'라고 알리는 일종의 자기마케팅이다. SNS에 술과 관련된, 특히 소주와 관련된 많은 글과 사진은 인싸가 되고 싶은 그리고 인싸의 기분을 느끼고 싶은 욕구의 표현이다. 바로 이 맥락에서 '저도주'가 등장한다. 인싸가 되기 위해서는 술이 세 보여야 하는데 현실적으로 취하기 싫은 마음들이 바로 저도주 선호로 나타난다. MZ세대는 많이 마셔도 덜 취하고 여전히 '술자리에 잘 어울리는 사람'으로 보이게 해주는 술을 원했다. 새로는 이런 욕구를 정확하게 겨냥해 기획된 제품이다.

■ 제로슈거는 '무설탕+a'다

소비자는 단지 설탕을 뺀 제로슈거를 원하지 않는다. 소비자가 원하는 가치는 '제로슈거+a'다. 우리가 새로 출시에 앞서 탄산음료 시장에서 제로슈거 키워드를 선점할 수 있었던 것은 '제로슈거+맛', 즉 맛있는 제로슈거 음료였다.

그렇다면 소주의 '제로슈거+a'는 무엇일까? 도수를 제외한 연관어 분석 결과 맛과 성분으로 압축됐다. 소주는 다양한 음식들과 함께 즐기는 술이다. 그래서 소주의 맛은 음식과 어우러짐이 중요하다. 소주의 단맛에 대한 거부감은 단지 건강 때문이 아니라 강한 단맛이 함께 즐기는 음식 맛을 덮어버리기 때문이다. 많은 소비자가 기존 소주의 인공적인 단맛에 불만이 있었고 '달아서 물린다.' '안주 맛을 해친다.'는 불만을 품고 있었다.

자기관리에 관심이 높은 MZ세대는 살찌는 술을 경계하지만 그렇다고 전혀 단맛이 없는 싱거운 술을 원하는 것도 아니었다. MZ세대가 원하는 제로슈거+a는 바로 새로의 레시피다. 기존 희석식 소주의 인공적 단맛 대신 음식 맛을 헤치지 않을 정도의 은은한 단맛과 깔끔한 맛으로 청량감을 높이는 방법을 고민한 결과 찾은 답이 증류식 소주였다. 새로는 증류식 소주를 첨가함으로써 설탕과

데이터 드리븐 마케팅 사례 – 새로

[주요 음용상황 X 음용 니즈별 성분 키워드 top 25]

음식과함께(G) 성분				성분 X 청량감			성분 X 음미(G)			성분 X 인싸/취향인증(G)		
순위	연관어	언급량	%	연관어	언급량	%	연관어	언급량	%	연관어	언급량	%
1	도수	26203	14.1%	도수	3472	13.9%	도수	2822	17.3%	도수	4666	19.1%
2	성분	19821	10.6%	성분	2274	9.1%	설탕	1820	11.1%	설탕	2426	9.9%
3	설탕	16224	8.7%	설탕	2063	8.3%	맥	1624	9.9%	쌀	1750	7.2%
4	비타민	14717	7.9%	맥	1648	6.6%	쌀	1447	8.8%	맥	1732	7.1%
5	쌀	12856	6.9%	쌀	1627	6.5%	보리	986	6.0%	성분	1715	7.0%
6	맥	12009	6.5%	비타민	1548	6.2%	비타민	938	5.7%	비타민	1347	5.5%
7	단백질	9229	5.0%	보리	1510	6.0%	성분	916	5.6%	보리	1247	5.1%
8	농도	8761	4.7%	발효	1136	4.6%	단백질	760	4.6%	발효	927	3.8%
9	보리	8680	4.7%	흠	1016	4.1%	발효	588	3.6%	흠	912	3.7%
10	카페인	6586	3.5%	천연	1000	4.0%	원산지	492	3.0%	천연	857	3.5%
11	천연	5745	3.1%	단백질	844	3.4%	흠	479	2.9%	원료	826	3.4%
12	원료	5726	3.1%	효모	835	3.3%	기포	457	2.8%	카페인	802	3.3%
13	발효	5582	3.0%	원산지	826	3.3%	천연	422	2.6%	원산지	779	3.2%
14	원산지	4380	2.4%	원료	812	3.3%	카페인	408	2.5%	효모	673	2.8%
15	흠	4198	2.3%	카페인	795	3.2%	효모	383	2.3%	농도	632	2.6%
16	효모	4161	2.2%	농도	723	2.9%	농도	350	2.1%	단백질	623	2.5%
17	추출물	3867	2.1%	기포	706	2.8%	유기농	340	2.1%	기포	603	2.5%
18	기포	3658	2.0%	유기농	415	1.7%	원료	271	1.7%	유기농	495	2.0%
19	유기농	3328	1.8%	첨가물	353	1.4%	첨가물	193	1.2%	추출물	454	1.9%
20	첨가물	2708	1.5%	추출물	343	1.4%	나트륨	186	1.1%	첨가물	403	1.6%
21	칼슘	2343	1.3%	칼슘	327	1.3%	칼슘	161	1.0%	나트륨	193	0.8%
22	나트륨	2209	1.2%	칼륨	234	0.9%	추출물	101	0.6%	칼슘	140	0.6%
23	칼륨	1491	0.8%	나트륨	233	0.9%	칼륨	92	0.6%	폴리페놀	103	0.4%
24	마그네슘	944	0.5%	카테킨	120	0.5%	알칼리	69	0.4%	마그네슘	89	0.4%
25	폴리페놀	694	0.4%	마그네슘	99	0.4%	이산화탄소	49	0.3%	칼륨	78	0.3%

청량감에 대한 니즈는 성분, 비타민, 발효 및 원산지, 음미에 대한 니즈는 설탕, 맥, 쌀 및 유기농, 인싸/취향인증에 대한 니즈는 도수와 원료에 대한 관심이 상대적으로 높게 나타남

데이터 드리븐 마케팅 사례 – 새로

성분 X 음미 = 설탕↑

'설탕과다' 음식맛을 방해

음미 니즈에서 설탕 성분이 과다함은 음식맛을 방해하는 요인으로 작용됨

"사실 소주는 설탕 덩어리임ㅋㅋㅋ 오리지날 소주는 엄청 어어어엄~나게 독해서 희석한 게 우리가 마시는 소주니까여. 너무 설탕 많은 소주는 음식 먹을 때도 안 맞아"

"내가 아무리 소주를 싫어해도 괜찮은 안주 하고 같이 먹으면 나름 잘 먹는 편인데 순하리는 심지어 맞는 안주가 뭔지도 모르겠어! 안주를 먹으면 술 단맛이 안주 맛 자체를 가려버림. 고기하고 같이 순하리 먹다가 순하리는 아예 안 마셔버림. 원래도 유자차를 강하게 타지 않고 향을 중심으로 먹는 편이라 단 유자차엔 신물이 나 있는 상태인데 이건 무슨 입에 설탕 덩어리가 들어오는 느낌이여 그리고 뒤는 내가 제일 싫어하는 희석식 소주 특유의 쓴 맛이라니 평가가 박하지"

"과일소주 청포도는 처음 마셔보는데 소주 특유의 역한 향이 안 나서 좋다. 대신 엄청 달다. 설탕이 얼마나 들어 있는 거야 안주빨은 오히려 안됨"

성분 X 인싸/취향인증 = 도수↑

다양한 술을 오래마시기 위한 저도수 선호

인싸/취향인증에 대한 니즈는 인증을 위해 다양한 주종과 저도주를 선호함

"인싸들은 저도수가 취향이라 위스키는 무리데스 소주조차 높다고 그냥 안 먹고 쓰까 먹잖아요"

"치킨시러 치킨집 갔는데 이런 게 있다. 내부에는 반짝이랑 자석이든 도수 8도짜리 술. 바닥에서 조명을 비춰주고, 자석을 빙빙 돌려서 반짝이가 계속 움직이는 게 잘 보임. 예쁘다! 먹고 싶지는 않아 인싸의 세계란...'"

"위스키조차 인싸들이 잠식해 가는 중이군요. 스몰비어 프랜차이즈 청담동말자싸롱관 계지에 따르면 기존 소주나 맥주를 마시던 젊은 고객층들이 스카치위스키 하이볼을 점차 많이 찾는 추세로, 하이볼 메뉴 출시 이후 매출이 약 15% 상승했다. '며 날씨가 더워지면서 낮은 도수로 즐길 수 있는 다양한 주류를 시도해 보는 밀레니얼들에게 꾸준히 인기를 끌 것으로 보인다고 밝혔다."

"인싸칵테일 치고 맛있는 조합 소주 +토닉워터 잡내가 달한 대선 같은 술에다가 토닉워터 섞으면 소주의 잡향이 다 사라지고 도수도 그렇게 높지 않아 매우 술술 들이감 ㅋㅋ 소주향이 토닉워터의 쌔한 향과 어우러져 생각보다 맛있음. 한번 시도해 봐라"

"오리지널 진로는 도수가 30도였다는데, '진로이즈백'은 16.9도로 참이슬이나 처음처럼보다 낮네요 ()_() 주류회사에서 자꾸 젊은 층을 겨냥한다면서 알코올 도수를 낮추고 있는데 소주 1병 마실 거 2병 마시라는 거지."

인공 감미료를 전혀 넣지 않고 알코올 도수를 낮추면서도 소주 고유의 맛을 지키는 데 성공했다.

■ 술은 '예뻐서' '재밌어서' '궁금해서' 마신다

MZ의 술 문화는 인싸와 인증샷을 빼고 설명할 수 없다. 이들에게 술자리는 그 자체로 콘텐츠이고 술병은 하나의 피사체다. 색다른 패키지, 레트로 감성의 디자인, 귀여운 캐릭터, 재미있는 문구는 술을 선택하는 중요한 기준이다. 실제 SNS에는 이런 표현이 가득하다.

예뻐서 마신다 = "패키지 때문에 맛이 늘 궁금했던 심술, 요고요고 패키지만큼 마, 좋네~"
귀여워서 마신다 = "닭발×진로이즈백 이즈 존맛탱구리 패키지 너모 귀여운고 아니냐고~"
재미있어서 마신다 = "요즘 테라 목 찍는 게 인싸래매?"
궁금해서 마신다 = "요즘 염따끄 챌린지 안 해본 사람 아직도 있나?"

MZ세대는 한 마디로 술을 예뻐서 마시고 귀여워서 마시고 재밌어서 마시고 궁금해서 마신다. 데이터 분석을 바탕으로 새로의 프로필이 완성됐다.

새로

새로는 2022년 기준 가장 낮은 16도 소주로 출시됐고 설탕과 인공과당을 넣지 않은 제로슈거 레시피를 채택했다. 패키지는 '예뻐서 사진 찍고 싶게' 디자인했다. 새로구미 캐릭터와 애니메이션 세계관을 만들어 '재미있어서 찾아보게' 했다. 또 유튜브와 SNS를 중심으로 애니메이션 콘텐츠를 꾸준히 선보이며 '궁금해서 마셔보게' 유도했다.

새로는 처음 기획부터 출시 후 커뮤니케이션까지 전 과정을 데이터 드리븐 마케팅 전략으로 진행했다. 보이는 것과 보이지 않는 것 모두 데이터를 세밀하고 냉철하게 분석한 결과를 토대로 만들고 적용했다. 그 결과 새로는 출시와 거의 동시에 MZ세대의 술 문화 중심에 자리를 잡았다. 출시 4개월 만에 누적 판매량 5,000만 병, 7개월 후 1억 병 돌파, 출시 2년 만에 누적 4억 병 판매를 기록하며 제로슈거 키워드 선점에 성공했다.

펩시는 어떻게 한국에서 코카콜라를 이길 수 있었는가

2023년 1분기에 펩시 제로슈거 라임은 코카콜라를 제치고 국내 제로 탄산음료 점유율 1위를 기록했다. 이는 펩시콜라의 한국 시

제로사이다 소셜 언급량과 국내 제로칼로리 탄산음료 시장 현황(2021)

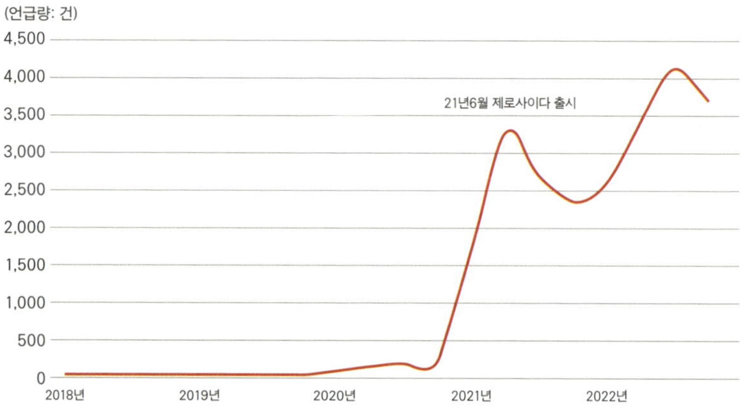

국내 제로칼로리 탄산음료 시장 현황

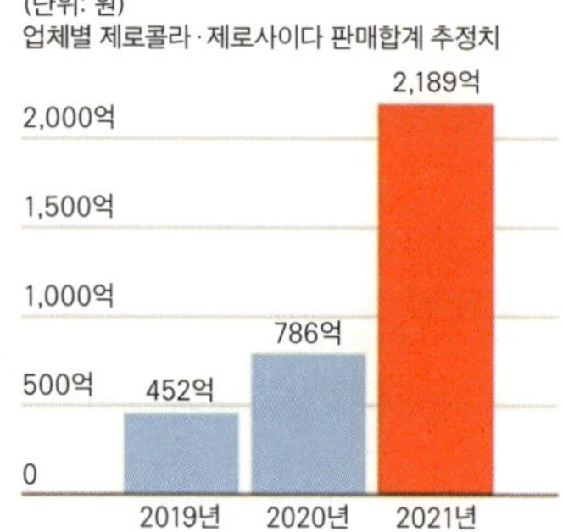

(출처: 중앙일보 경제일반)

장 진출 이후 최초의 기록이다.

2020년까지만 해도 제로슈거 탄산음료를 대표하는 제품은 코카콜라 제로였다. '제로 콜라' 하면 자동으로 코카콜라 제로가 떠오르던 시기다. 하지만 2021년 1월 펩시 제로슈거 라임 출시로 시장 상황이 달라졌다. 펩시는 전 세계 어디에서나 코카콜라의 2인자 이미지가 강했다. 한국에서도 마찬가지였다. 그런데 한국의 제

신제품 발매-'소셜＋구매' 데이터 종합 분석

코로나19가 발생한 후 제로 탄산의 매출 급증. 확찐자라는 신조어가 만들어질 정도로 활동량이 급감한 사람들의 불안과 걱정이 증가한 시기. 배달음식과 HMR 성장과 활동량 감소 등이 확찐자라는 신조어를 만들었고 제로 탄산 시장을 급성장시킴

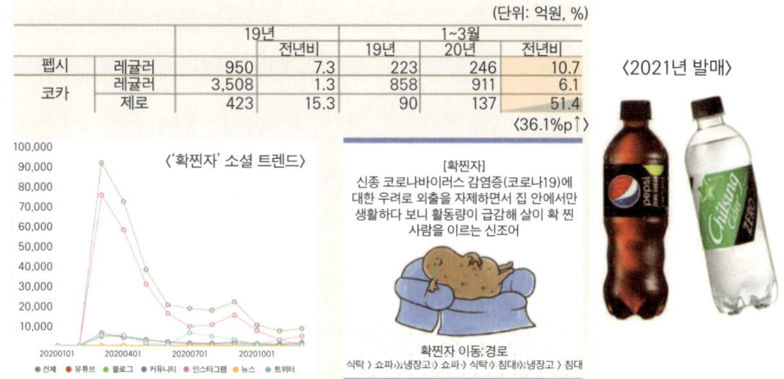

		19년	전년비	1~3월 19년	1~3월 20년	전년비
펩시	레귤러	950	7.3	223	246	10.7
코카	레귤러	3,508	1.3	858	911	6.1
	제로	423	15.3	90	137	51.4

제로 탄산 브랜드 소셜 감성어 구성비(2024.1~2025.11 언급량)

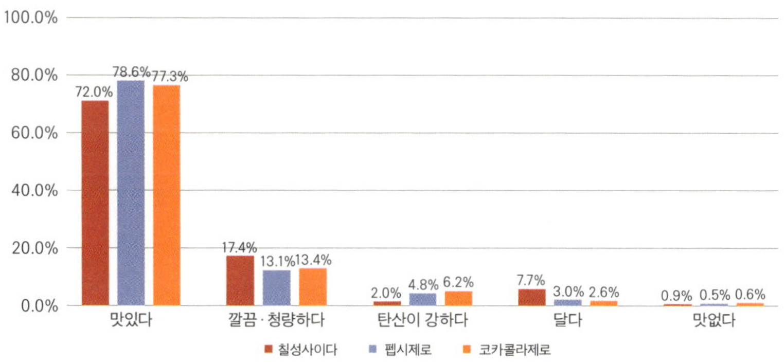

로 탄산음료 시장에서는 상황이 완전히 반전됐던 것이다.

사실 국내 탄산음료 시장에서 '제로' 키워드를 가장 먼저 그리고 오래 유지해온 브랜드는 2006년 제품을 출시한 코카콜라다. 그러나 실제로 제로슈거 탄산음료 카테고리를 독립된 시장으로 키운 것은 2021년 펩시 제로슈거 라임과 칠성사이다 제로였다. 두 제품은 출시와 거의 동시에 소비자의 열렬한 환영을 받았다. 1월 출시

한 펩시 제로슈거 라임은 제로슈거 탄산음료 영역에서 눈에 띄는 검색량(42%)과 언급량(52%)을 보였다. 곧이어 2월 출시한 칠성사이다 제로와 합친 검색량(70%)과 언급량(76%)은 가히 압도적 수준이었다.[3] 이런 소비자 반응은 곧 매출로 나타났다. 펩시와 칠성사이다 두 제품은 불과 3개월 만에 전체 제로슈거 탄산음료 시장을 폭발적으로 키웠다. 이 관심은 바로 매출로 이어졌다. 두 제품이 출시된 2021년 1분기 국내 제로슈거 탄산음료 시장은 판매액 기준으로 약 3배 성장했다. 이 증가분의 58%는 펩시와 칠성사이다가 가져갔다.

■ 살은 찌기 싫지만 맛은 절대 포기 못 해

2020년 본격적으로 시작된 팬데믹은 라이프스타일을 크게 바꿨다. 사람들이 집에 머무는 시간이 길어지고 배달과 간편식 소비가 폭발적으로 증가했다. 이동량과 활동량이 줄어든 사람들은 스스로 '확찐자'라고 부르며 체중 증가에 대한 불안과 불만을 드러냈다. 확찐자라는 유행어는 코로나19 확진만큼이나 살이 확 찌는 것에 대한 불안과 불만의 표현이다.

사실 '제로'에 대한 요구는 팬데믹 이전부터 이어온 흐름이다. 과거에는 다이어트의 연장선에서 '살 안 찌는' 의미로 소비됐다. 과거 제로 탄산음료는 다이어트용 음료로 인식됐다. 하지만 MZ세대에게 제로슈거와 제로칼로리는 고통스러운 다이어트가 아니라 맛있게 먹고 즐겁게 건강을 관리하는 '헬시 플레저'를 의미한다. 펩시 제로슈거 라임과 칠성사이다 제로는 헬시 플레저 트렌드를 정확히 구현한 제품이다. 단지 '살찌고 싶지 않은' 마음을 공략한 것이라면 기존의 제로 탄산음료와 동일한 포지션에 진입하는 데 그쳤을 것이다.

코카콜라 제로가 오랫동안 시장에 나왔음에도 불구하고 카테고리의 성장이 미미했던 이유는 맛이 기존 제품보다 떨어졌기 때문이다. 소비자들은 기존 제로 탄산음료를 '맛없는 다이어트 음료'로 인식했다. 제로슈거가 진짜 트렌드가 되려면 '제로는 맛없다'는 소비자 인식을 '제로도 맛있다. 제로가 맛이 있으면 더 좋다'로 바꿔야 했다. 오랫동안 제로 트렌드를 준비해온 우리는 기존 콜라와 사이다와 맛의 변화가 없는 레시피를 개발하는 데 성공했다. 실제로 제품 출시 후 소비자 반응을 보면 제품에 대한 언급의 상당 부분이 '맛'에 집중돼 있었다. 소비자들은 다이어트는 물론이고 '맛을 즐기기 위해' 펩시와 칠성사이다를 선택했다.

■ 유행 아닌 트렌드가 시장을 만든다

펩시 제로슈거 라임과 칠성사이다 제로의 성공 이후 코카콜라도 바로 대응에 나섰다. '코카콜라 제로 레몬'을 선보이며 맛의 문제를 보완한 것이다. 하지만 소비자 머릿속 인식의 주도권은 이미 펩시와 칠성사이다 쪽으로 기울어 있었다. 제로 탄산음료와 제로슈거 소주가 동시에 인기를 끌면서 소비자들은 새로와 칠성사이다 제로를 묶어 '새로제로(새로+제로콜라)'라는 별칭을 붙여줬다. 이는 제로슈거가 이미 '특별한 사람만 마시는 다이어트용' 음료가 아니라 '일상에서 자연스럽게 선택하는' 음료로 인식되기 시작했다는 의미다.

시장에는 종종 단기간 빠르게 인기를 얻는 히트 상품이 등장한다. SNS에 인증샷이 넘쳐나고 품절 대란이 일어나고 급기야 제조사가 생산 시설을 늘리는 결정을 하게 된다. 하지만 많은 히트 상품의 수명이 그리 길지 않다. 인기는 대개 1~2년 남짓 유지되다 사그라진다. 열풍이 지나간 후 조용하게 꾸준히 팔리는 스테디셀러가 되면 좋지만 수요의 급락과 함께 증설의 저주가 돼 기업에 큰 부담이 되기도 한다.

하지만 새로제로는 다른 히트 상품과 달랐다. 빠른 이슈화와 판매량이 급격하게 증가하는 현상은 같았지만 '자기 시장'을 만들었다. 독특한 아이템으로 소비되는 상품이 아니라 소비자 인식 안에 새로운 카테고리를 만든 것이다. 단순히 히트 상품이 되고 유행을 일으키는 것만으로는 시장을 세분화할 수 없다. 인식의 프레임을 만드는 것은 유행이 아니라 트렌드다.

유행은 파도와 같고 트렌드는 조류에 가깝다. 파도는 빠르게 몰려오고 빠르게 지나간다. 유행은 파도처럼 빠르게 나타났다가 지나가는 일시적 현상이다. 한 시즌 동안 유행하는 스타일과 특정 아이템은 유행이다. 반면 트렌드는 조류의 속성을 가진다. 조류는 바다 깊은 곳에서 지속적으로 이동하는 물의 큰 흐름이다. 방향이 쉽게 바뀌지 않고 오래 지속된다. 예를 들어 디지털화, 지속가능성, 사회적 책임, 레트로, 헬시 플레저 등은 트렌드다.

제로슈거, 제로칼로리, 저도주로 표현되는 욕구는 파도가 아니라 조류다. '제로'는 이제 Z세대를 중심으로 '술에 취하지 않는 삶'을 의미하는 소버라이프sober life와 아예 술을 마시지 않는 무알콜 선호로 확장되고 있다. 헬시 플레저에 민감한 MZ세대는 어느새 '저속노화' 같은 키워드까지 자기 세대의 언어로 받아들였다.

유행과 트렌드의 구분은 새로 시장을 만드는 전략에서 매우 중요하다. 독립적인 시장을 만드는 전략은 유행이 아닌 트렌드를 제품으로 구현해야 한다. 시장은 지속적인 트렌드로 유지되기 때문이다.

누가 먼저 소비자의 마음을 터치하는가가 관건이다

"사람들 마음속에 각인된 브랜드의 이미지를 바꾸는 것은 쉽지 않다."

토마스 라네스Thomas Ranese 우버 글로벌 마케팅 부사장은 코로나19 위기 당시 이 사실을 다시 한번 절감했다.[8] 팬데믹 동안 우버는 극단적인 경험을 했다. 사람들의 이동이 줄어들면서 차량 공유 서비스 매출은 80~90%까지 떨어졌다. 반대로 우버이츠는 2배 이상 성장했다. 당시 우버가 '위기'로 주목한 것은 매출 하락보다 사람들의 인식에서 일어나는 변화였다.

차량 공유 서비스는 '낯선 이들을 연결해주는' 플랫폼 비즈니스다. 그런데 팬데믹 기간 낯선 사람들과 연결은 부정적 감정을 일으켰다. 이 감정이 우버라는 브랜드 전체의 인식으로 옮아가면 팬데믹이 끝난 후에도 회복하기 어려운 타격을 입을 수 있었다. 인식에 부정적 감정이 이식되면 다시 전환하는 건 매우 어려운 일이다.

이에 대응하기 위해 우버는 우버 헬스uber health 서비스를 시작했다. 팬데믹 기간에 '의료기관 종사자들을 병원에 태워다주는' 서비스를 통해 비즈니스의 본질을 '공감, 신뢰, 인류애를 기반으로 한 연결'로 재해석하려는 시도였다. 결과적으로 우버는 소비자의 긍정적 반응을 유지할 수 있었다.

마케팅 전략의 목표는 결국 하나다. '소비자 인식에 브랜드가 원하는 특정 키워드를 심는 것'이다. 우리의 뇌는 한 번 인식한 정보를 쉽게 바꾸지 않는다. 먼저 키워드를 선점한 브랜드가 시장에서 대표성을 유지할 수 있는 이유다. 제록스, 크리넥스, 3M, 타이레놀, 칠성사이다, 활명수, 초코파이, 비타500 등은 브랜드 이름이 해당 품목의 대명사가 된 사례다. 그런데 지금 시대는 상황이 다르다. 과거 경제성장률이 7~8%에 이르던 고도 성장 시대에는 '먼저' '잘' 만들면 성공할 수 있었다. 후발주자도 1위 브랜드를 잘 따라가면 어느 정도 성과를 얻을 수 있었다. 하지만 지금은 제품이 넘쳐나는 시대다. 하나의 카테고리에 비슷비슷한 제품들이 계속 시장에 쏟아져 나오고 제품과 서비스의 질적 차이가 거의 존재하지 않는다. 소비자는 브랜드와 제품을 구분하기도 쉽지 않다.

포화 상태에 이른 시장에서 경쟁사를 분석하고 차별점을 찾는 것은 무의미하다. 차별화란 잘 나가는 제품을 기준으로 시장을 보는 관점이다. '차별화 전략'은 '1위를 닮아가는 전략'에 가깝다. '1위와 어떻게 다르게 보일까?'를 고민하지만 실제로는 '1위와 얼마나 닮게 만들까?'에 가까운 의사결정을 한다. 이런 방식으로는 소비자 머릿속에 강하게 각인되기 어렵다.

그렇다면 브랜드와 제품은 어떻게 소비자의 인식을 선점할 수 있는가? 핵심은 처음 출시한 제품이 아니라 '처음 마음을 움직인' 브랜드가 선점한다는 사실이다. 새로는 최초의 제로슈거 소주가 아니다. 앞서 이미 '과당 제로' '저당'을 내세운 소주가 있었다. 코카콜라 제로도 마찬가지다. 제로 트렌드는 오래 시작됐지만 소비자가 제로를 '맛있다'고 느끼고 '계속 마시고 싶은 제품'으로 인식하게 만든 건 한국에서는 펩시와 칠성사이다였다.

인식의 선점은 시기의 싸움이 아니라 마음을 먼저 터치하는 경쟁이다. 소비자의 마음을 읽고 먼저 공감을 얻는 전략의 요소는 다섯 가지다.

첫째, 누가 먼저 마음의 방향을 읽는가? 사람의 행동은 인식이 좌우한다. 그리고 인식은 개인의 경험, 가치관, 감정, 신념이 만든다. 이런 내면의 마음이 어느 방향으로 움직이는지 읽어야 소비자 행동을 이해할 수 있다. 누가 데이터 도구를 더 잘 활용해서 소비자의 무의식을 관찰하느냐가 브랜드의 생사를 결정한다.

둘째, 누가 먼저 강렬한 공감을 만드는가?. 정확한 타이밍에 미충족 욕구를 찾아내 충실하게 만족시키는 제품을 만들어야 한다. 제로슈거는 팬데믹이라는 환경 변화 속에서 '맛있게 즐기면서 건강을 챙기고 싶은 마음'을 터치했고 성공했다.

셋째, 누가 먼저 감성과 감정을 자극하는가? 소비자는 기능만 보고 제품을 선택하지 않는다. 같은 기능의 제품이라도 자신에게 어떤 감정을 느끼게 해주는지가 중요하다. 맛, 디자인, 사용자 경험, 브랜드 스토리, 심지어 사회적 메시지까지 모두 우리의 감정에 영향을 준다. 아이시스 에코가 라벨 하나 떼어낸 것만으로 강력한 반응을 일으킨 이유는 '지구에게 덜 미안한 소비'라는 감정적 가치를 제공했기 때문이다.

넷째, 누가 먼저 사회적 신뢰를 얻는가? 소비자는 다른 소비자의 선택을 보며 안심한다. 친구의 추천, 인플루언서의 사용 후기, 커뮤니티의 인증샷, 리뷰 등은 강력한 사회적 신뢰의 증거가 된다. 새로가 성분 표시 의무화 이전에 가장 먼저 라벨에 성분 정보를 넣었고, 소비자들이 이를 SNS에서 자발적으로 공유하면서 신뢰를 빠르게 얻은 것도 같은 맥락이다.

다섯째, 누가 창의적인 첫인상을 제공하는가? 브랜드와 제품의 첫인상은 구매 결정에 큰 영향을 미친다. 첫인상 효과first impression effect의 영향이다. 첫인상은 빠르게 형성되고 잘 바뀌지 않는다. 브랜드 이미지는 단기간 마케팅 캠페인으로 만들기 어렵다. 반면 제품의 디자인, 색상, 로고, 광고, 톤앤매너 등은 소비자에게 강렬하고 긍정적인 첫인상을 줄 수 있다. 소비자 머릿속에 '세련된' '예쁜' '새로운' 등의 긍정적 인상을 먼저 심으면 이후 커뮤니케이션에서 훨씬 유리하다.

레드오션에서는 브랜드 이미지를 다시 설계해야 한다

포화 시장에서 새롭게 독립적인 시장을 만드는 방법은 크게 두 가지다. 첫째, 미충족 욕구를 발견해 아직 등장한 적이 없는 새로운 카테고리를 만든다. 이 경우 최초 기억 브랜드로 각인되는 효과가 크고 소비자의 충성도도 더 강한 편이다. 둘째, 기존 제품과 브랜드에 대한 인식을 바꿔서 같은 제품을 '다른 의미'로 느끼게 만든다.

첫 번째 방법이 신시장 창출 전략이라면 두 번째는 인식의 리빌딩rebuilding 전략이다. 시장 세분화는 시장의 절대 규모가 어느 정도 이상일 때 가능하다. 시장을 나눴을 때 의미 있는 규모의 새로운 시장이 만들어질 만큼 큰 판이 있어야 한다는 뜻이다.

그런데 현실에서는 거대한 시장만 있는 것이 아니다. 전체 규모는 크지 않지만 오랫동안 나름의 자리를 지키는 카테고리도 있다.

또 시장점유율은 높지 않지만 브랜드의 포트폴리오 측면에서 꼭 유지해야 하는 제품도 있다. 이런 경우 완전히 새로운 시장을 만들기보다는 기존 인식을 재구성해 포지션을 강화하는 전략이 유효하다. 인식의 리빌딩을 대표하는 전략이 바로 리브랜딩rebranding과 확장extension이 있다.

■ 리브랜딩: 정체성을 바꾸어 브랜드를 다시 살린다

탐스는 1978년 출시된 오래된 브랜드다. 과거에는 시장에서 플레이버 탄산음료로 나름의 존재감이 있었다. 하지만 어느 순간 대중의 인식에서 사라졌다. 그러다 보니 주로 레스토랑 등 B2B 채널을 통해서만 유통되고 있었다. 제품 경쟁력은 높지 않았다. 그렇다고 플레이버 탄산음료 카테고리의 브랜드를 포기할 수는 없었다. 사이다와 콜라를 주로 마시는 소비자라도 가끔은 레몬, 포도, 복숭아 같은 플레이버 탄산음료를 찾기 때문이다.

그래서 선택한 전략이 탐스의 리브랜딩이었다. 리브랜딩의 핵심은 두 가지다. 첫째, 정체성의 이동이다. 탐스는 기존 '레귤러 플레이버 탄산음료'에서 '제로슈거 플레이버 탄산음료'로 이동했다. 소비자 인식 속에서 레귤러 탄산음료와 제로 탄산음료는 이미 다른 카테고리로 나뉘어 있다. 이 말은 곧 '탐스제로'는 기존 탐스와 같은 제품으로 인식되지 않는다는 뜻이다.

둘째, 브랜드 이름의 재인식이다. 탐스제로는 기존의 이름을 그대로 사용했다. 보통 힘을 잃고 오래된 브랜드는 이름을 버리고 새로 만드는 선택을 하기 쉽다. 이미 부정적 인식이 형성되면 회복이 어렵기 때문이다. 하지만 탐스는 이런 우려를 조금을 덜어낼 수 있

'탐스제로'는 거의 잊혀가던 탄산음료 '탐스'가 제로슈거
플레이버 탄산음료로 부활한 사례다.

는 몇 가지 괜찮은 조건을 갖고 있었다. 이름이 짧고 발음하기 쉽고, 특히 뭐든 두 글자로 줄여서 부르기 좋아하는 젊은 세대의 취향에 맞았다.

문제는 소비자가 탐스를 '어떻게 기억하고 있는가?'가 중요했다. 우리는 막연한 추정이 아닌 실제 소비자 인식을 조사했다. 데이터 분석 결과는 흥미로웠다. 소비자는 탐스를 탄산음료 브랜드로 기억하고 있지 않았다. 대신 커피 브랜드나 운동화 브랜드로 인식하고 있었다. 즉 소비자 머릿속에 탄산음료로서의 부정적 이미지가 남아 있지 않았다. 탐스는 오히려 커피와 운동화 브랜드가 만들어 놓은 긍정적인 이미지가 쌓인 단어였다. 그렇다면 탐스를 브랜드명으로 계속 쓰는 데 문제가 될 부분은 전혀 없었다.

탐스제로의 리브랜딩 결과는 놀라웠다. 출시 후 14개월 동안 누적 8,600만 캔의 판매를 기록했다. 만약 탐스제로가 아닌 기존의 레귤러 탐스로 재출시했다면 이런 반전은 어려웠을 것이다. 같은 이름, 같은 카테고리, 같은 포지션에서는 소비자의 인식을 바꾸기

탐스 단어에 대한 소비자 인식

① 사라진 단어 '탐스'의 재발견 ② 커피 브랜드 위주의 단어에서 → 탐스제로 언급량 2위
③ 2022년에서 2023년으로 넘어가며 탐스제로 언급량 자체의 증가

순위	2019년		2020년		2021년		2022년		2023년	
	연관어	언급량	연관어	언급량	연관어	언급량	연관어	언급량	연관어	언급량
1	toms	116,567	탐앤탐스	38,692	탐앤탐스	22,277	탐앤탐스	26,205	탐앤탐스	25,065
2	게임	115,654	커피	12,176	카페	8,081	탐스제로	16,580	탐스제로	18,040
3	접속	115,455	카페	10,775	커피	6,658	카페	10,582	카페	11,902
4	에이전시	115,452	탐탐	4,404	스타벅스	3,256	윈터	8,934	음료	9,482
5	지뢰찾기	115,452	이벤트	3,970	매장	3,150	지젤	8,907	커피	8,379
6	이벤트	66,975	매장	3,685	투썸	2,956	커피	8,701	맛집	7,804
7	가입	52,142	아메리카노	3,535	이디야	2,919	에스파	6,751	메뉴	6,558
8	런칭	51,995	스타벅스	3,458	할리스	2,686	닝닝	6,647	지젤	6,465
9	친구	51,925	음료	2,849	투썸플레이스	2,525	음료	6,594	윈터	6,318
10	탐앤탐스	51,197	메뉴	2,585	음료	2,456	클리오	4,819	스타벅스	5,482
11	카카오톡	50,677	투썸	2,400	편의점	2,284	스타벅스	4,648	치킨	5,164
12	친구동록	50,623	탐앤탐스커피	2,357	메뉴	2,236	맛	4,419	닝닝	5,138
13	폭탄	15,663	할인	2,333	아메리카노	2,227	카드	4,200	편의점	5,129
14	카페	14,051	일상	1,988	탐탐	2,129	포카	4,060	투썸	4,844
15	온라인	13,347	할리스	1,975	이벤트	1,954	사진	4,016	피자	4,821
16	커피	13,138	브랜드	1,954	피자	1,891	투썸	3,946	할리스	4,758
17	신규	13,088	사진	1,807	치킨	1,871	메뉴	3,828	매장	4,604
18	탐탐	6,974	아이스	1,752	메가커피	1,786	할리스	3,579	에스파	4,500
19	아메리카노	5,523	커피빈	1,737	브랜드	1,748	매장	3,502	이디야	4,491
20	일상	4,145	투썸플레이스	1,725	할리스커피	1,697	투썸플레이스	3,348	맛	4,480

힘들기 때문이다. 탐스제로의 성공은 제품의 정체성을 '제로슈거'로 이동시켜 소비자 머릿속에 새로운 인식을 심었기에 가능했다.

■ 익스텐션: 헤비 유저를 기반으로 확장하고 강화한다

"싸랑해요, 밀키스~!"

한 시대를 풍미한 이 카피는 밀키스를 1989년 대표 유성 탄산음료로 만들어주었다. 밀키스는 이후로도 꾸준히 시장 1위를 지키며 탄탄한 헤비 유저층을 유지해왔다. 다만, 시간이 흐르면서 자연스럽게 밀키스와 함께 나이 든 세대가 주된 소비층을 이뤘다. 새로 젊은 소비자의 유입이 시급한 과제가 됐다.

제로슈거 밀키스와 밀키스 핑크소다

MZ세대의 헬시 플레저 니즈를 반영한 '제로슈거 밀키스'와 '밀키스 핑크소다'로 새로운 맛과 색을 제안했다.

익스텐션 전략은 기존 브랜드가 갖고 있는 자산과 정체성을 유지한 채 새로운 세그먼트나 카테고리로 확장하는 것이다. 예를 들어 특정 지역에서 인기가 있는 제품을 전국 혹은 글로벌로 확대, 특정 연령대 중심 브랜드를 다른 연령대로 확장, 기존 브랜드명으로 신제품 라인을 추가, 새로운 맛과 용도와 상황을 위한 서브 제품을 내놓는 방식이다.

밀키스는 기존 정체성은 그대로 두고 젊은 세대를 정면으로 겨냥하는 익스텐션 전략을 사용했다. MZ세대의 헬시 플레저 니즈를 반영한 '제로슈거 밀키스'와 '밀키스 핑크소다'로 새로운 맛과 색을 제안하며 시각적 재미를 높였다. 그리고 여기에 콘텐츠 전략을 결합했다.

tvN 드라마 「응답하라 1988」의 PPL로 레트로 감성을 자극했고 스누피와 카카오프렌즈 등 MZ세대가 좋아하는 캐릭터와 컬래버레이션으로 '스누피 에디션' '밀키스 카카오프렌즈 에디션'을 선보였다. 그 결과 밀키스는 기존 헤비 유저를 유지하면서 동시에 새로운 젊은 팬층을 확보하는 데 성공했다. 단단한 헤비 유저 기반 위에 젊은 세대를 더하는 구조가 완성되자 밀키스는 2023년 기준 연 매출 1,000억 원을 넘는 메가 브랜드로 성장했다.

리브랜딩과 익스텐션은 모두 레드오션에서의 확장 전략이다. 이미 존재하는 시장과 한계에 다다른 것처럼 보이는 카테고리에서도 '이름을 바꿀 것이냐?' '의미를 바꿀 것이냐?' '타깃을 넓힐 것이냐?'에 따라 새로운 기회가 만들어진다. 이때 중요한 건 제품의 스펙이 아니라 소비자가 그 브랜드와 제품을 어떻게 인식하도록 만들 것인가다. 리브랜딩과 익스텐션 전략은 인식을 다시 설계하는 과정이다.

2
숫자 더미에서
'진짜 사실'을 건져 올리자

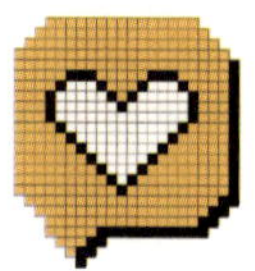

'칠성사이다 제로'는 출시 후 기대만큼 환영받았고 기대보다 더 빠른 속도로 성장했다. 하지만 성장의 기쁨과 동시에 남모를 고민도 시작됐다. 카니발 효과carnival effect였다. 카니발 효과는 같은 브랜드 안에서 신제품이 기존 제품의 매출을 잠식하는 현상을 말한다. 칠성사이다 제로를 기획할 때부터 일정 수준의 카니발 효과는 이미 예상하고 있었다. 레귤러(오리지널) 칠성사이다에서 어느 정도 매출이 칠성사이다 제로 제품으로 이동할 수밖에 없고 그 비율도 대략 추정이 가능한 범위였다. 처음에는 이 수치가 통제 가능한 단계에 있었다. 따라서 우리를 긴장시킨 건 레귤러 제품의 성장 둔화 그 자체가 아니었다. 경쟁사 레귤러 제품의 매출에서는 카니발 효과가 거의 없는 것처럼 보였다는 점이다.

"우리만 레귤러 제품의 매출이 줄고 있는 건가?"

이 질문이 본격적인 데이터 분석의 출발점이 됐다. 우리는 조사

탄산시장 '카니발리제이션' 분석 (R, Z, RZ)

코카콜라 레귤러, 제로, 중복 구매자 비율 분석

	2019. 01	2019. 02	2019. 03	2019. 04	2019. 05	2019. 06	2019. 07
코카R%	84.2	84.3	84.3	84.4	84.4	84.4	84.5
코카Z%	10.1	10.1	10.1	10	10	10	10.1
중복	5.7	5.7	5.6	5.6	5.6	5.6	5.6

2019. 08	2019. 09	2019. 10	2019. 11	2019. 12	2020. 01	2020. 02	2020. 03
84.2	83.8	83.4	83.2	82.8	82.5	82.1	81.8
10.2	10.5	11.8	11	11.2	11.4	11.7	12
5.6	5.7	5.8	5.9	6	6	6.1	6.2

	2020. 04	2020. 05	2020. 06	2020. 07	2020. 08	2020. 09	2020. 10
코카R%	91.3	80.8	80.1	79.4	78.8	78.2	77.6
코카Z%	12.4	12.9	13.4	13.9	14.3	14.6	15.1
중복	6.3	6.3	6.5	6.7	6.9	7.2	7.4

2020. 11	2020. 12	2021. 01	2021. 02	2021. 03	2021. 04	2021. 05	2021. 06
76.9	76.5	75.9	75.4	74.9	74.2	73.6	73.1
15.5	15.8	16.2	16.6	17	17.5	18	18.5
7.5	7.7	7.9	8	8.1	8.2	8.4	8.4

비포: 양적 성장 ⇔ 코카콜라R 유저 역신장 시작 ⇔ 에프터: 고객 이동

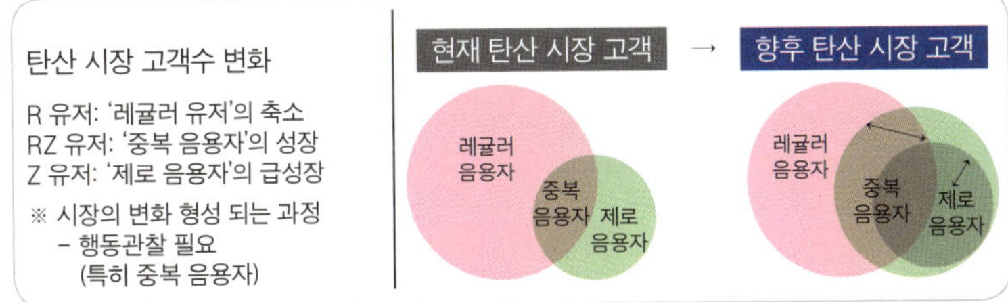

콜라의 높은 성장률로 매출상 레귤러 카니발리제이션이 없는 것처럼 보였다. 하지만 2021년에는 레귤러 성장률을 상회하는 성장률이 제로에서 나왔기에 콜라 레귤러도 매출상으로도 카니발리제이션이 발생했다.

를 시작하며 관점을 바꾸기로 했다. 경쟁사 전체 탄산음료 매출 안에서 레귤러 제품이 차지하는 비율의 변화를 따로 떼어 살펴본 것이다. 단순히 '매출이 줄었는가, 유지되는가?'가 아니라 '제로슈거와 레귤러의 구성이 시간에 따라 어떻게 재편되고 있는가?'를 본 것이다. 그제야 그동안 보이지 않던 사실이 드러났다.

일정 기간 변화를 추적해 본 결과 경쟁사 역시 레귤러 제품의 비중이 점점 줄어들고 있었다. 레귤러에서 제로슈거 제품으로 소비자가 이동하는 카니발 현상이 칠성사이다와 유사한 패턴으로 일어나고 있었던 것이다. 다만 경쟁사는 레귤러 제품으로 유입되는 신규 소비자가 더 많았기 때문에 매출이 줄지 않은 것처럼 보였을 뿐이었다.

브랜드가 자기 시장 안에 새로운 카테고리를 만드는 이유는 '오른쪽 주머니의 동전을 왼쪽 주머니로 옮기기 위해서'가 아니다. 주머니 하나를 더 만들어서 양쪽에 동전을 채우는 방식으로 몸집을 키우기 위해서다. 제로슈거 탄산음료 카테고리에서는 실제로 기대한 일이 일어났다. 과거 탄산음료를 즐기지 않던 사람들이 제로슈거 탄산음료 시장에 새로 유입되기 시작했다.

문제는 이런 움직임이 레귤러 음료 카테고리로 이어지지 않았다는 점이다. 즉 빠져나간 소비자보다 유입된 소비자가 적었다. 이는 레귤러 제품의 성장률 둔화로 나타났다. 경쟁사 제품 역시 이런 불균형에서 완전히 자유롭지는 않았다. 레귤러 제품의 성장률이 서서히 그러나 꾸준하게 낮아지고 있었다. 다만, 전체 시장 규모가 상대적으로 작은 사이다 카테고리에서는 이런 변화가 더 빠르고 선명하게 드러났다.

이 사례를 통해 알 수 있는 중요한 사실은 '데이터는 현상을 보여줄 뿐'이라는 것이다. 매출 데이터는 지금 벌어지는 일을 숫자로 기록하고 있을 뿐 그 자체로 '사실'을 충분히 설명해주지 않는다. '현상'은 눈에 보이는 상태이며 어떤 관점으로 보느냐에 따라 의미를 완전히 다르게 해석할 수 있다. 즉 현상과 사실은 다르다.

데이터 분석은 현상을 아는 것을 넘어서 객관적으로 증명이 가능한 사실을 파악해가는 과정이다. 우리가 데이터를 처음 마주했을 때 가져야 할 태도는 '어떤 사실도 알지 못한다.'라는 것을 인정하는 것이다. 그래야 섣부른 판단을 하지 않는다.

데이터는 분석자가 의미를 부여하고 맥락을 만들어줘야 비로소 사실에 가까워진다. 각각 흩어져 있는 데이터 조각들을 연결하고 관계를 이해하고 그 사이 의미를 찾아낼 때 현상 이면의 사실을 발견할 수 있다. 칠성사이다와 경쟁사 레귤러 제품의 매출과 제로슈거 제품의 매출 구조를 함께 살펴봤기 때문에 현상이 아닌 사실을 확인할 수 있었고 '무엇이 문제인지' 본질에 접근해갈 수 있었다. 문제의 본질을 이해하지 못하면 어떤 솔루션도 진짜 답이 될 수 없다. 모든 데이터는 보이는 대로 읽으면 절대로 그 맥락을 이해할 수 없다.

왜 같은 데이터를 보고도 서로 다른 결론에 이르는가

데이터는 누구에게나 똑같은 숫자와 그래프로 현상을 보여준다. 하지만 그 안에서 어떤 사실을 발견하고 본질을 정의하는지는 전적으로 분석자의 몫이다. 똑같은 데이터를 보고도 서로 다른 결론에 이르는 이유다.

데이터 분석에서 답을 얻는 첫 단계는 문제를 정의하는 것이다. 문제 정의란 왜 분석을 하는지 목적과 목표를 정하고, 해결하고 싶은 핵심 질문을 구체적인 문장으로 만들고, 그 질문에 답하기 위해 어떤 데이터를 봐야 하는지 방향을 정하는 일이다. 예를 들어 '고객 이탈률 증가'라는 현상을 확인했다고 하자. 이때 단순히 '고객 이탈률을 낮출 방안을 찾는다'보다는 '가입 후 3개월 이내 이탈한 고객의 공통적인 특성을 파악하고 이탈을 예방할 수 있는 구체적인 전략을 찾는다'가 좋은 문제 정의다. 제대로 된 문제 정의는 자연스럽게 필요한 질문이 따라 나온다.

▶ 문제 정의
• 가입 후 3개월 이내 이탈한 고객의 공통적인 특성을 파악하고 이탈을 예방할 수 있는 구체적인 전략을 찾는다.

▶ 질문
• 3개월 이내 이탈 고객과 유지 고객의 차이는 무엇인가?
• 어떤 시점과 어떤 접점에서 고객의 이탈이 집중되는가?
• 이탈 고객이 공통으로 보이는 행동 패턴은 무엇인가?

질문이 명확하면 어떤 데이터를 수집하고 무엇을 비교해야 하는지가 선명해진다.

문제를 잘못 정의하면 분석이 엉뚱한 방향으로 진행되거나 의미 없는 결과를 도출하게 된다. 때때로 분석자가 "(데이터에서) 원하는 정보를 찾을 수 없다"거나 "맥락을 읽을 수 없다"고 고민을 토로할 때가 있다. 이런 경우 분석자는 대개 데이터의 질이나 분석 툴의 한계를 의심한다. 그러나 실제로는 처음 문제를 제대로 정의하지 못한 경우가 대부분이다.

데이터 분석은 결국 '질문을 던지고 답을 확인하는 과정'이다. 설문조사에서 질문력이 중요하듯 데이터 분석 역시 어떤 질문을 던졌느냐가 분석의 질을 결정한다. 분석은 조각난 데이터를 이어 붙여

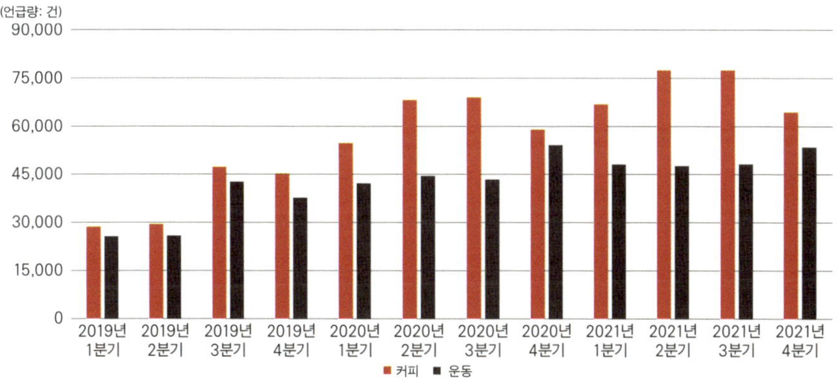

하나의 이야기로 만드는 일이다. ① 여러 출처의 데이터를 조합해 ② 의미 있는 정보를 끌어내고 ③ 그 위에 가설을 세우고 ④ 데이터로 가설을 검증한다. 그리고 ⑤ 소비자가 어떤 행동을 하고, 왜 그런 선택을 하는지 스토리를 완성한다. 쉽게 말해 데이터 분석은 맥락을 만드는 과정이다.

위 데이터는 MZ세대의 라이프스타일을 알아보기 위해 커피와 운동을 키워드로 소셜 데이터의 언급량을 정리한 것이다. 이 그래프를 보면 커피의 언급량이 운동보다 많다. 이때 보이는 그대로 읽으면 다음 문장이 나온다.

"MZ에게 커피는 운동보다 더 중요하다."

그러나 이 문장은 의미가 없다. 커피와 운동의 키워드가 어떤 맥락에서 나온 것인지 알 수 없다. '운동'이라는 단어가 실제로 어떤 행동과 연결돼 있는지, '커피'라는 단어가 어떤 상황에서 언급되고 있는지 아무것도 설명하지 못하기 때문이다. 이 데이터의 의미를 파악하려면 두 단어 사이의 틈을 메워야 한다. 이것이 바로 맥락,

즉 이야기를 만드는 과정이다.

그런데 맥락을 만드는 과정은 분석자의 상상력이 아닌 오직 데이터를 기반으로 해야 한다. 운동과 커피의 관계를 분석자가 나름 '그럴듯한' 이야기로 연결하면 큰 오류를 범하게 된다. 예를 들어 다음의 데이터가 눈앞에 있다고 하자.

- 사과, 양배추, 당근의 판매량이 동시에 늘었다.
- 판매량이 증가한 시기 믹서기 판매량이 증가했다.
- SNS에는 사과, 양배추, 당근을 함께 갈아 만든 CCA 주스 레서피가 유행하고 있다.

이 데이터를 보면 대부분 머릿속에 '사람들이 집에서 CCA 주스를 직접 만들어 먹고 있구나.'라는 이야기가 떠오른다. 하지만 이 문장은 그럴듯한 가설일 뿐 사실은 아니다. 실제로는 당근이 CCA 주스가 아니라 김밥이나 샐러드 등 다른 요리에 사용됐을 수 있다. 믹서기는 이유식이나 전혀 다른 용도로 쓰였을 수도 있다. 즉 이 데이터들 사이에 인과관계를 증명할 수 없다. 데이터 분석의 핵심은 그럴듯해 보이는 이야기와 실제로 데이터로 증명 가능한 사실을 정확하게 구분하는 것이다.

가설은 반드시 검증 가능한 데이터에 근거해야 한다

2013년 인스턴트 커피 시장에 야심 찬 신제품이 등장했다. 녹용과 모유에 함유된 건강 성분을 첨가한 커피였다. 굴지의 식품회사가 신규 비즈니스 진출을 목표로 내놓은 제품으로 '커피 +건강 원료'라는 조합만 보면 상당히 신선해 보였다. 전략은 분명했다. 이미 포화 상태였던 인스턴트 커피 시장에 '프리미엄 기능성 건강 커피'라는 새로운 카테고리를 만들고 건강에 민감한 소비자를 새로운 수요층으로 끌어들이는 계획이다. 당시 커피 소비는 꾸준히 증가하고 있었고 건강에 대한 사회적 관심도 계속 높아지는 추세였다. 논리적으로는 그럴듯해 보였다. 그러나 소비자 반응은 냉담했다. 이 제품은 시장에서 조용히 사라졌다.

이처럼 기업의 기대와 소비자의 니즈가 어긋난 전략의 출발점에는 항상 잘못된 가설이 있다. 마케팅에서 가설이란 '어떤 고객이 어떤 행동을 할 것인지' '어떤 메시지가 이들에게 효과적일지' '어떤 전략이 시장에서 통할지'에 대한 예측과 추측이다. 건강 커피 사례에서 기획 단계에 세워졌을 법한 가설을 거슬러 올라가보면 대략 이렇게 정리할 수 있다.

1. 건강에 관심이 높은 소비자들은 커피를 많이 마시면 건강에 해로울 수 있다고 생각한다.
2. 소비자들은 비용을 더 지불하더라도 '몸에 좋은 커피'를 선택할 의사가 있다.

제품 콘셉트, 레시피, 광고 메시지는 이 가설에 충실했다. 그러나 시장 반응은 전혀 달랐다. 당시 온라인에서 소비자들이 언급한 내용 대부분은 맛과 비주얼에 대한 불만이었다. 기업이 강조한 '몸에 좋은 커피'라는 메시지에 대한 반응은 거의 없었다. 이는 소비자 니즈가 '커피를 마시면서 동시에 건강도 챙기고 싶다'가 아니었다는 사실을 증명해준다. 이처럼 가설이 실제 소비자 행동과 전혀 맞지 않는 이유는 소비자 분석의 오류이거나 조사 방식의 한계 때문일 가능성이 크다.

가설은 반드시 검증이 가능한 데이터에 근거해야 한다. '검증이 가능하다'는 말은 이후 데이터를 추가로 수집했을 때 가설이 맞았는지, 틀렸는지 판단할 수 있어야 한다는 뜻이다. 만약 전통적인 설문조사에만 의존해 가설을 세우고 콘셉트를 정하고 다시 설문으로 검증하는 방식은 언뜻 체계적으로 보인다. 하지만 이 과정에는 중요한 위험이 숨어 있다. 가설을 검증하는 것이 아니라 가설에 맞는 근거를 찾는 쪽으로 데이터 해석이 기울어지는 위험이다.

한 번 세운 가설에 집착하면 데이터를 있는 그대로 보기보다 가설을 뒷받침해주는 증거만 골라보게 된다. 이렇게 되면 데이터를 사용해도 결국 처음에 정해놓은 이야기를 강화하는 도구로 전락한다. 잘못된 가설 위에 세워진 전략의 피해는 결코 작지 않다.

첫째, 자원의 낭비다. 신제품이나 신규 비즈니스 진출을 위한 전략 상품에는 시간, 예산, 인력 등 기업의 자원이 집중적으로 투입된다. 실패했을 때의 손실 규모는 단순한 프로모션 실패와는 비교가 되지 않는다.

둘째, 브랜드 이미지 훼손이다. 청바지 브랜드 리바이스가 이를 잘 보여준다. 1980년대 후반 리바이스는 '리바이 스트라우스 테일러드 클래식스Levi Strauss Tailored Classics'라는 새로운 브랜드 라인을 출시했다. 중산층 이상의 소비자들을 겨냥한 정장에 가까운 고급 패션 라인이었다. 이는 전통적인 캐주얼 데님 브랜드에서 한 단계 위로 비즈니스를 확장하려는 시도였다. 하지만 소비자 반응은 부정적이었다. 사람들 인식 속에서 리바이스는 여전히 '청바지 브랜드'였고 새 라인은 리바이스 고유의 정체성을 흐리는 존재로 받아들여졌다. 결국 이 라인은 짧은 시간 안에 철수됐다.

셋째, 기회를 잃을 수 있다. 잘못된 가설은 전략을 엉뚱한 방향으로 이끈다. 변화 속도가 빠른 시장에서 전략의 방향을 잘못 잡으면 다시 돌아오기 어렵다. 타이밍을 놓치면 금세 뒤처지고 그 피해는 단기적인 매출 손실을 넘어 장기적인 경쟁력 약화로 이어진다.

데이터 분석은 본질적으로 가설을 세우고 검증하고 수정하는 순환 과정이다. 데이터를 보고 가설을 세우고 또 다른 데이터를 통해 그 가설이 맞는지 확인하고 틀렸을 때 가설 자체를 과감히 수정하는 유연함이 필요하다.

소비자 관점을 놓치는 순간 가설은 엉뚱한 스토리를 만든다

"함께 나이 든 헤비 유저 이후 세대와 어떻게 소통할 것인가?"

모든 장수 브랜드가 겪는 공통 고민이다. 칠성사이다는 이 고민을 가장 오래 겪어온 브랜드다. 1950년 출시 이후 지금까지 단 한 번도 사이다 시장 1위를 내준 적이 없다. 하지만 이 기록은 자연스럽게 유지된 것이 아니다. 한편으로는 '맑고 깨끗하고 상쾌하고 짜릿한' 오리지널 브랜드 이미지와 제품력을 지키고 다른 한편으로는 변화하는 소비자 욕구를 빠르게 읽고 반영하는 두 가지 전략을

동시에 성공시킨 결과다.

브랜드의 지속가능성은 과거의 영광, 이른바 브랜드 유산만으로 유지되지 않는다. 기존 헤비 유저가 꾸준히 구매해주는 것만으로는 충분치 않다. 새로운 세대의 소비자가 지속적으로 유입되어야 하고 이들이 다시 브랜드의 헤비 유저로 성장하도록 유도해야만 한다. 그래야 브랜드가 살아남을 수 있다.

오래된 헤비 유저의 니즈는 비교적 안정적이다. 칠성사이다 헤비 유저의 공통된 니즈는 '포만감 있는 식사 후 시원한 청량감으로 마무리하고 싶은' 것이다. 특히 중장년층에게 칠성사이다는 '소화에 도움을 주는 음료'로 인식된다. 기존의 '맑고 깨끗하고 상쾌하고 짜릿한' 이미지는 이러한 니즈와 잘 맞아떨어진다.

하지만 젊은 세대의 니즈는 다르다. 이들은 사이다 한 병을 살 때도 탄산 강도, 성분, 맛과 향(플레이버), 패키지 디자인, 용량 등 여러 요소를 동시에 살핀다. 이런 젊은 세대를 신규 소비자로 유입시키려면 니즈에 맞는 제품이 필요하다. 우리는 데이터 분석을 통해 이런 가설을 세웠다.

'젊은 세대는 다양한 맛의 사이다를 원하며, 특히 과일맛(향) 탄

칠성사이다 복숭아·청귤

소셜 데이터의 사회적 맥락을 정확하게 읽지 않으면 소비자의 진짜 니즈를 제대로 파악하지 못한다.

산음료를 선호한다.'

이 가설을 바탕으로 기획된 제품이 '칠성사이다 복숭아·청귤'이다. 기존 플레이버 탄산음료와 경쟁사의 인공 과일향 사이다와 차별화한 천연 과즙 사이다 콘셉트로 개발했다. 한국 소비자의 선호도가 높은 시트러스 계열의 청귤과 복숭아 과즙을 넣어 맛, 향, 건강에 대한 니즈를 모두 반영하고자 했다.

광고 캠페인은 10대에서 30대까지 폭넓게 호감을 얻는 BTS와 함께 진행했다. 출시 초기에 BTS의 강력한 팬덤 효과 덕분에 SNS를 중심으로 빠르게 바이럴이 형성됐다. 첫 성적표는 나쁘지 않았다. 타깃 소비자, 특히 10대를 중심으로 칠성사이다의 이미지가 젊어졌다는 점이 확인됐다. 젊은 층의 구매율도 실제로 상승했다. 그러나 마케팅 비용 대비 기대했던 목표에는 미치지 못했다. 이는 초기 가설이 소비자의 니즈를 충분히 포착하지 못했다는 뜻이기도 했다. 우리는 사후 분석을 시작했다. 새 제품이나 새 캠페인의 성공과 실패는 반드시 데이터를 통해 원인을 짚고 넘어가야 한다. 방법은 단순하다. 당시 사용했던 데이터를 거꾸로 따라 올라가며 어디에서 가설이 어긋났는지 하나씩 확인하는 것이다. 검증 첫 단계에서 던진 질문은 이랬다. "젊은 소비자들이 칠성사이다에 진짜로 원했던 것이 과연 '천연 과즙 사이다'였을까?"

소비자 재분석 결과 젊은 세대의 니즈는 기존 헤비 유저와 완전히 다르지는 않았다. 이들에게도 칠성사이다는 '첨가물이 상대적으로 적은 건강한 탄산음료'라는 인식이 있었다. 건강에 대한 관심은 분명히 존재했다. 문제는 우리의 해석이었다. 우리는 '과즙=더 건강한 사이다'라고 생각했다. 그러나 소비자 인식 속에서 '천연 과즙'과 '건강'은 거의 연결돼 있지 않았다. 심지어 이들은 '천연 과즙'과 '인공 과일향'도 뚜렷하게 구분하지 않았다. 그렇다면 도대체 왜 소셜 데이터 분석에서 '과즙' '배향' '과일 향' 같은 키워드가 사이다의 주요 연관어로 등장했을까? 우리는 다시 데이터를 들여다보며 질문을 반복했다. 그리고 그 이유를 찾아냈다. 우리보다 앞서 출시된 A 브랜드의 과일맛 사이다 때문이었다.

당시 젊은 층 사이에서는 과일맛 탄산음료를 숙취 해소제 대용으로 마시는 유행이 있었다. 이 맥락에서 '과일맛 사이다'에 대한 언급이 많았고 그 키워드들이 전체 사이다 카테고리의 연관어로 포착된 것이다. 하지만 우리는 이 사회적 맥락을 충분히 고려하지 못했다. '과일맛이 많이 언급되다 → 과일맛 = 니즈'로 단순하게 해석해버린 것이다. 데이터 맥락의 오독과 전략의 실수는 결국 분석의 출발점이 '소비자'가 아니라 '경쟁사'였기 때문에 벌어졌던 것이다.

A 브랜드의 과일맛 사이다는 처음부터 사이다 1위 제품인 칠성사이다와 차별화를 위해 개발된 제품이다. 2위 브랜드가 1위 브랜드를 정면으로 이길 수 없을 때 종종 선택하는 '1위가 하지 않는 틈새'를 공략하는 전략이다. 이때 1위 브랜드가 해야 할 질문은 다음과 같다.

"2위 브랜드가 무엇을 하고 있는가?"(×)
"1위 브랜드의 소비자는 실제로 무엇을 원하고 있는가?"(○)

당시 A 브랜드의 과일맛 사이다가 젊은 층의 관심을 얻고 있었던 것은 사실이다. 하지만 칠성사이다의 지위를 위협할 정도는 아니었다. 오히려 A 브랜드의 다른 제품과 서로 상승효과를 내며 시장 전체에 활기를 불어넣는 정도였다. 그럼에도 우리는 경쟁사의 움직임에 과도하게 신경을 썼고 자연스럽게 데이터 분석과 가설 설정의 초점도 경쟁사 쪽으로 이동했다. 현장에서 자주 발생하는 실수 중 하나가 바로 이것이다. 소비자보다 경쟁사의 마케팅 활동을 더 열심히 들여다보는 순간 전략의 중심은 '소비자의 니즈를 발견하고 충족하는 것'에서 '경쟁에서 이기기 위한 것'으로 옮겨간다. 이렇게 되면 데이터 분석도, 가설도, 캠페인도 소비자의 머릿속이 아닌, 경쟁사의 움직임에 맞추어 설계되기 쉽다.

소비자 관점에서 출발하지 않은 가설은 대개 엉뚱한 방향을 가리킨다. 그 위에 세운 전략 역시 기대와 다른 결과를 가져오게 마련이다. 데이터 분석은 언제나 경쟁사가 아니라 소비자의 머릿속에서 출발해야 한다. 그렇지 않으면 아무리 방대한 데이터와 정교한 분석 도구를 갖고 있어도 전혀 다른, 엉뚱한 스토리를 만들어낼 수 있다.

3
데이터 만능주의가
마케팅을 망친다

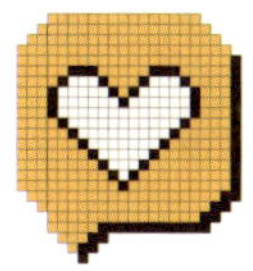

2008년 구글은 독감 유행 시기를 예측하는 '구글 플루Google Flu Trends' 서비스를 시작했다. 독감에 걸린 사람들은 대개 병원에 가기 전에 먼저 구글에 자신의 증상과 치료법을 검색한다. 구글은 바로 이 점에 주목했다. '독감 관련 단어의 검색 빈도'를 추적하면 독감 유행 시기를 예측할 수 있을 것으로 판단한 것이다.

세계적인 과학학술지 『네이처』에는 구글 플루가 미국 질병관리본부CDC보다 일주일 이상 빠르게 독감 유행을 예측할 수 있다는 연구가 실렸다. 세상의 시선은 단숨에 구글로 쏠렸다. 사람들은 '와, 데이터가 세상을 바꾸는구나.'라는 기대에 부풀었다. 그러나 결과는 달랐다. 2009년 전 세계를 휩쓴 신종 인플루엔자H1N1 대유행을 제대로 포착하지 못했을 뿐만 아니라 2013년에는 실제 감염자 수의 거의 두 배에 가까운 수치를 예측하는 커다란 오차를 냈다. 구글은 정확도를 높이기 위해 노력했으나 결국 2015년 서비스를 종료했다.

구글 플루의 도전 이후 기술과 도구는 더욱 정교해졌다. 그렇다면 지금의 데이터는 마법 같은 예측력을 갖게 됐을까? 여전히 답은 "아니오"에 가깝다. 적어도 마법사의 수정구슬 같은 예측은 앞으로도 불가능하다.

데이터 분석은 '현재 확보할 수 있는 데이터'를 기반으로 '우리가 던진 질문에 대한 답을 추정하는 행위'다. 아직 발생하지 않은 변수나 관찰할 수 없는 변수는 데이터에 반영되지 않는다. 과거의 패턴을 토대로 미래의 값을 추정할 수는 있지만 그 값이 현실에서 그대로 재현될지는 실제 상황이 벌어진 뒤에야 확인할 수 있다. 구글 플루의 예측도 과거의 행동 패턴에 근거했다. 그러나 세상의 거의 모든 현상은 정해진 패턴 밖의 변수가 개입하며 만들어진 결과다. 인간의 행동도 마찬가지다. 각자의 세계관, 환경, 그 순간의 상황에 따라 행동은 수시로 달라진다. 이 모든 변수를 숫자로 완벽하게 설명하는 일은 애초에 불가능하다.

그럼에도 데이터 기반의 의사결정은 때때로 완벽한 예측처럼 보이는 성과를 내기도 한다. 이런 경험이 반복되면 사람들은 어느 순간 '데이터는 모든 것을 알고 있다'고 믿기 시작한다. 이른바 '데이터 만능주의'다. 하지만 이러한 성공은 데이터가 알려준 비밀 공식의 결과가 아니다. 데이터가 보여준 패턴과 여기에 맥락을 해석하는 '인간의 통찰'이 결합한 결과다. 데이터는 현상을 더 명확하게 보여주는 도구일 뿐이며 그 위에서 사람이 통찰을 얻어 더 나은 전략을 설계하는 것이다.

통계에 따르면 신제품의 30%는 초기 매출 목표를 달성하지 못하고 80%는 3년 이내에 실패한다. 그중 30%는 출시 후 몇 달 안에 시장에서 사라진다.[9] 결국 신제품이 살아남을 확률은 10~20%에 불과하다.[10] 데이터는 이 확률을 100%로 바꿔주지는 못한다. 그러나 불확실성을 줄이는 데는 큰 도움을 줄 수 있다.

데이터를 사용하기 전 반드시 기억해야 할 사실이 있다. 데이터는 미래를 맞히는 도구가 아니라 실패의 가능성을 줄이는 도구라는 점이다. 이를 잘 활용하면 트렌드의 방향을 추적하고 소비자 인식의 변화를 읽어내 여러 개의 잠재적 시나리오를 설계할 수 있다. 즉 데이터는 미래를 예측하는 마법이 아니라 다양한 가능성을 관리하는 합리적인 도구다.

데이터는 점쟁이가 아니라 '가능성'을 보는 창이다

"제로 콜라는 맛이 밋밋해서 별로였는데
펩시 제로는 맛있다!"
"나도 요새는 탄산 마실 때 제로 칠성사이다 마심.
그게 제일 깔끔한 느낌이라~"
"나랑드사이다 제로, 칠성사이다 제로 비교.
칠성사이다가 더 달고 탄산이 강하다."
"여담이지만, 요즘 펩시 제로가 아주 맛있는 거 같다……"

'칠성사이다 제로'와 '펩시 제로슈거 라임'에 대한 소비자 반응을 한 문장으로 정리하면 다음과 같다.

"생각보다, 아니…… 진짜 맛있다."

어떤 소비자는 기존 레귤러 제품과 맛이 거의 같다고 했고 어떤 소비자는 솔직히 더 맛있다고까지 했다. 우리는 이 반응에 크게 안도했다. 제품기획 과정에서 가장 긴장하며 공을 들인 요소가 바로 '맛'이었기 때문이다.

칠성사이다 제로와 펩시 제로슈거 라임이 나오기 전 소비자들의 제로 탄산음료에 대한 인식은 '몸에 좋다고는 하는데…… 맛이 별로인 음료'였다. 2006년 펩시와 코카콜라가 처음 선보인 제로 칼로리 탄산과 2011년 칠성사이다가 출시한 제로슈거 사이다 모두 큰 성공을 거두지 못했다. 가장 큰 이유는 '맛'이었다. 설탕 대신 들어간 감미료 특유의 쓸쓸한 뒷맛에 대한 거부감이 컸다. 그 경험은 10년이 넘는 시간 동안 소비자의 뇌리에 부정적 인식으로 남아 있었다.

칠성사이다는 2015년 제로슈거 시장에서 철수했다. 하지만 바로 그때 칠성사이다는 새로운 시작을 준비했다. 탄산음료 시장은 제품 특성상 국민소득 수준과 밀접하게 연결된다. 소득 수준이 높아질수록 전통적인 레귤러 탄산음료 소비는 줄고 건강한 음료 선호는 커진다. 일부 유럽 국가는 아예 '설탕세'를 도입해 탄산음료 소비를 억제하기도 한다. 한국 역시 경제 수준이 높아질수록 레귤러 탄산음료의 성장 둔화는 피할 수 없고 동시에 제로슈거 탄산음료에 대한 수요는 늘어날 수밖에 없다.

실제로 한국 소비자의 소득 수준별 탄산음료 구매 데이터를 분

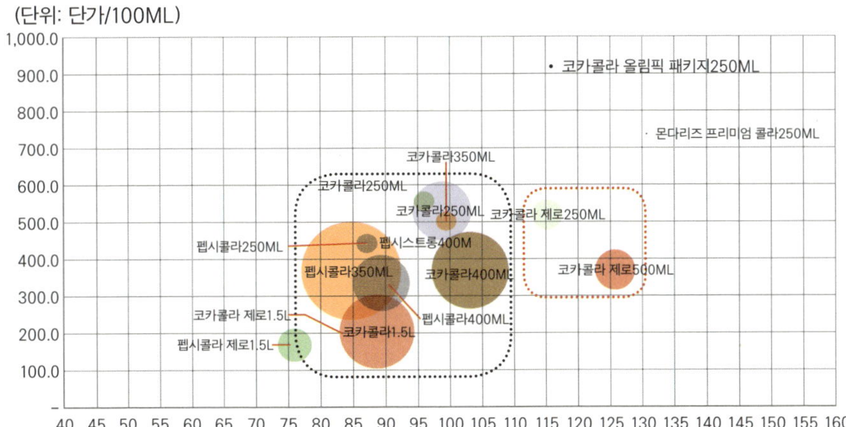

석해보니 상대적으로 소득이 높은 소비자층에서 이미 제로 탄산음료에 대한 니즈가 감지되고 있었다. 언젠가 다시 제로슈거 탄산음료의 시간이 온다는 것은 확실했다. 정확히 '언제'인지는 모르지만 준비가 필요했다. 그때부터 약 5년에 걸친 제로슈거 레시피 개발이 시작됐다.

이 결정의 근거가 바로 데이터 분석이었다. 그렇다고 해서 데이터가 미래의 성공을 정확하게 '예언'해준 것은 아니다. 지금 시점에서 뒤돌아보면 마치 그때 이미 미래를 내다본 것처럼 보일 뿐이다. 사실은 이렇다. 데이터는 '소득 수준이 높을수록 레귤러 탄산음료 소비는 줄고 제로슈거 탄산음료 수요는 증가한다'는 관계를 보여주었다. 이를 토대로 '향후 한국 제로슈거 탄산음료 시장이 올 것이다.'라는 판단은 인간의 추정이었다.

이후 칠성사이다는 미래를 향해 묵묵히 준비를 이어갔다. 설탕을 전혀 사용하지 않으면서도 기존 레귤러 칠성사이다와 똑같은 맛을 구현하는 레시피를 찾는 작업이었다. 이 작업이 가능했던 배경에는 롯데칠성이 오랜 시간 전 제품을 대상으로 진행해온 저당 제품 연구가 있었다.

소비자들은 저당 음료를 긍정적으로 인식하지만 정작 입맛은 여전히 달고 진한 맛을 선호한다. 이런 인식과 감각의 격차를 줄이는 과정은 꽤 지난했다. 본격적인 제로슈거 제품을 출시하기 전부터 롯데칠성은 해마다 제품의 당도를 0.1~0.2브릭스씩 천천히 줄여나갔다. 이렇게 약 10년 동안 약 1브릭스의 당도를 낮췄다. 당장 마케팅 효과는 없었다. 하지만 언젠가 의미있게 당도를 낮춰야 할 시장을 대비해 꾸준히 준비한 것이다.

그러던 중 아무도 예상하지 못했던 코로나19가 발생했다. '저당' '다이어트' '건강'의 요구가 한꺼번에 폭발했고 제로슈거·저칼로리 트렌드는 순식간에 확산됐다. 바로 그 시점에 롯데칠성은 이미 제로슈거의 '맛' 준비를 끝낸 상태였다. 그래서 제로슈거 키워드를 선점할 수 있는 타이밍을 잡을 수 있었던 것이다.

데이터는 현상을 정확하게 분석한다. 인간은 이를 토대로 변화를 통찰하고 미래를 준비한다. 데이터는 '미래를 예언하는 도구'가 아니라 '다가올 가능성을 미리 보고 준비할 수 있게 돕는 도구'다. 통찰의 본질은 미래를 정확히 맞히는 능력이 아니라 '어디로 흐르고 있는지, 방향을 읽는' 능력이다. 데이터는 바로 이 방향을 읽는 데 매우 유용한 나침반이다.

쓰레기 데이터를 분석하면 쓰레기 결과가 나온다

데이터의 품질은 분석 결과의 품질에 그대로 반영된다. 아무리 비싼 분석 툴이나 복잡한 알고리즘을 사용해도 기초가 되는 데이터가 부정확하거나 품질이 낮으면 결과를 신뢰할 수 없다. 데이터 과학계의 오래된 격언인 "쓰레기를 넣으면Garbage In 쓰레기가 나온다Garbage Out."는 지금도 변함없는 사실이다.

좋은 데이터란 정확하고 신뢰할 수 있으며 해석이 가능한 데이터다. 데이터 품질을 결정하는 조건은 보통 이렇게 정리한다. 첫째, 정확성Accuracy이다. 실제 상황을 정확히 반영해야 한다. 가령 설문 조사의 경우 응답자가 사실과 다른 정보를 제공하기도 한다. 데이터의 신뢰도에 한계가 있다. 이런 경우 반드시 데이터를 보완하는 작업이 필요하다. 둘째, 완전성Completeness이다. 중요한 정보가 빠지지 않고 포함돼 있는지 확인해야 한다. 가령 글로벌 국가 경제 분석 모델을 만든다고 하자. 실업률, 국내총생산GDP 성장률, 소비자 물가 지수 등 여러 경제 지표가 필요하다. 만약 일부 국가의 실업률이나 국내총생산GDP 성장률 등이 누락된 데이터를 그대로 분석에 사용한다면 결과가 왜곡된다. 셋째, 일관성Consistency이다. 여러 채널에서 데이터를 취합할 때 일관된 기준과 방식을 적용해야 한다. 넷째, 프라이버시Privacy다. 법적·윤리적 기준을 지켜 안전하게 수집 관리해야 한다.

그런데 이런 품질 관리에 앞서 반드시 던져야 할 질문이 있다. 바로 "지금 이 데이터가 우리가 풀고 싶은 문제와 관련이 있는가?"라는 것이다. 분석 주제와 상관없는 데이터는 품질 관리가 잘 돼 있어도 진짜 좋은 데이터는 아니다. 예를 들어 숙취해소제를 기획하면서 음주 경험이 거의 없는 사람의 데이터만 잔뜩 모아온다고 해보자. 아무리 정교하게 분석해도 의미 있는 결론을 얻기 어렵다. MZ세대 취향의 소주를 만들고 싶은데 중장년층의 취향 데이터를 집중적으로 분석한다면 방향부터 어긋나게 된다. 어떤 데이터가 과제와 관련성이 높은지, 어떤 데이터는 과감히 제외해야 하는지 구분하지 못하면 분석 결과는 현실과 어긋날 수밖에 없다. 이런 관련성은 동시에 분석 목적에 맞는 세부적인 정보를 담고 있어야 한다. 너무 일반적인 데이터나 너무 거친 수준의 데이터에서는 인사이트를 찾아내기 어렵다.

넷플릭스 사례를 보자. OTT 서비스들은 모두 시청 기록을 기반으로 콘텐츠 추천 시스템을 운영한다. 그런데 2016년 넷플릭스의 '자동 재생' 기능에 대한 불만이 쏟아졌다. 사용자가 하나의 콘텐츠를 다 보면 넷플릭스는 그와 관련된 다음 콘텐츠를 자동으로 재생했다. 자동 재생 기능은 사용자가 콘텐츠를 시청하면 다음에도 자동으로 연관 콘텐츠를 재생하는 서비스다. 이는 사용자가 리모컨을 들고 무엇을 볼까 고민할 시간을 줄여주자는 의도로 기획됐다. 하지만 현실은 달랐다. 사용자들은 원하지 않는 콘텐츠가 계속 자동 재생되는 것을 불편하게 느꼈다. 자동 재생은 '편의성'이 아니라 '강요'로 느껴진 것이다.

왜 이런 일이 발생했을까? 자동 재생 서비스의 맹점은 시청기록에 집중한 데 있었다. 시청기록은 분명 취향 분석에 매우 유용한 데이터다. 하지만 그 자체로는 맥락이 부족하다. 예를 들어 일정 기간 아이와 함께 아동용 콘텐츠를 계속 재생했다고 하자. 이 사용자가 이후 계속 아동용 콘텐츠만 보지는 않을 것이다. 즉 같은 시청기록 데이터도 시간대와 상황에 따라 취향이 다르다. 평일 밤에는 가벼운 예능, 주말 오전에는 아이와 함께 애니메이션, 혼자 있는 시간에는 다큐멘터리를 볼 수도 있다. 이런 맥락을 고려하지 않고 시청기록만 근거로 취향을 일반화하면 잘못된 추천으로 사용자 피로감만 쌓인다.

사실 데이터 품질 관리에서 흔히 다루는 일반적인 문제들(결측값, 이상치, 중복 데이터, 잘못된 데이터, 형식 불일치, 목적과 관계없는 데이터 등)은 전처리 과정을 통해 상당 부분 정리할 수 있다. 하지만 정말 조심해야 하는 나쁜 데이터는 따로 있다. 인간의 의도와 과신이 만든 데이터다. 의도와 과신이 개입하면 데이터 수집과 해석 과정에서 '체리 피킹cherry picking'이 일어나기 쉽다. 원하는 데이터를 고르고 원하는 방향으로 해석하고 상상한 대로 스토리가 만들어지면 그 결론에 강한 확신을 하게 된다. 하지만 실제로는 현실과 동떨어진 결론인 경우가 대부분이다. 이런 경우 매우 우수한 분석 툴을 사용해도 결론은 달라지지 않는다.

어떤 데이터를 사용하는가는 마케팅 가설의 구조를 바꾸는 수준의 영향을 미친다. 따라서 데이터 분석 전 어떤 지표를 사용해야 하는지 충분한 논의가 필요하다. 검토를 많이 할수록 분석 목적에 맞는 지표를 선택할 가능성이 높아지고 체리 피킹의 위험이 줄어든다.

1985년 코카콜라가 역사적 도전을 감행했다. 무려 99년간 유지해온 레시피를 변경해 '뉴코크New Coke'를 출시한 것이다. 코카콜라는 성공을 확신했다. 수백만 달러의 엄청난 비용을 투자해 수십만 명이 참여한 블라인드 테스트를 통해 '맛에 대한 검증'을 마쳤기 때문이다. 이 정도 근거면 성공을 확신하지 않는 쪽이 더 이상해 보였을 것이다.

하지만 뉴코크는 실패했다. 단지 잘 팔리지 않은 수준이 아니라 오히려 충성고객층의 분노를 일으키고 말았다. "우리가 사랑하던 코카콜라를 돌려달라"는 항의가 빗발쳤다. 뉴코크는 석 달도 못 버티고 시장에서 철수했다. 40여 년이 지난 지금도 뉴코크는 '마케팅 참사의 교과서'로 언급된다.

코카콜라가 이렇게까지 무리한 도전을 감행한 배경에는 경쟁사 펩시의 약진이 있었다. 펩시는 코카콜라보다 단맛이 강했고 젊은 층을 중심으로 인기를 끌며 점유율을 끌어올렸다. 코카콜라의 시장점유율은 50%에서 24% 수준까지 떨어졌고 주가 역시 흔들렸다. 몹시 당황한 코카콜라는 '소비자의 입맛과 취향이 변했다. 이제 사람들은 예전 코카콜라보다 더 달고 진한 맛을 원한다.'라는 결론을 내렸다. 그리고는 서둘러 레시피를 바꾸고 블라인드 테스트를 설계하고 가설을 검증했다.

문제는 바로 여기에 있었다. 전문가들은 이 실패의 핵심 원인으로 확증편향confirmation bias을 지적한다. 코카콜라는 펩시의 약진을 보며 '소비자의 입맛과 취향이 변했다'고 먼저 결론부터 내렸다. 그러다 보니 이후 조사와 실험은 모두 정해진 결론에 들어맞는 증거에 더 집중하게 된 것이다. 펩시의 단맛을 좋아하는 소비자도 있었다. 하지만 코카콜라를 지지하는 다수의 소비자가 진짜 원하는 것은 '더 단맛'이 아니라 오리지널 코카콜라가 계속 '코카콜라답게' 존재하는 것이었다. 그러나 처음부터 올바른 질문을 하지 않았기 때문에 엉뚱한 가설이 만들어진 것이다.

데이터는 전통적인 조사법과 감intuition에 의존한 의사결정의 한계를 보완할 수 있다. 그러나 인간의 인지적 편향성을 제거해주지는 않는다. 데이터는 현상을 있는 그대로 보여주지만 그 데이터의 해석은 여전히 인간의 몫이다. 똑같은 데이터를 가지고도 어떤 마케터는 소비자가 정말 원하는 제품을 만들고 또 다른 어떤 마케터는 '자기가 만들고 싶었던 제품'을 정교하게 포장한다.

어느 브랜드의 실제 실패 사례를 보자. 업계에서 손꼽히는 데이터 분석 시스템을 갖춘 회사였고 과거 연이은 성공사례도 있었다. 그래서 새로 출시한 신제품에는 업계의 관심이 집중됐다. 하지만 시장 반응은 냉담했다. 나오자마자 망했다는 말이 돌 정도였다. 마케터들이 실패 원인을 따져보고 내린 결론은 명확했다. 문제는 데이터가 아니라 데이터를 해석하고 의사결정을 내린 사람이다.

당시 해당 제품은 맛부터 패키지까지 데이터 분석으로 도출된 결과를 있는 그대로 반영했다. 가장 선호도가 높은 디자인, 가장 만족도가 높은 맛, 가장 선호되는 용량과 가격 등 말 그대로 가장 예쁜 눈, 코, 입, 얼굴형, 헤어스타일을 한 얼굴에 모두 모아놓은 셈이었다. 결과는 어땠을까? 기대만큼 아니, 전혀 예쁘지 않았다.

이런 결과가 나온 근본 원인은 바로 의사결정자의 의도다. 제품의 기획 목표는 분명했다. 단기간에 높은 매출을 올리는 것이다. 그러기 위해서는 전 세대에서 고르게 팔려야 한다. 그래서 SNS에서 화제가 될 수 있는 MZ세대 취향의 비주얼과 구매력이 높은 중장년층이 좋아하는 맛과 용량을 동시에 적용한 것이다. 이 과정에서 의사결정자는 자기 목표에 충실한 데이터에만 집중했다. 서로 다른 타깃의 데이터를 한데 묶고 연관성이 충분히 검증되지 않은 지표를 연결하고 그럴듯해 보이는 스토리를 완성했다. 그리고는 성공을 확신했다. 제품에 적용한 모든 요소는 각각의 테스트에서는 좋은 평가를 받았기 때문이다.

하지만 MZ세대도 중장년층도 이 제품을 선택하지 않았다. 과거 '뿌리고 기도하는 마케팅Spray and Pray Marketing' 시대에는 제품의 성공을 확신하는 경우가 많지 않았다. 불확실성이 크다는 것을 알고 있었고 여러 제품을 시도하다 그중 한두 제품이 성공하면 다행이라고 여겼다. 하지만 지금은 다르다. 데이터 덕분에 의사결정의 실수를 줄일 수 있고 성공 확률을 높일 수 있도 있게 됐다. 하지만 역설적으로 '성공을 확신하고 크게 망하는 사례'도 함께 늘어났다. 데이터가 종종 기존에 갖고 있던 믿음을 강화하는 역할을 하기 때문이다.

데이터가 인지적 편향성과 결합하면 '자기충족적 예언self-fulfilling prophecy'이 발생할 수 있다. 자기충족적 예언이란 자기 이론을 강화하는 데이터에 집중하고 많은 자원을 투입해 실행하고 성과가 현실화되면 다시 자기 믿음을 더 강화하게 되는 것을 말한다. 가령 의사결정자가 특정 세그먼트에 집중하기로 하면 그 세그먼트에 마케팅 자원과 예산이 집중되고 실제로 해당 세그먼트의 매출이 늘어난다. 그러면 의사결정자는 '역시 내 선택이 옳았다'며 자기 믿음을 강화한다. 그러나 이렇게 만들어진 성과는 데이터 분석의 승리가 아니라 '자원을 몰아줬기 때문에 일시적으로 튀어오른 결과'일 수 있다. 시간이 지나면 다시 원래의 평균 수준으로 회귀regression하는 경우가 많다.

데이터 기반의 모든 의사결정은 객관적이고 합리적이라고 믿기 쉽다. 하지만 그 안에서도 여전히 인간의 편향, 기존 신념, 확신의 심리가 작동한다. 데이터는 스스로 판단을 내리지 않는다. 의미와 가치를 해석하는 것은 언제나 분석자의 몫이다. 그래서 데이터 분석에서 진짜 중요한 것은 '숫자를 잘 보는 능력'보다 '변수들 사이의 관계를 파악하는 통찰력'이다.

이는 단순히 데이터 분석 능력만으로 도출되는 것이 아니다. 변수 간의 관계를 제대로 이해하고 적절하게 해석하기 위해서는 기본 역량이 필요하다. 예를 들어 도메인 지식이다. 해당 분야에 대한 깊은 이해가 없으면 데이터를 정확히 해석할 수 없다. 또한 사회적 문화적 이해도 필요하다. 데이터 분석은 단순히 수치나 알고리즘을 다루는 작업이 아니라 사람, 사회, 문화, 가치관과 깊은 연관이 있다. 그리고 무엇보다 '실패를 기억'하는 자세가 중요하다, 실패 이유를 냉정하게 복기하고 같은 실수를 반복하지 않도록 스스로를 경계하는 것은 데이터 시대의 마케터가 가져야 할 가장 중요한 덕목이다.

데이터 기반으로 의사결정할 때 이중 정검이 필요하다

우리가 데이터를 신뢰하는 이유는 대체로 네 가지다. 첫째, 실제로 관찰된 현상을 보여준다. 둘째, 측정(정량화)할 수 있다. 셋째, 정보의 출처가 분명하다. 넷째, 과학적 절차에 따라 수집되고 분석된다.

모두 옳은 말이다. 하지만 한 가지 중요한 사실이 빠져 있다. 이렇게 해서 얻은 분석 결과가 '진실'인지 아닌지는 알 수가 없다. 데이터 분석은 수학이 아니다. 같은 공식에 같은 숫자를 넣으면 항상 같은 답이 나오는 수학과 달리 데이터 분석은 어떤 데이터를 선택했는지, 어떤 방법으로 처리했는지, 어떤 관점으로 분석하고 해석했는지에 따라 얼마든지 다른 결론이 나온다.

데이터 분석은 과학적 방법론에 따라 다양한 데이터에서 의미를 뽑아내는 탐색의 과정이다. 패턴을 찾고 변수 간의 관계를 추적하고 가설을 세우고 다시 데이터를 통해 검증하는 순환을 반복한다. 이 과정에서 데이터의 특성, 분석프로세스, 해석자의 경험과 관점 등 많은 요소가 영향을 미친다. 그래서 같은 상황을 두고도 전혀 다른 결론이 나오는 것은 자연스러운 일이다.

데이터 분석의 목적은 변하지 않는 절대 진실을 발견하는 것이 아니라 '현실 문제를 해결하기 위한 실용적 통찰을 얻는 것'이다. 데이터 기반 의사결정은 불확실성을 줄이고 실수를 줄이고 더 나은 전략을 수립하게 돕는다. 하지만 분석 결과에 대한 맹신은 오히려 합리적 의사결정을 방해한다.

미국의 수학자이자 데이터 과학자인 캐시 오닐Cathy O'Neil은 2017년 테드TED에서 폭스뉴스의 채용 알고리즘 사례를 소개했다.

"1996년 설립된 폭스뉴스는 효율적인 고용 절차를 위해 머신러닝 알고리즘을 도입했다. 학습에는 과거 21년간 폭스뉴스에 지원한 지원자들의 데이터를 사용하기로 했다. 회사에서 성공적인 역할을 할 수 있는 사람을 선별하기 위해 폭스뉴스에서 4년 정도 근무하면서 적어도 한 번은 승진한 사람을 지표로 정했다. 자, 이 알고리즘을 지원자들에게 적용하면 어떻게 될까? 여성 지원자는 절대 합격하지 못할 것이다."

이와 같은 오류는 과거 데이터에서 성공한 직원의 절대다수가 남성이었고 알고리즘은 그 패턴을 '정답'으로 학습했기 때문이다. 이 사례가 보여주는 핵심은 '데이터는 언제나 옳다'는 믿음의 함정이다. 완벽한 데이터는 존재하지 않는다. 따라서 모든 분석은 어느 정도의 불완전성을 안고 있다. 이를 이해하기 위해 몇 가지 현실을 짚어보자.

첫째, 세상에 전수 데이터census data는 없다. 우리는 항상 전체가 아닌 일부 데이터를 보고 있다. 분석 결과는 전체 진실이 아니라 '표본이 보여주는 모습'이다. 통계에 잡히지 않는 소비자와 데이터 밖에 있는 니즈가 항상 존재한다.

둘째, 데이터는 제한적이다. 데이터라 해도 각 데이터는 부분적인 단면만 보여준다. 특정 채널에서 얻은 데이터는 그 채널을 이용하는 사람의 행동을 중심으로 구성된다. 한 가지 데이터에만 몰두하면, 마치 그것이 '세상의 전부'인 것처럼 오해하기 쉽다.

셋째, 분석은 사람이 한다. 데이터가 보여주는 것은 결국 0과 1이다. 그사이에 어떤 이야기를 집어넣을지는 분석자의 몫이다. 때로는 1+1=2가 아니라 1+1=4가 되는 결론이 나올 수도 있다. 그 결과가 치명적 실패가 될 수도 있고, 창의적 성공이 될 수도 있다.

빅데이터를 잘 사용하면 복잡한 문제의 구조를 명확히 이해하고 그에 맞는 현실적인 솔루션을 찾을 수 있다. 하지만 잘못 사용하면 오히려 경험과 직관에 근거한 의사결정보다 못한 결과를 낳기도 한다. 그래서 데이터 기반 의사결정에는 결론에 대한 이중 점검이 필요하다. 특히 '내가 원하던 대로 딱 맞는 결론이 나왔을 때'가 가장 위험하다. 이럴 때는 '데이터의 신뢰도는 충분한가?' '해석 과정에서 내 기대와 편향이 개입하지 않았는가?' '다른 관점에서 보면 전혀 다른 결론도 가능한가?'라고 반드시 되물어야 한다.

데이터를 잘 다루기 위해서는 '비판적 사고를 끝까지 유지하는 능력'이 필요하다. 데이터 분석은 다양한 관점, 반복적인 검토, 피드백의 순환을 통해 더 나은 결과를 낳는다.

인간은 언제나 데이터보다 훨씬 복잡한 존재다

롯데칠성의 자체 빅데이터 분석 모델은 소비자 행동 분석에 신용카드사의 구매 이력 데이터를 사용하지 않는다. 대신 엘포인트 L.POINT의 데이터를 사용한다. 엘포인트는 롯데멤버스가 운영하는 통합 멤버십 마일리지다. 엘포인트 회원이 제휴 카드나 롯데 계열사를 이용하면 포인트가 적립되고 그 과정에서 발생하는 구매 기록이 함께 축적된다. 즉 엘포인트 데이터만으로도 누가, 언제, 어디서, 무엇을, 어떻게 구매했는지 상당히 구체적인 구매 이력을 파악할 수 있다.

신용카드사 데이터와 멤버십 데이터는 표면적으로 크게 다르지 않아 보인다. 둘 다 카드 사용 기록을 기반으로 하고 성별, 연령, 소득 수준 추정이 가능하다. 그럼에도 굳이 멤버십 데이터를 택하는 이유는 하나다. 프라이버시 패러독스privacy paradox 리스크를 줄이기 위해서다.

디지털 시대의 핵심 자원은 데이터다. 기업들은 다양한 채널을 통해 수집한 데이터를 활용해 소비자 취향에 맞는 서비스와 제품을 제공한다. 데이터를 생산하고 제공하는 주체는 바로 소비자다. 사람들은 편리한 무료 서비스를 이용하기 위해 개인정보를 비교적 쉽게 제공한다. 하지만 그 개인정보가 어디까지 어떻게 누구에게 활용되는지를 알게 되는 순간 전혀 다른 감정을 느끼기도 한다. 프라이버시 패러독스란 '편리함을 위해 개인정보를 내어주는 것은 괜찮다고 느끼면서도 그 정보가 자신도 모르는 사이 다른 곳에서 활용되는 것은 강한 불쾌감과 위협으로 느끼는 모순된 심리'를 말한다.

신용카드사 데이터와 엘포인트 데이터의 차이는 정보의 내용보다 제공 과정에 대한 인식에 있다. 우리는 신용카드를 발급받을 때 길고 작은 글씨로 적힌 약관에 동의한다. 그 안에는 '개인정보를 제삼자에게 제공할 수 있다'는 내용도 포함돼 있다. 하지만 실제로 어떤 기업에 어떤 방식으로 어느 범위까지 정보가 제공되는지 구체적으로 상상하며 동의하는 사람은 거의 없다. 따라서 나중에 '내 개인정보가 내가 모르는 사이에 특정 기업의 마케팅에 사용되고 있었다'는 사실을 알게 되면 이를 환영하기보다는 상당한 거부감과 배신감을 느끼게 된다.

반면 엘포인트 데이터는 다르다. 소비자가 스스로 멤버십에 가입하고 롯데 계열사와 포인트를 주고받는 구조를 알고 있으며 '내가 이용하는 이 브랜드 안에서' 정보가 활용된다는 사실을 인식하고 있다. 정보의 내용은 비슷하더라도 '내가 직접 동의해 공유한 정보'와 '내가 미처 알지 못하는 사이 넘어간 정보'에 대한 감정은 전혀 다르다. 롯데칠성이 자체 멤버십 데이터를 사용하는 이유는 법적 책임을 피하기 위해서가 아니라 소비자의 부정적 감정이 우리 브랜드로 직접 향하는 것을 막기 위해서다.

프라이버시 패러독스는 데이터 활용에서 매우 민감한 양날의 검이다. 데이터를 마케팅에 활용할 때 언제나 함께 관리해야 할 리스크는 숫자가 아니라 사람의 마음이다. 가령 어떤 업체에서 개인정보 유출 사고가 발생했다고 하자. 설령 그 사고가 해당 업체의 직접적인 과실이 아니고 법적으로 책임이 없다고 하더라도 소비자 입장에서 중요한 것은 '내 정보가 안전한가?' '이 브랜드를 계속 믿어도 되는가?'라는 감정이다. 인간의 마음은 법과 규칙보다 느낌과 경험에 더 크게 영향을 받는다.

데이터 분석에 몰입하다 보면 어느 순간 마치 인간의 행동을 완벽하게 설명할 수 있을 것 같은 착각에 빠지기 쉽다. 온라인 검색 기록, 소셜 미디어에 남긴 말, 구매 패턴과 행동 로그를 보면 어느 순간부터 '사람들이 왜 이렇게 행동하는지 다 알 것 같다'는 기분이 들기도 한다. 하지만 행동경제학과 심리학은 계속해서 같은 사실을 보여준다. 인간은 중요한 경제적 의사결정조차 항상 합리적으로 하지 않는다. 비이성적인 판단, 감정에 휘둘린 선택, 순간적인 충동은 데이터 패턴만으로 설명하기 어렵다.

인간의 선택은 그날의 기분, 주변 사람들과의 관계, 사회적 분위기, 문화적 맥락 등 수많은 요인의 영향을 받는다. 우리는 소비자의 행동과 마음을 이해하기 위해 데이터를 분석한다. 하지만 잊지 말아야 할 점은 분명하다. 데이터는 인간을 설명하는 도구일 뿐이지 인간 자체는 아니다. 인간은 언제나 데이터보다 훨씬 더 복잡한 존재다.

그래서 데이터를 잘 다루려면 통계와 알고리즘에 대한 이해뿐 아니라 인간과 사회에 대한 이해가 함께 필요하다. 데이터는 사람을 더 깊이 이해하기 위한 보조 도구에 불과하다. 이 사실을 잊지 않고 항상 신중하고 겸손한 태도를 유지할 때 비로소 데이터의 진정한 가치를 마케팅에서 제대로 활용할 수 있게 된다.

4
정량×정성×서베이
원칙으로 의사결정하자

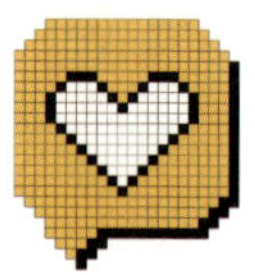

노키아는 한때 핀란드 경제의 영웅이었다. 1990년대 후반부터 무려 14년간 세계 모바일 시장 1위를 지켰고 세계 최초로 스마트폰을 개발했을 정도로 기술력도 뛰어났다. 하지만 노키아는 애플의 아이폰에 밀려 스마트폰 시장에서 철수했다. 노키아의 실패는 소비자의 진짜 니즈를 읽지 못했기 때문이다. 2007년 아이폰이 등장해 비즈니스 생태계를 뒤흔들기 시작했을 때 노키아는 여전히 굳건하게 세계 1위를 유지하고 있었다. 특히 1위를 지탱해주는 가장 큰 시장 중국에서 피처폰을 중심으로 저소득층 시장을 거의 싹쓸이하고 있었다.

2009년 노키아는 새로운 마케팅 전략을 위한 소비자 조사를 시작했다. 조사는 데이터 인류학자 트리시아 왕Tricia Wang이 맡았다. 그는 중국의 저소득층 100명을 근접 관찰하는 '인류학적 관찰 조사Ethnographic Research'를 진행했고 수개월 후 보고서를 완성했다.

노키아 중국 스마트폰 시장점유율(2010~2012년)

연도	노키아 점유율(중국 스마트폰 시장)	출처
2010	약 33~40%	가트너
2011 1분기	약 24%	SAStrategy Analytics
2011 4분기	약 12%	로이터, 포브스
2012 4분기	약 3.7%	Canalys

내용의 핵심은 두 가지였다. 첫째, 노키아의 타깃인 저소득층 소비자들도 자기 월급보다 비싼 고가의 아이폰을 구매할 의사가 충분히 있다. 둘째, 저소득층을 겨냥한 저가형 스마트폰으로 전략을 즉시 수정해야 한다.

그러나 노키아는 보고서의 내용을 무시했다. 당시 노키아는 무려 1억 명 규모의 데이터를 기반으로 나름의 결론을 내렸다. 첫째, 중국의 저소득층이 고가의 스마트폰을 구매하려면 더 오랜 기간이 필요하다고 보았다. 둘째, 노키아 피처폰을 사용하는 중국의 거의 모든 저소득층은 자연스럽게 노키아의 구식(버튼식) 스마트폰(심비안 OS)으로 이동할 것으로 생각했다. 노키아의 안이한 판단의 근거는 1억 명의 데이터였다. 아무리 데이터를 들여다봐도 타깃 소비자의 이탈 위기 신호를 발견할 수 없었다. 고작 100명의 관찰조사 결과를 토대로 전략을 바꿀 필요는 느끼지 못한 것이다. 하지만 노키아의 데이터에는 큰 맹점이 있었다. 1억 명의 데이터는 이미 노키아 폰을 쓰는 사람들의 수치를 보여줄 뿐 '심리적 변화'는 담겨 있지 않았다.

실제로 노키아는 2010년까지 자사의 구식 스마트폰으로 중국

노키아 몰락의 타임라인(2009~2011년)

연도	주요 사건과 상황
2009년	트리시아 왕의 조사: 중국 전역을 돌며 노동자, 노점상 등 저소득층 관찰한 뒤 '가난한 사람들도 스마트폰을 원한다' 결론 도출
2010년	노키아의 거부 : '자신들의 데이터와 다르다'라는 이유로 경고를 무시
2011년	위기의 현실화 : 중국 내 저가 안드로이드폰 폭발적 보급. 노키아 중국 점유율 1년 만에 약 50% 감소

스마트폰 시장 1위(33~40%)를 유지했다. 그러나 불과 1년 후 2011년에는 절반 이하로 급격하게 떨어졌고(12%) 2012년은 3.7%로 추락했다.

노키아는 2009년 트리시아 왕의 경고를 무시한 후 약 1년 동안 워낙 압도적이었던 피처폰 물량 덕분에 시장에서 버틸 수 있었지만 끝은 급격한 하락이었다. 고가의 아이폰은 계속 성장했고 중저가 시장은 다른 브랜드에게 빼앗겼다. 2012년 노키아는 중국뿐 아니라 글로벌 시장에서 동시에 지위를 잃었다.

노키아의 오판은 정량적 데이터에 매몰된 결과다. 지금 당장 저소득층 소비자가 저가 피처폰을 구매하는 것이 곧 고가 스마트폰에 대한 욕구가 없는 것으로 해석될 수는 없다. 그러나 노키아는 눈앞의 정량적 데이터를 절대적 기준으로 삼았고 그 데이터가 보여주지 않는 소비자의 마음까지 함께 부정해버렸다.

한편 정량 데이터만 함정이 있는 것은 아니다. 정성 데이터도 위험은 있다. 2017년 미국 펩시 광고는 그 좋은 예다. 펩시가 제작한 광고는 미국 MZ에게 가장 영향력 있는 모델로 꼽히는 켄달 제너 Kendall Jenner가 시위 현장에 등장하는 것으로 시작됐다. 대립이 격화되는 분위기 속에서 아름다운 모델이 경찰들에게 펩시를 건넨다. 광고는 '갈등을 해결하고 평화를 가져오자'는 메시지를 분명하게 담았다. 그러나 소비자 반응은 정반대였다. 많은 사람이 이 광고가 사회적 정의와 인권 운동을 가볍게 소비하고 '하찮게 보이게trivialize' 만든다고 느꼈다. 광고는 거센 비난 속에 서둘러 철회됐다.

이 광고의 전략적 목표는 '소셜 미디어에서의 빠른 파급력'이었다. 당연히 사전에 소셜 데이터 분석을 진행해 사람들의 감정적 반응을 많이 일으키는 이슈와 키워드를 찾아냈다. 당시 미국에서는 다양한 사회운동과 관련된 논의와 지지가 활발했다. 데이터는 이를 정확히 포착했다. 예측대로 광고는 소셜 미디어를 뜨겁게 달궜지만 방향이 완전히 틀렸다. 소비자들은 광고가 전달하려는 메시지가 아니라 그 메시지를 상업적 목적으로 활용한 '마케팅 의도'를 먼저 읽었다. 사회운동에 대한 긍정적인 소셜 반응이 곧 브랜드 호감으로 이어질 것이라는 안이한 가정이 만든 참사였다.

이처럼 데이터 분석 결과와 실제 소비자 반응이 일치하지 않는 사례는 생각보다 많다. 데이터로 소비자를 이해하는 일은 생각보다 훨씬 어렵다. 데이터는 인간의 행동을 숫자나 패턴으로 '표현'할 뿐 그 행동을 낳은 사고의 과정과 맥락을 온전히 설명해주지는 못하기 때문이다. 설문조사 데이터는 소비자의 인식과 태도를 보여주고 구매 이력 데이터는 실제 구매 행동을 반영하며 웹사이트 방문 기록은 관심사와 의도를 나타낸다. 소셜 데이터는 감정적 반응, 트렌드, 그리고 특정 행동을 일으킨 무의식적 욕구를 드러낸다. 이 모든 데이터는 각각 다른 면에서 '같은 사람'을 묘사한다. 어느 하나만으로는 소비자를 입체적으로 이해하기 어렵다. 그래서 서로 다른 데이터 소스를 결합하고 비교하고 교차 검증하는 과정이 반드시 필요하다.

트라이앵글 프로세스로 육하원칙의 스토리를 완성한다

마케터가 매일 끌어안고 있는 수많은 고민은 사실 딱 두 가지 단어로 압축된다. 하나는 '소비자consumer'이고 다른 하나는 그들의 '욕구needs'다. 현재 우리의 소비자는 도대체 어떤 모습으로 존재하고 있을까? 그리고 현재 그들의 니즈는 어떤 언어와 행동으로 표현되고 있을까? 소비자 조사는 결국 소비자를 관찰하는 일이며 소비자 분석은 이 두 질문의 답을 찾아가는 과정이다.

어떤 관점으로 접근하는가에 따라 소비자는 전혀 다른 이야기를 들려준다. 기존의 소비자 분석은 대부분 매출을 기준으로 진행됐다. 소비자가 실제로 구매한 금액이나 수량을 기준으로 소비자 행동을 바라보는 방식이다.

- 누가 '구매'했는가?
- 언제 '구매'했는가?

- 어디서 '구매'했는가?
- 무엇을 '구매'했는가?
- 어떻게 '구매'했는가?
- 얼마나 '구매'했는가?

이 질문들의 목적은 시장에서 특정 제품이나 서비스가 '얼마나 잘 팔리고 있는지'를 파악하는 것이다. 매출 데이터를 통해 시간대, 계절, 프로모션에 따른 구매 패턴을 확인하고 우수 고객을 식별해 맞춤형 마케팅 전략을 세울 수 있다. 또 수익성이 좋은 제품과 서비스의 조건을 파악해 상품을 개선하거나 신제품 전략을 수립할 수 있다.

하지만 이런 기업 중심의 분석은 소비자 행동의 다양한 동기를 충분히 반영하지 못한다. 왜 그 제품을 선택했는지와 그 선택을 통해 어떤 가치를 얻고 싶은지는 보이지 않는다. 소비자가 무엇을 원하는지 알지 못하면 당장 매출은 관리할 수 있어도 장기적으로 관계를 유지하고 확장하는 전략은 설계하기 어렵다. 현재 팔리고 있는 제품 위주로만 생각하게 되고 아직 상품으로 구현되지 않은 잠재 시장을 놓치게 된다.

진정한 의미의 소비자 분석은 소비자 관점에서 소비자를 이야기하는 일이다. '구매자'가 아니라 '사용자'의 일상을 있는 그대로 관찰해야 한다. 이때 역시 기본은 육하원칙이다.

- 누가 '사용'했는가?
- 언제 '사용'했는가?

- 어디서 '사용'했는가?

- 무엇을 '사용'했는가?

- 어떻게 '사용'했는가?

- 왜 '사용'했는가?

육하원칙은 주관적 해석을 최소화하고 현상을 명료하게 파악하기 위한 기본 틀이다. 간결하고 정확한 정보 구조를 만들면 같은 사건도 다양한 각도에서 다시 볼 수 있고 그 안에서 본질과 통찰을 발견할 수 있다.

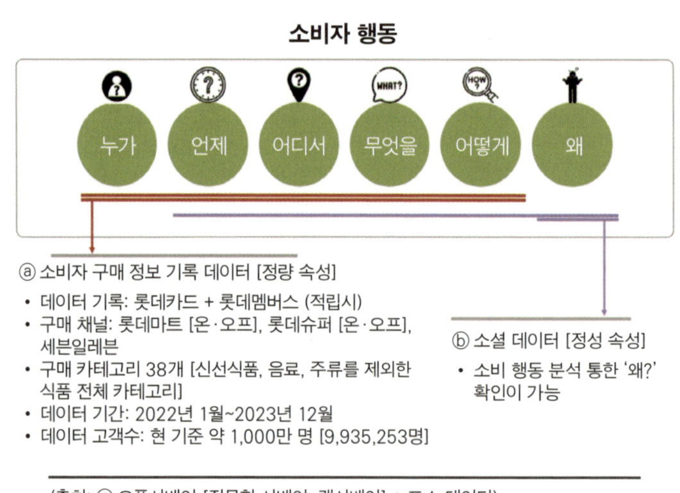

'누가'라는 질문은 특정 행동의 주체에 대한 이해를 요구한다. 사회, 문화적 배경, 생활환경, 심리적 특성까지 함께 고려해야 진짜 의미의 '타깃'이 보인다. '언제'와 '어디서'는 행동이 발생한 시간과 공간, 즉 상황의 콘텍스트를 설명한다. 같은 행동도 장소와 상황에 따라 전혀 다른 의미가 있다. '어떻게'는 행동의 방식과 과정에 관한 질문이다. 사람들은 어떤 방법으로 문제를 해결하고 목표를 달성하려 하는가? 여기에 '왜'를 더하면 행동의 이유와 동기가 드러난다. 특히 타이밍은 매우 중요하다. 인간의 행동은 시간에 따라 달라지고 같은 사람도 시기와 맥락에 따라 전혀 다른 선택을 한다.

■ 서베이X정성X정량 데이터를 결합하라

육하원칙은 정보의 완결성을 결정한다. 하나의 요소라도 빠지면 소비자 행동을 제대로 이해하기 어렵다. 그러나 어떤 데이터도 혼자서는 육하원칙을 모두 충족시키지 못한다.

정량 데이터는 소비자 구매 행동의 '결과'를 기록한다. 대표적으로 구매 행동 데이터는 구매 전후의 활동과 행동을 보여주고 구매 이력 데이터는 실제로 구매된 품목, 날짜, 가격, 수량, 결제수단 등을 보여준다. 이를 잘 엮으면 '누가, 언제, 어디서, 무엇을, 어떻게' 구매했는지 이야기 형식으로 재구성할 수 있다. 하지만 '왜' 그렇게 행동했는지는 알 수 없다. 커피와 우유를 항상 함께 사던 소비자가 어느 날부터 왜 우유만 사는지나 우리 브랜드 생수를 꾸준히 사던 고객이 언제부터 경쟁사 제품으로 갈아탔는지는 정량 데이터만으로는 행동의 동기를 파악하기 어렵다.

정성 데이터의 핵심은 바로 이 '왜'에 대한 실마리다. 소셜 데이터는 '언제, 어디서, 무엇을, 어떻게, 왜' 했는지를 가공되지 않은 표현으로 보여준다. 하지만 개인에 대한 정보는 불완전하다. 글을 쓴 사람이 누구인지, 나이와 지역과 소득 수준이 어떤지 정확히 알기 어렵다.

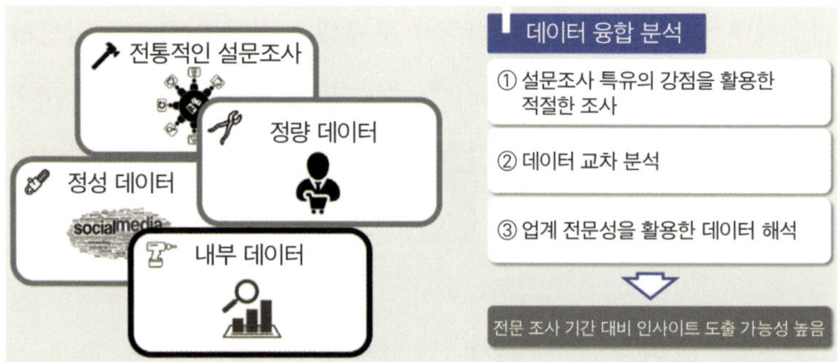

전통적인 설문조사는 육하원칙을 모두 충족하는 데이터 수집이 가능하다. 우리가 묻고 싶은 내용을 직접 질문할 수 있기 때문이다. 하지만 동시에 질문 설계의 오류, 응답 편향 가능성, 샘플 규모와 대표성의 한계라는 리스크를 안고 있다.

그래서 정량 데이터, 정성 데이터, 설문 데이터는 서로의 빈틈을 메워주는 관계다. 세 가지 데이터를 결합하고 서로 검증하는 과정이 필요하다. 이것이 바로 '트라이앵글 프로세스'다. 일반적으로 데이터 분석이라고 하면 정성 데이터(소셜, 리뷰 등)와 정량 데이터(구매, 매출 등)의 분석을 떠올리지만 여기에 서베이를 더해 삼각 측량하듯 방향과 위치를 잡는 것이다.

데이터 분석 프로세스에 설문조사가 포함돼야 하는 이유는 서베이만의 장점 때문이다. 모바일을 활용하면 수천 명 단위의 타깃 소비자를 대상으로 폭넓은 조사가 가능하고 특정 주제로 심층 인터뷰를 진행해 깊은 정성 데이터를 얻을 수도 있다. 특히 대중적 제품이 아니거나 데이터로 충분히 포착되지 않는 니즈를 검증할 때 패널 조사는 큰 힘을 발휘한다. 자사 브랜드에 호감이 있고 사용

소비자 이해를 위한 데이터 분석 프로세스의 예

[전통 조사 기법: 질문과 대답] [추가 조사 기법: 데이터 활용 소비자의 언급·행동 관찰]

소비자 조사	정성 데이터	정량 데이터
소비자 조사의 조직 역량화 [내재화] – (업체 의뢰 대비) 내재화로 '비용과 기간' 효율화 – 내부 조직원 역량 강화	• 소비자의 기억과 인식 한계 따른 응답 문제 보완 • 브랜드 인지, 경쟁력, 제품 소비 상황 분석 • 니즈와 미충족 욕구 분석 ▸ 소비자 언어 기반 제품·메시지 전략 수립 가능	• 구매 행동 데이터 – 브랜드 충성도: 신규 구매자, 재구매자 – 브랜드 경쟁: 경쟁 브랜드 간 스위칭 • 카테고리 스위칭 – 가격·프로모션 영향도 분석

조사 툴과 내용

• 타깃 맞춤 자체 패널 구축: 5,000명

조사 툴과 내용

• 기초 데이터 : 각 주요 소셜 채널 데이터
• 언급량 추이 분석, 긍부정·연관어 분석

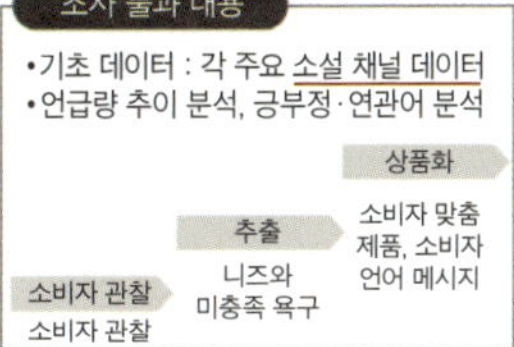

조사 툴과 내용

• 기초 데이터: 롯데멤버스 [카드 구매 데이터] 약 1,000만 명 [950만] 구매자 데이터
• 범위: 푸드 카테고리 [음료·주류·신선 제외]
• 채널: 마트, 슈퍼, 편의점

명확한 구매층 행동 이해
제품, 영업, 프로모션 전략 수립
소비자 장바구니 관찰

경험이 있는 사람들로 패널을 구성하면 조사 품질이 높아질 뿐 아니라 매번 표본을 새로 모집하는 비용도 크게 줄어든다. 롯데칠성과 롯데웰푸드는 약 5,000명 이상의 자체 패널을 운영하며 필요에 따라 규모를 확장하고 장기간 활동 시 생길 수 있는 편향을 줄이기 위해 주기적으로 패널을 새로 구성한다.

■ 데이터들이 가리키는 하나의 방향을 보라

트라이앵글 프로세스의 핵심은 '상호 결합'과 '상호 검증'이다. 정량, 정성, 서베이가 순차적으로 한 줄로 서 있는 것이 아니라 프로젝트의 목적과 상황에 따라 순서와 역할이 계속 바뀐다.

예를 들어 설문조사는 기본적으로 질문과 답변의 구조를 가지므로 편향 가능성이 항상 존재한다. 그래서 대개는 제품과 서비스 콘셉트 점검이나 전략의 최종단계에서 소비자 반응을 확인하는 용도로 활용된다. 반대로 시장에 존재하지 않는 완전히 새로운 아이디

데이터 트라이앵글

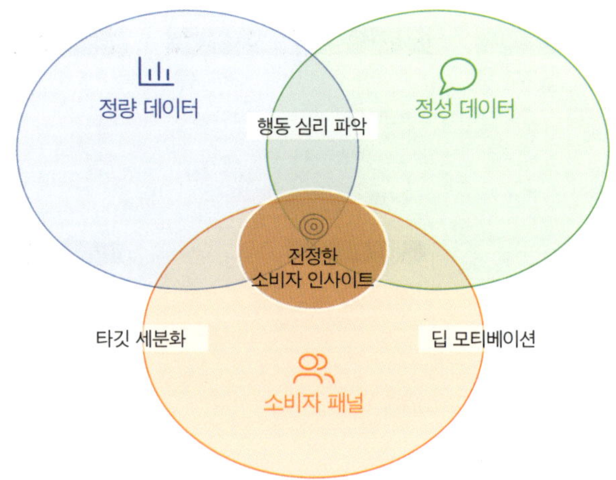

데이터(정량)는 현상을 보여주고 인터뷰(정성)는 이유를 말해주며 패널은 그 주체를 증명한다. 정량, 정성, 패널 조사가 동일한 방향을 가리킬 때 비로소 필승의 가설이 성립된다.

어를 테스트할 때는 오히려 설문이나 FGI를 먼저 진행하기도 한다. 소비자가 한 번도 사용해본 적 없는 제품에 대한 데이터는 당연히 없기 때문이다. 이때는 직접 질문하고 대답을 듣고 표정과 반응을 관찰하며 아이디어의 방향성을 잡는다.

트라이앵글 프로세스는 각기 다른 언어를 쓰는 데이터를 하나의 소비자로 재구성하는 과정이다. 숫자로 표현된 소비자, 문장으로 표현된 소비자, 응답지 위의 소비자를 하나의 모습으로 합쳐야 한다. 출처도 형식도 다른 데이터들을 모으고 분류하고 분석하며 의미 있는 맥락을 연결하는 동안 우리는 계속 같은 질문을 반복한다. "이 셋이 같은 방향을 가리키고 있는가?"

정량 데이터가 오른쪽을 향해 있을 때 정성 데이터도 오른쪽을 가리켜야 한다. 둘의 방향이 다르면 둘 다 의심해야 한다. 정성과

정량 분석 결과의 흐름이 일치할 때 마지막으로 서베이를 통해 확인한다. 데이터 분석과 서베이 결과까지 같은 방향을 가리키면 비로소 '진실에 가까운 사실'이라고 판단할 수 있다.

이 과정은 생각보다 훨씬 손이 많이 간다. 한 번에 답이 나오지 않는다. 수십 번 쓰고 버리고 다시 쓰는 과정을 거친다. 분석에만 평균 한 달 정도가 걸린다. 그 과정에서 버려지는 파일만 수백 메가바이트에 이른다. 의미가 모호하거나 검증이 되지 않는 데이터는 과감히 삭제한다. 남은 정보에서 공통성과 대표성을 확인하고 육하원칙에 따라 가설을 세운다. 그 가설을 바탕으로 제품과 서비스의 콘셉트를 기획하고 모바일 서베이와 갱서베이 등으로 최종 검증을 거치면 비로소 신제품 출시를 위한 준비가 마무리된다.

데이터의 성격부터 알아야 분석이 시작된다

마케팅이 데이터를 적극적으로 활용하면서 달라진 점 중 하나는 이른바 '될 놈'을 만들 수 있는 창조적 아이디어를 발굴할 기회가 눈에 띄게 많아졌다는 것이다. 과거 신제품 아이디어 발굴은 브랜드 매니저BM의 개인 역량에 크게 의존했다. 시즌마다 300개 가까운 아이디어를 냈고 관련 부서가 모여 '될 만한 것'을 골라 제품으로 만들었다. 이후에는 그야말로 '기우제'를 지내는 심정으로 매출 추이를 지켜봤다. 10개 신제품 중 겨우 1개가 시장에 안착하면 잘한 편이었고 한때 '대박'이라고 불렸던 제품도 6개월을 넘기지 못하는 경우가 더 많았다.

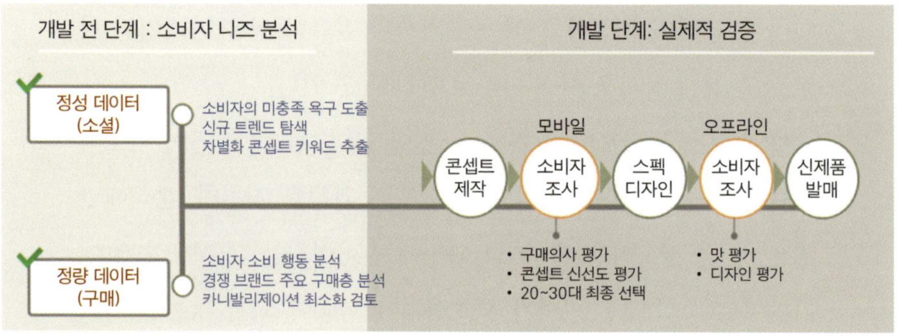

소비자 니즈 기반 신제품 개발 프로세스 운영

창조적 아이디어란 단순히 새롭고 튀는 콘셉트가 아니다. 실제 문제를 해결하거나 의미 있는 가치를 만들어내는 아이디어다. 이런 아이디어는 누군가의 기발한 상상력이나 천재적 영감으로 갑자기 만들어지지 않는다. 창조적 사고는 일상에서 벌어지는 현상을 정확하게 관찰하는 데서 시작된다. 현상을 제대로 이해해야만 새로운 통찰이 나오고 통찰에서 아이디어가 탄생한다. 현상에 대한 이해가 부족하면 아이디어는 표면을 맴돌 뿐이고 현실성이 떨어진다.

데이터는 창조적 아이디어의 좋은 토양이 된다. 그건 수백만에서 수천만 명의 말과 행동을 기록한 데이터 덕분에 현상을 '객관적'으로 볼 수 있기 때문이다. 수치와 텍스트를 통해 사람들의 반복되는 행동과 감정을 읽다 보면 그 안에 숨어 있는 불편함과 욕구가 서서히 윤곽을 드러낸다.

신제품 개발이든, 라인 확장이든, 브랜드 확장이든, 광고 전략이든, 신시장 개척이든 출발점은 같다. 데이터 분석, 즉 소비자 관찰을 통한 미충족 욕구 발굴이다. 그리고 그 출발선에서 가장 먼저 해야 할 일은 '지금 내가 다루고 있는 데이터가 어떤 특성을 가진

SNS 1.0	SNS 2.0	SNS 3.0
연결하라	라이프스타일을 보여줘라	목소리를 내라
연결	인증 배지	#챌린지
마이스페이스, 페이스북	인스타그램, 트위터	인스타그램, 트위터, 틱톡, 유튜브
• 지인 기반 네트워크 • 기념일·추억 공유 • 같은 학교·지역·회사 사람들과의 소통	• 불특정 다수와 연결 • '인플루언서' 등장 • 인플루언서와의 커뮤니케이션 가능 • 같은 관심사를 가진 사람들과 소통 • 개인의 일상, 라이프스타일, 취향을 공유	• 일반인 주도의 SNS 사회 운동 시작 • 같은 신념을 가진 사람들과 연대 • 자신의 목소리를 내기 • 챌린지를 통한 참여 • 해시태그의 확장

데이터인가?'를 이해하는 것이다. 데이터의 특성을 이해해야 적절한 분석 방법과 적용 방식을 선택할 수 있다.

■ 정성적 데이터의 특성

정성 데이터는 구조화되지 않은 비정형 데이터다. SNS 글, 온라인 리뷰, 인터뷰, 기사, 이미지 등이 대표적이다. 미리 정의된 틀에 맞춰 정리된 데이터가 아니기 때문에 수집과 분석에 시간과 비용이 많이 든다. 대신 사람들의 말과 행동에 깃든 맥락과 감정을 가장 풍부하게 담고 있다.

정성 데이터의 주요 특성은 세 가지가 있다. 첫째, 주관성이다. 관찰자와 분석자의 해석에 따라 의미가 달라질 수 있다. 둘째, 범주화 가능성이다. 일정 기준에 따라 주제, 행동, 감정 등으로 분류할 수 있다. 셋째, 서술성이다. 문장, 단어, 이야기 형태로 표현되며 숫자가 아닌 '언어'로 정보를 전달한다.

측정은 소셜 데이터 분석, 리뷰, 인터뷰 수집 등 '관찰'을 통해 이루어진다. 분석 단계에서는 텍스트 분석, 키워드·연관어 분석, 긍·부정 분석, 주제·패턴 분석 등을 통해 맥락과 의미를 읽어낸다. 활용 영역은 주로 현상 해석, 소비자 행동 이해, 트렌드 파악, 사용자 경험 분석, 욕구·미충족 욕구 도출, 맞춤 전략과 제품기획이다.

소비자들이 소통하는 채널이 진화할수록 우리가 읽어낼 수 있는 정성 데이터의 가치는 비약적으로 상승한다. 온라인 커머스에서 블로그와 SNS로 이어지는 흐름은 단순한 채널의 이동이 아니라 '소비자의 진심'에 다가가는 과정이다. 1단계는 온라인 커머스(만족도의 데이터)다. "좋아요" "배송 빨라요"처럼 구매 결과에 대한 짧은 피드백이 주를 이룬다. 이들은 현상을 확인하는 기초적인 정성 데이터이다. 2단계는 블로그(경험과 맥락의 데이터)다. 소비자가 제품을 '어떻게' 활용했는지 구체적인 시나리오가 등장한다. 마케터가 미처 생각지 못한 새로운 용도나 소비 패턴이 발견되는 지점이다. 3단계는 SNS(정체성과 무의식의 데이터):다. 제품을 소비하는 '나'의 모습을 전시한다. 사진 한 장, 해시태그 하나 속에 소비자가 제품을 통해 도달하고 싶은 '기대 가치'가 고스란히 담겨 있다. 가장 날것의 정성 데이터이자 소비자의 무의식에 가장 근접한 정보이다.

마케터가 경계해야 할 것은 설문조사 속에 숨겨진 소비자의 '착한 답변'이다. 소비자는 의도된 질문 앞에서 의식적으로든 무의식적으로든 답변을 꾸며내기 때문이다. 하지만 SNS라는 개인의 영역은 다르다. 누구의 강요 없이 자발적으로 기록한 데이터에는 조작되지 않은 날것 그대로의 진실이 담겨 있다. 텍스트뿐만 아니라 이모지(그림문자), 이미지, 영상 등 비정형 데이터 속에 숨겨진 미세한 '감정의 결'은 숫자가 결코 포착할 수 없는 마케팅의 결정적 힌트가 된다.

■ 정량적 데이터의 특성

데이터 마케팅의 세계에서 정량적 데이터는 마케터의 발을 단단히 땅에 딛게 만드는 '중력'과 같다. 마케팅 현장에서 숫자는 주관적인 판단이나 개인의 취향을 배제하고 우리가 현재 어느 지점에 서 있는지와 시장이라는 거대한 흐름이 어느 방향으로 움직이는지를 가장 객관적으로 보여주는 지표가 된다.

정량적 데이터의 가장 큰 특징은 "얼마나 많이 발생하는가?"라는 질문에 명확한 답을 준다는 것이다. 이는 동일한 기준으로 비교할 수 있도록 표준화돼 있기에 가능한 일이다. 정량적 데이터는 마케팅 부서 내에서 혹은 타 부서와의 협업 과정에서 리더의 '감'이나 주니어의 '아이디어'가 아닌 '데이터'로 소통하게 만드는 강력한 공용어 역할을 한다.

또한 대규모 표본을 다루기 때문에 전체 시장의 흐름을 일반화하는 데 매우 유리하다. 동일한 조건에서 측정했을 때 유사한 결과가 도출되는 '재현성' 덕분에 의사결정 시 발생할 수 있는 리스크를 수치적으로 통제하고 조정할 수 있다. 가령 수천억 원 규모의 설비 투자를 결정하거나 신제품의 대량생산을 결정할 때 명확한 숫자가 뒷받침되지 않은 확신은 위험한 도박과 다름없다.

현대 마케팅에서 이러한 정량적 데이터는 크게 두 가지 경로를 통해 수집된다. 첫째는 소비자의 발자국이라고 표현하는 '행동 데이터'다. 포스POS 매출 기록부터 웹사이트의 클릭률CTR, 장바구니 전환율, 재구매 주기 등이 여기에 해당한다. 이는 상관관계 분석이

나 회귀분석 등을 통해 소비 패턴을 읽어내는 기초가 된다. 둘째는 의도적인 질문을 통해 얻는 '조사 데이터'이다. 브랜드 인지도, 순추천지수NPS, 5점 척도 만족도 조사 등이 대표적이다. 비록 소비자의 답변이 실제 행동과 다를 수 있다는 한계는 있다. 하지만 기술 통계 분석과 가설 검정을 통해 시장의 전반적인 만족도와 인식을 가늠하는 중요한 척도가 된다.

정량적 데이터는 실무에서 전방위적으로 활용된다. 과거의 매출 추이와 시의성 데이터를 결합해 향후 재고 운영과 생산 계획을 세우는 '수요 예측'이 대표적이다. 또 마케팅 캠페인을 집행할 때 두 가지 시안 중 어떤 것이 더 높은 전환율을 보이는지 수치로 검증하는 'A/B 테스트'는 마케팅 효율을 최적화하는 데 필수적이다. 더 나아가 가격 변동에 따른 판매량 변화를 분석해 최대 수익을 낼 수 있는 '최적 가격점'을 찾아내는 가격 탄력성 측정에도 숫자는 결정적인 역할을 한다.

그러나 정량적 데이터가 만능은 아니다. 숫자는 성과를 입증하고 미래의 불확실성을 통제하는 데 탁월하며 알고리즘을 통한 실시간 자동화 마케팅을 가능하게 한다. 하지만 한계도 분명하다. '무엇what'이 일어났는지는 보여주되 소비자가 '왜why' 그렇게 행동했는지는 설명하지 못한다. 따라서 숫자로 환산되지 않는 브랜드의 품격이나 소비자의 미묘한 감정 변화를 놓칠 수 있다. 그리고 수집 환경에 따라 소비자의 진짜 마음을 왜곡하는 잘못된 정보, 즉 소음noise이 섞일 수 있다는 점은 마케터가 늘 경계해야 할 부분이다.

정량 데이터 분석은 '숫자로 지도를 그리는 과정'이다. 숫자(정략적 데이터)로 지도를 그리고 그 지도를 바탕으로 소비자의 목소리

정량적 데이터의 특징

구분	주요내용	비고
핵심 특성	객관적, 표준화, 통계적 유의미성(일반화), 재현성	의사결정의 리스크 통제 구도
측정 방법	행동 데이터: 매출, 웹사이트 클릭률, 전환율, 재구매 주기 조사 데이터: 인지도, 순추천지수, 만족도 조사	실제 행동 대 주관적 인식 측정
분석 방법	상관관계 분석, 회귀 분석, RFM 분석, 가설 검정 (T-테스트 등)	'무엇What'이 일어났는지 규명
활용 분야	수요 예측, A/B 테스트, 가격 탄력성 측정, 성과 입증	마케팅 효율 최적화와 전략 수립
장점	명확한 비교 가능, 설득력 있는 보고, 시스템 자동화 용이	데이터 드리븐 의사결정의 근거
단점	발생 '원인Why' 설명 부족, 감성적 가치 누락 위험, 데이터 노이즈	맥락 파악의 한계

(정성적 데이터)를 찾아 나선다. 다시 그 목소리에서 진짜 마음을 찾아내면 문제를 제대로 해결할 수 있다. 실제 사례를 보자. 모 식품사가 큰 기대를 품고 저당 요거트를 출시했다. 그런데 시장의 초기 반응이 예상보다 좋지 않았다. 이때 담당 마케터가 가장 먼저 확인한 것은 바로 포스POS 데이터였다. 소비자 행동을 관찰한 것이다. 살펴보니 타깃 소비자층인 2030세대 여성의 초기 구매율은 높았지만 일반 제품 대비 재구매율이 40%나 낮았다. '신규 고객 유입에는 성공했지만 유지Retention에는 실패했다'를 확인해주는 정량적 팩트다. 마케터는 바로 이 현상을 토대로 '맛에 대한 불만족이나 가격 저항이 있을 것'이라는 가설을 세웠다. 그리고 정성 조사를 통해 '건강엔 좋지만 먹고 난 후 텁텁함이 느껴진다.' 소비자의 마음을 확인할 수 있었다. 결국 마케터는 레시피 보완을 통해 재구

매율을 반등시켰다.

　정량적 데이터는 마케팅이라는 망망대해에서 우리가 길을 잃지 않도록 붙들어주는 '나침반'과 같다. 하지만 나침반이 목적지를 가리킨다고 배가 저절로 목적지에 닿는 것은 아니다. 시시각각 변하는 파도의 결을 읽고 바람의 미세한 냄새를 맡으며 키를 조절하고 방향을 고쳐 잡아야 한다. 숫자가 보여주는 차가운 현상 이면에는 언제나 '뜨거운 사람의 욕구'가 존재한다. 데이터라는 딱딱한 껍질을 벗기고 그 안에 숨겨진 마음의 온기를 읽어내야 비로소 옳은 길을 찾을 수 있다. 정량적 데이터라는 뼈대에 소비자의 진심이라는 근육이 붙으면 데이터는 살아 있는 무기가 된다.

소비자의 장바구니 속에 성공의 힌트가 있다

　정량 데이터는 마케팅 전략에서 매우 중요한 역할을 한다. 소비자의 행동, 선호, 구매 패턴을 구체적이고 측정이 가능한 형태로 보여주므로 전략을 최적화하고 실행 효율을 높일 수 있다.

　구매 이력 데이터는 소비자가 실제로 어떤 제품을 언제, 얼마나 자주, 어느 채널에서 구매했는지를 보여준다. 여기에 웹사이트 방문 기록과 앱 사용 데이터 등 웹 행동 데이터까지 더하면 소비자가 어떤 경로를 거쳐 구매에 이르렀는지와 어떤 지점에서 이탈하는지까지 파악할 수 있다. 이 데이터들을 정성 데이터와 함께 보면 소셜 미디어에서 일어나는 대화와 감정이 실제 구매에 어떤 영향을 미치는지, 브랜드에 대한 인식 변화가 구매 행동을 어떻게 바꾸는

지까지 읽어낼 수 있다.

소비자의 구매 패턴은 라이프스타일과 가치관을 반영한다. 예를 들어 특정 브랜드의 프리미엄 제품을 자주 구매하는 소비자는 가격보다 품질이나 브랜드 가치에 더 큰 비중을 둘 가능성이 높다. 반대로 할인 상품과 자체 브랜드PB 제품을 선호하는 소비자는 가격에 민감할 수 있다. 이런 차이는 가격 정책, 프로모션 설계, 채널 전략에 직접적인 영향을 준다.

실제로 "헤비 유저를 어떻게 장기적으로 유지할 것인가?"라는 질문에 답을 찾는 과정에서 정량 데이터가 고정관념을 뒤집은 사례가 있었다. 정량적 데이터 분석 전 가격 프로모션의 공식은 2+1행사였다. 단기 매출이 눈에 띄게 늘었기 때문이다. 그러나 헤비 유저와 라이트 유저의 구매 행동을 분리해 분석해보니 전혀 다른 그림이 나타났다. 2+1행사는 단기 매출을 끌어올리는 데는 분명 효과가 있었지만 장기적으로는 오히려 헤비 유저 비중을 줄이는 방향으로 작용하고 있었다. 반면 제품의 기본 품질과 가격에 대한 만족도가 높은 카테고리에서는 1+1행사가 헤비 유저 유지에 더 긍정적인 영향을 주는 것으로 나타났다. 데이터 분석 이후 프로모션 전략은 '무조건 많이 끼워주는' 행사에서 '충성고객을 지키는' 행사로 방향이 바뀌었다.

또 정량 데이터는 마케팅 전략에서 매우 중요한 지표인 브랜드 스위칭brand switching을 명확하게 보여준다. 소비자가 한 브랜드에서 다른 브랜드로 이동하는 브랜드 스위칭 흐름을 추적하면 어떤 제품이 어떤 제품의 '실질적 경쟁자'인지, 라이트 유저와 헤비 유저가 어느 방향으로 움직이는지 알 수 있다. 특히 헤비 유저의 스

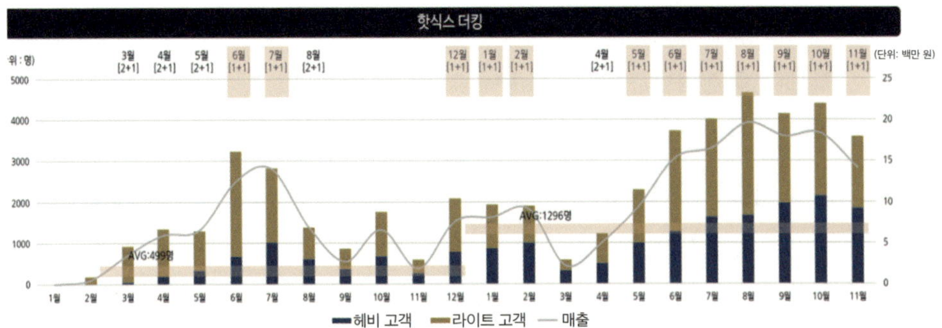

위칭은 빨리 발견할수록 좋다. 가격 때문인지, 품질 변화 때문인지, 새로운 트렌드 때문인지 이유를 파악해 대응 전략을 세우면 손실을 줄일 수 있기 때문이다.

또 구매 경로 분석도 중요하다. 고객이 제품을 처음 발견하고 구매하기까지의 모든 과정을 데이터를 통해 들여다보면 어느 지점에서 마음을 돌려 떠나버리는지 명확히 알 수 있다. 이를 통해 광고와 프로모션이 실제 판매로 이어졌는지, 아니면 그저 잠시 시선만 사로잡고 잊혔는지도 가려낼 수 있다. 유통업에서는 이런 데이터를 활용해 고객 한 사람 한 사람의 취향에 맞춘 서비스를 제공하고 고객이 브랜드에 계속 머물 수 있도록 정교한 개인화 마케팅을 설계하는 등 판매 전략을 세밀하게 다듬을 수 있다.

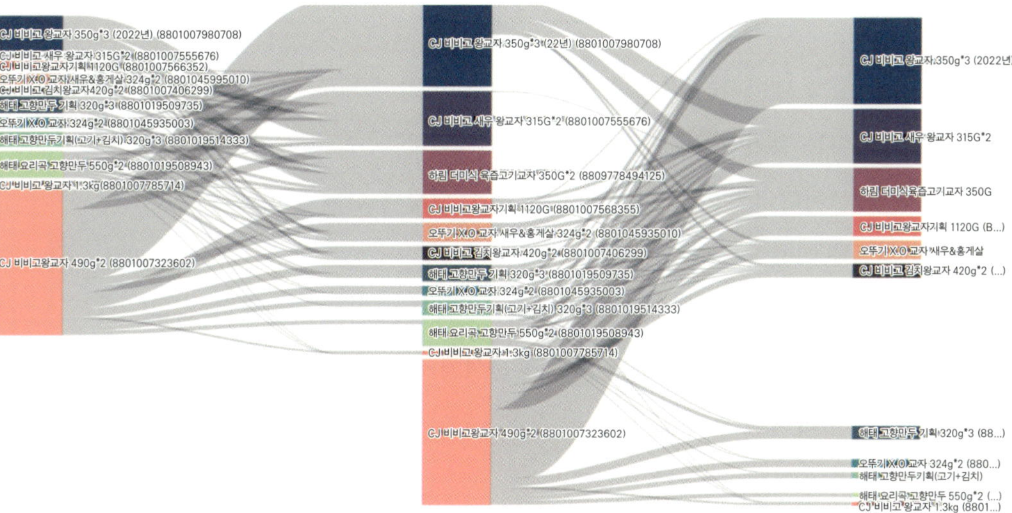

정량적 데이터 종류

구매 빈도	소비자가 얼마나 자주 구매하는지 파악해 재구매 전략과 충성도 분석에 사용된다.
구매 금액	1회 구매당 지출액을 통해 세그먼트별 가치와 가격 전략을 설계한다.
장바구니 크기	한 번에 몇 개의 제품을 함께 사는지 분석해 교차판매·판매 확대 전략을 세운다.
구매전환율	방문 대비 구매 비율을 통해 마케팅 효율과 소비자 경험을 점검한다.
재구매율	반복 구매 비율로 브랜드 충성도와 만족도를 측정한다.
구매 경로와 채널	어떤 경로와 채널이 효과적인지 분석해 멀티채널 전략을 최적화한다.
가격 민감도	가격 변화에 따른 수요 반응을 분석해 할인과 프로모션의 타이밍과 강도를 조절한다.
구매 시간	요일, 시간대, 시즌별 패턴을 통해 캠페인 시점을 잡는다.
프로모션 반응률	쿠폰 사용률 등으로 프로모션 효과를 측정하고 개선한다.
구매 후 행동	리뷰, 반품, 재구매 등으로 만족도와 개선 포인트를 파악한다.

댓글의 원문을 읽어야 진짜 '마음의 맥락'이 보인다

정성 데이터는 잘게 쪼개진 키워드다. 각각 봐도 모아놓고 봐도 의미를 알기 어렵다. 모든 단어는 언제나 문맥 속에서 의미를 갖기 때문이다. 한 단어가 놓인 구절, 문장, 상황과 함께 읽어야 진짜 의도를 이해할 수 있다.

예를 들어 '치킨'이라는 단어 하나만으로는 정보를 얻을 수 없다. 가령 치킨이라는 단어는 데이터 분석에서 그 자체로 의미 있는 정보가 아니다. 치킨이 포함된 문장을 알아야 해당 단어를 사용한 맥락을 이해할 수 있다. '저는 치킨을 좋아해요.'와 '치킨은 느끼해요.'라는 두 문장 속 치킨이라는 단어가 담고 있는 감정과 니즈는 완전히 다르다.

단어는 또 사회 문화적 맥락에서도 달라진다. 예를 들어 '남성'과 '여성'이라는 단어는 성별을 나타내지만 젠더와 관련된 대화 속에서는 정체성과 경험을 포함하는 의미로서 다양한 해석이 가능하다. SNS나 메시지 앱에서 쓰는 이모티콘과 약어들도 마찬가지다. 가령 'ㅋㅋ'이라는 문자는 '웃음' '즐거움'을 표현하지만 또는 어색함을 감추는 장치일 수도 있고 비꼬는 감정을 담고 있을 수도 있다. 해시태그도 맥락에 따라 의미가 달라진다. 그래서 소셜 데이터에서 소비자의 숨겨진 욕구와 감정을 파악하려면 키워드 자체만 볼 것이 아니라 반드시 데이터의 원문을 함께 읽어야 한다.

캔·병RTD 커피 최초의 500밀리리터 페트 블랙커피인 '칸타타 콘트라베이스'의 아이디에이션 과정도 소셜 데이터의 원문을 집요하게 읽는 데서 시작됐다. 캔·병RTD 커피 시장은 대표적인 레드오션

이다. 새로운 전략은 금세 모방되고 결국 가격 프로모션이 판을 흔
든다. 어느 브랜드든 '1+1행사'를 하면 일시적이지만 소비자를 모
두 흡수해버리는 일이 반복됐다. 이런 특성을 가진 시장에서 소비
자 인식의 카테고리를 새로 만든다는 것은 쉽지 않은 과제였다.

우리가 집중한 것은 보기 좋게 분류하고 그래프로 정리한 단어
들이 아니라 그 단어들 사이사이로 흐르는 '마음의 맥락'이었다. 즉
그 단어가 어떤 상황에서 사용되고 있는지 날것의 모습을 그대로
살펴보기로 한 것이다. 분석 과정에서 연관어가 나오면 그 단어가
포함된 SNS의 원문을 찾아서 읽었다.

데이터의 맥락을 이해한다는 말은 소비자의 생활을 생생한 이미
지로 표현할 수 있다는 것을 의미한다. 가령 연관어 분석으로 '가
성비'가 눈에 띄게 등장했다고 하자. 가성비의 사전적 뜻은 가격
대비 만족을 더 크게 느끼는 것을 말한다. 하지만 소비자들의 문장
속에 등장하는 가성비는 훨씬 더 복잡하고 입체적인 욕구와 얽혀
있었다.

콘트라베이스 아이데이션 4단계

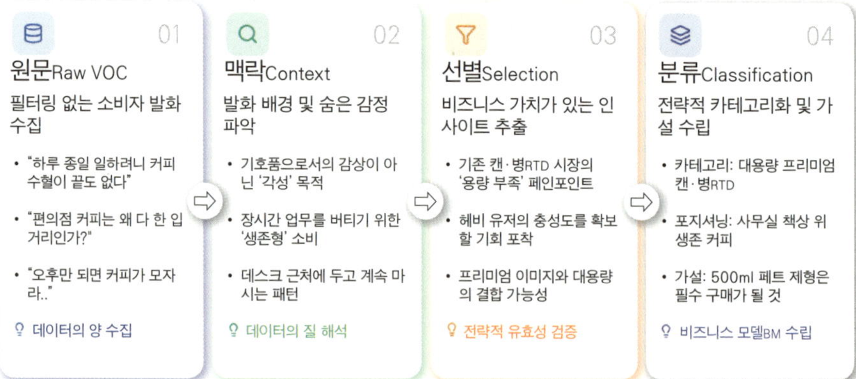

직장인들이 올린 문장을 원문 그대로 읽어보면 가성비에는 "2+1 행사를 하면 일단 손이 간다." "커피는 자주 마시고 싶은데 자리를 자주 비우면 눈치 보인다." "옆자리 동료에게 한 잔 나눠주고 싶다." "너무 달면 살이 찔 것 같아서 싫다." "그래도 새로 제품이 나오면 한 번은 마셔보고 싶다." "용기 디자인이 예쁘면 더 끌린다." 같은 속마음이 함께 담겨 있었다. 즉 이들에게 가성비는 '가격+양'이 아니라 '가격+시간+관계+건강+재미'를 모두 포함하는 감성적 단어에 가까웠다.

가성비가 중요한 소비자를 가격만으로 설득할 수 있는 것은 아니다. 가성비를 '가격+미충족 욕구'로 해석한 결과가 '500밀리리터 페트 블랙커피'라는 솔루션이다.

콘트라베이스는 '사무실에서 하루 종일 마실 수 있는 대용량' '살찔 걱정이 덜한 블랙' '자리 자주 비우지 않아도 되는 편리함' '동료와 나눠 마시기에도 부담 없는 가격과 충분한 양'이라는 여러 니즈를 동시에 담았다. 여기에 캔·병RTD 커피라는 카테고리 특성에 맞는 가격대와 디자인을 결합했다. 소셜 데이터의 원문을 읽지 않았다면 '가성비'라는 단어 안에 숨어 있는 이처럼 다양한 욕구들을 발견하기 어려웠을 것이다.

소비자의 언어를 장면 단위로 분석해내야 한다

소셜 데이터는 '아이디어 도구'가 아니라 '사고 체계'다. 소셜 데이터는 흔히 '트렌드를 빠르게 읽는 도구'로 이해된다. 하지만 신제품 아이디에이션 관점에서 소셜 데이터의 진짜 가치는 유행 예측이 아니라 소비자가 어떤 상황에서 어떤 문제를 해결하려고 하는지를 구조적으로 이해하는 데 있다. SNS 공간에 소비자가 자발적으로 올린 이야기들은 설문조사처럼 질문에 답한 것이 아니다. 친구에게 하소연하듯 쓰거나 감정이 격해져서 쓴 문장들은 문법은 파괴됐을지 몰라도 그 속에 숨겨진 진짜 욕구needs나 불만pain point은 더 투명하게 드러난다. '이거 써보니까 너무 편해서 삶의 질 수직 상승!' 같은 문장은 설문지 문항에 답을 하는 방식으로는 절대 잡아낼 수 없는 생생한 맥락을 담고 있다. 일상의 맥락에서 자연스럽게 흘러나온 말 안에는 제품에 대한 평가, 느끼는 감정, 고유한 가치관, 생활 리듬, 개인의 취향과 선택의 기준이 함께 담겨 있다.

따라서 소셜 데이터 분석은 언제나 "우리의 소비자는 현재 어떤 모습으로 존재하는가?"라는 질문으로 출발한다. 이 질문에 대한 답을 찾기 위해서는 단순한 키워드 빈도 분석이 아니라 소비자의 언어를 '장면scene' 단위로 해석하는 사고의 전환이 필요하다. 실제로 소셜 데이터 분석은 '키워드'가 아니라 '장면'에서 시작한다. 기존의 데이터 분석은 종종 '무엇이 많이 언급됐는가'에 집중한다. 하지만 신제품 아이디어로 이어지는 인사이트는 '얼마나'보다 '어떻게'에 숨어 있는 경우가 많다. 소셜 데이터 분석은 다음과 같은 흐름으로 접근한다.

소비자가 언제 어디에서 누구와 무엇을 해결하려고 그 제품이나 카테고리를 선택했는가? 이 다섯 가지 요소가 함께 만나는 순간 소셜 데이터는 의미 있는 '소비 장면'으로 전환된다. 예를 들어 '제로라서 마신다.'라는 문장은 정보에 가깝지만 '야근 중에 단 걸 먹기엔 부담돼서 제로 음료를 마신다.'라는 문장은 명확한 상황, 문제, 선택 기준을 동시에 담고 있다. 아이디에이션에 유효한 데이터는 항상 후자다.

소셜 데이터 기반의 아이디에이션 7단계 구조

■ 1단계: 문제 정의

질문을 먼저 설계한다. 모든 분석은 질문의 질을 넘지 못한다. '이 제품이 잘 팔릴까?'는 좋은 질문이 아니다. 이 질문은 다음과 같이 질문으로 바꿔야 한다.

- 이 카테고리는 어떤 순간에 소비되는가?
- 소비자는 무엇을 피하고 무엇을 얻으려 하는가?
- 선택기준은 기능인가, 감정인가, 상징인가?

■ 2단계: 원문 수집

소비자가 소셜 네트워크에 올린 문장과 사용하는 단어를 모은다. 이 단계에서는 문장과 단어를 해석하거나 정제하지 않는다. 리뷰, 커뮤니티 글, 댓글, 질문 등 일상에서 튀어나온 말 그대로 확보한다. 중요한 것은 데이터의 정확성보다 있는 그대로의 '자연스러움'이다.

■ 3단계: 타깃 선별

분석이 가능한 말(문장과 단어)만 남긴다. 소비자가 자연스럽게 내뱉은 모든 언어가 분석 대상이 될 수는 없다. 의미가 있는 데이터는 다음 조건을 충족해야 한다.

- 상황 또는 행동이 드러난 문장
- 감정, 평가, 선택 이유 중 하나 이상 포함
- 제품·카테고리와의 연결이 명확한 문장

이 과정을 거치면서 데이터의 양이 크게 줄어든다. 하지만 동시에 아이디어로 전환이 가능한 데이터 밀도는 급격히 높아진다.

■ 4단계: 장면의 정리

소비자의 행동을 '한 컷'으로 복원한다. 선별된 데이터를 읽으며 반복되는 상황을 묶어 실제 소비자의 행동이 일어나는 장면을 구성하는 것이다. 이때 장면은 '상황'+'행동'+'기대 또는 불안'의 요소가 모두 들어가야 한다.

추출(원문)

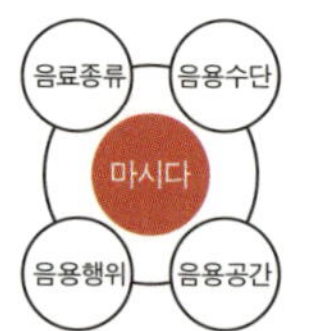

선별(원문 → 타깃 고객의 소리)

예를 들어 '편의점 냉장 코너' '유통기한 확인함' '도시락 옆면을 돌려가며 봄' '내용물 구성 확인' '가장 안쪽 제품을 꺼냄' 등과 같은 데이터를 선별했다고 하자. 이 데이터를 근거로 장면을 구성하면 다음과 같다.

- 상황: 퇴근길 저녁, 편의점 냉장 진열대 앞에 서서
- 행동: 도시락의 유통기한을 확인하고 팔을 안쪽으로 깊숙이

넣어 뒷줄에 있는 제품을 꺼낸다.

- 기대 또는 불안: (기대) 만든 지 얼마 안 된 음식을 먹고 싶다 / (불안) 앞줄에 있는 건 왠지 오래됐거나 남들이 만졌을 것 같아 찝찝하다.

이렇게 완성된 장면은 아직은 해석 단계가 아니라 관찰된 행동을 있는 그대로 정리한 기록이다. '언제, 어디서, 무엇을 하는지, 마음속에 어떤 충돌이 일어나는지'만을 결합해 소비자의 현 상태를 시각화한 것일 뿐이다. 나중에 이 '한 컷'에서 '그럼 우리는 불안을 없애주려면 뭘 만들어야 할까?'라는 아이디에이션으로 넘어가게 된다.

■ 5단계: 팩트 노트

팩트 노트는 마치 영상 화면을 글로 그대로 옮기는 작업과 같다. 보이는 그대로 객관적인 문장으로 정리하는 것이 중요하다. 팩트 노트는 팀 내부의 합의를 위한 문장이다. 여러 명의 팀원은 같은 장면과 문장을 보고도 사람마다 다른 해석과 의미를 떠올릴 수 있다. 예를 들어 소비자가 편의점 냉장 진열대 앞에 서서 도시락을 뒤적거리는 장면을 영상으로 봤다고 하자. 이때 기획자는 '상품이 마음에 들지 않나 보군!'이라며 소비자 행동을 불만으로 이해할 수 있다. 동시에 디자이너는 '진열대가 복잡해서 못 찾는 거 같은데?'라며 사용자 인터페이스UI 문제로 해석할 수 있다. 따라서 장면을 해석하기 전에 일단 무엇을 보았는지부터 통일하는 작업이 필요하다. 팩트 노트를 작성할 때 중요한 원칙은 평가나 추측을 배제하는

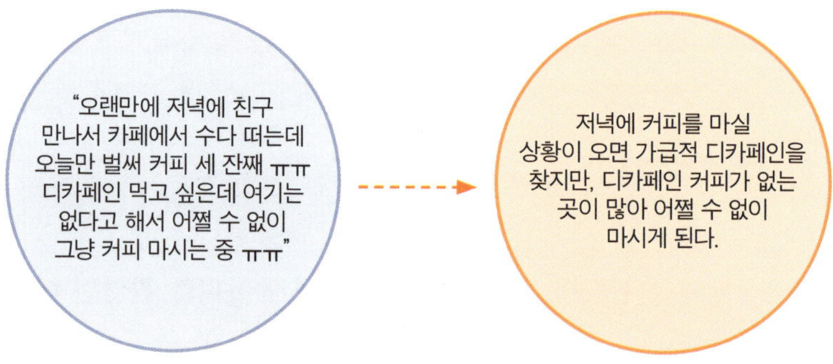

팩트 노트 추출(타깃 고객의 소리 → 인사이트 노트)

것이다. '~인 것 같다.'라는 표현은 쓰지 않는다. 또 한 문장에는 하나의 사실만 담는다. 팩트 노트는 인사이트 이전 단계에서 해석의 과잉을 막는 안전장치 역할을 한다.

■ 6단계: 인사이트 노트

반복되는 패턴을 '의미'로 해석하는 단계다. 여러 개의 팩트 노트를 서로 비교하며 공통된 구조를 찾는다. 인사이트는 요약이 아니라 팩트 노트들의 관계를 찾아내는 것이다. 즉 팩트 노트는 '어떤 일이 일어났는지'를 보여주고 인사이트 노트는 '그 행동 뒤에 어떤 욕구가 있는지'를 설명한다. 팩트 노트와 인사이트 노트의 차이는 다음과 같다.

▶ 팩트 노트:

• 커피도 마시면서 다이어트도 할 수 있는 방탄커피가 유행이라고 해서 한 번 시도해봤다.

• 주변에서 깔라만시가 워낙 좋다고 해서 믿져야 본전이라는

마음으로 원액과 보틀을 주문했다.

- 다이어트한다고 우엉차를 매일 마셨더니 우엉차의 찬 성질 때문에 설사를 자주 하게 된다.

▶ 인사이트 노트:
- 소비자는 다이어트를 위해 특정 음료를 구입한다.

이처럼 '소비자는 ○○한 상황에서 △△를 원하지만 □□ 때문에 다른 선택을 한다'는 정보가 담긴 문장이 만들어지면 아이디어는 절반 이상 완성된 것이다.

■ 7단계: 니즈 구조화 → 콘셉트 → 프로토타입
도출된 인사이트는 3개의 축으로 분류한다.

- 가치Why: 소비자가 궁극적으로 원하는 상태
- 기준What: 선택 시 비교하는 잣대
- 방법How: 실제 사용 방식과 루틴

예를 들어 '점심식사 후 탄산음료를 마시면 속이 시원해진다'는 인사이트는 가치(식후 개운함), '캔커피는 1+1이면 무조건 산다'는 기준(가격 중심의 선택), '집에서는 드립커피를 정성 들여 내려 마신다'는 방법(집에서의 사용 방식)에 해당한다.

3개의 분류 안에서 언급량이 많은 키워드는 이미 잘 알려진 니즈일 가능성이 크다. 반면 언급량은 적지만 꾸준히 등장하는 키워

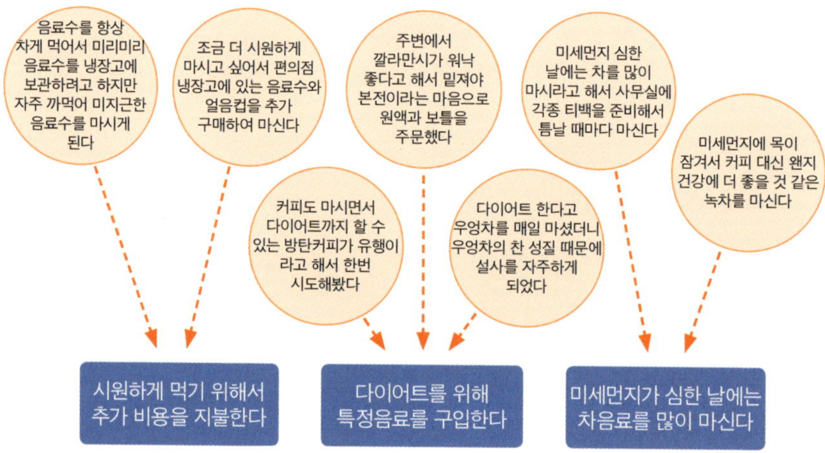

드는 아직 시장에서 충분히 구현되지 않은 니즈, 즉 미충족 욕구일 수 있다. 바로 이 키워드들을 정량적 데이터(구매 이력, 매출, 채널별 판매 등)와 비교 대조해보면 말과 행동이 일치하는 영역과 그렇지 않은 영역이 드러난다. 이렇게 어긋나는 영역에 '새로운 기회'가 숨어 있다. 가령 "아, 이 제품 진짜 불편해."라는 말이 소셜 네트워크에 꾸준히 올라온다고 하자. 그런데 정량적 데이터(행동)를 보니 해당 제품이 꾸준히 판매되고 있다. 이 '언행불일치'는 '대안이 없어서 계속 쓰고 있는' 소비자의 페인 포인트를 의미한다. 이처럼 말과 행동이 어긋나는 지점에서 미충족 욕구를 발굴하게 된다.

신제품 아이디어 개발

신제품 아이디어는 발굴된 미충족 욕구에 대한 솔루션이다. 미충족 욕구 리스트를 보며 다양한 아이디어를 제시하고 치열한 토론을 통해 우선순위를 정한다. 아이디어는 반드시 정량적 데이터

음료를 마시는 행위들

음료 음용 이유

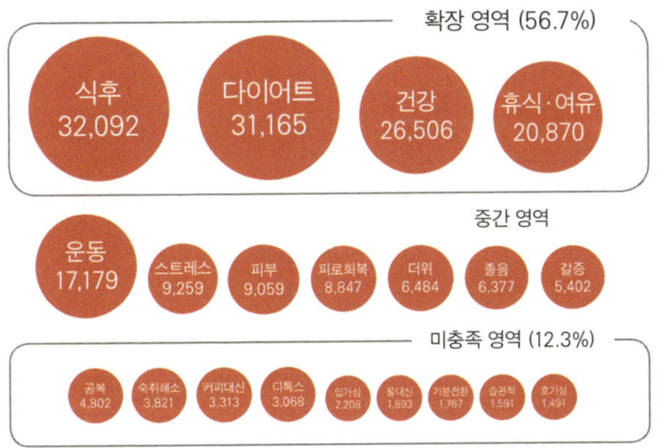

음료별로 차이가 나타나는 선택 기준

특히 커피는 가격에 대한 민감도가 가장 높게 나타났다. 물에서는 물의 효능이 중요했고 주스에서는 재료에 대한 신뢰도가 중요했다.

니즈에 따른 음료 선택에도 기준의 차이가 발생

식후 마시는 커피에서 가장 중요한 선택 요인은 가격이었다. 반면 피로회복과 스트레스 해소에는 효과가 좋은 음료를 찾게 되고 휴식의 상황에서는 그 분위기에 어울리는 예쁜 패키지 디자인을 선호했다.

분석을 통해 실제 상품성을 검토해야 한다.

롯데칠성음료의 '우도 땅콩라떼'의 아이디어 개발 과정을 예로 보자. 제품의 아이디어는 소비자를 대상으로 한 '아이디어 공모'로 선정되었다. 우리는 이 아이디어를 처음부터 데이터 기반의 아이디에이션 프로세스 과정을 통해 검증했다. 데이터 분석을 통해 확인한 미충족 욕구는 다음과 같다.

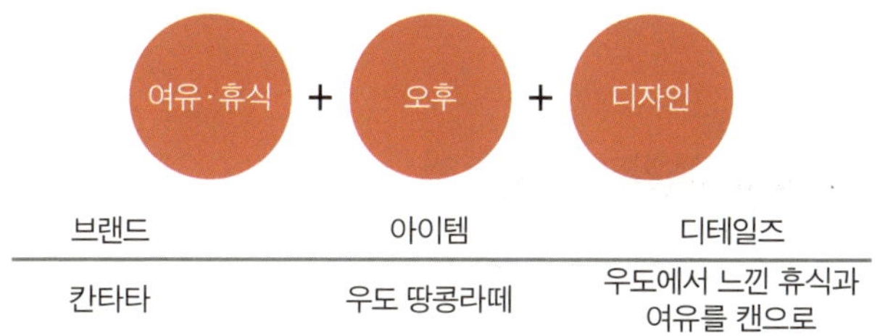

- 점심 식사 후 가볍게 마실 수 있는 가성비 음료
- 오후의 휴식을 풍부하게 만들어줄 '예쁜' 패키지 음료

이 미충족 욕구를 기반으로 제품 아이디어를 구체화하기 위해 정량적 데이터 분석을 했다. 그러자 다음과 같은 팩트가 드러났다.

- 점심 식사 후 나른한 오후에 가장 많이 마시는 음료는 커피(63.1%), 주스(7.1%), 우유(4.7%), 밀크티(2.7%)다.
- 음료를 마시는 이유는 식후(16.5%), 다이어트(16.0%), 휴식, 여유(10.7%) 등이다.
- 커피를 마시는 이유는 '식후, 기분전환, 휴식, 여유'가 절대적이다.

칸타타 땅콩크림라떼

(제작 대홍기획)

- 모든 음료 구매 기준의 공통 1위는 가격(56.7%)이다.
- 커피 구매 기준은 1위가 가격(66.0%)이고 2위는 디자인(10.3%)이다.

이를 종합하면 '점심 식사 후 가볍게 마실 수 있는 가성비 음료'라는 미충족 욕구를 충족하는 품목은 커피다. 또 '오후의 휴식을 풍부하게 만들어 줄 예쁜 패키지 음료'의 니즈를 충족하는 제품도 커피다. 그렇다면 이미 흔한 커피 시장에서 어떤 제품을 만들어야 새로운 미충족 욕구를 충족할 수 있을까. 우리는 점심 식사 후 커피 한 잔에서 원하는 '휴식과 여유'의 감성과 가성비 니즈를 충족하는 캔커피를 떠올렸다.

한국인들이 휴식과 여유를 위해 가장 많이 찾는 장소인 제주 우도를 상징하는 맛과 이미지를 커피와 연결한 '우도 땅콩라떼'라는 아이디어가 탄생했다. 이 아이디어는 워크숍 후 실제 전략회의를 거쳐 제품으로 출시했고 기대보다 좋은 성과를 거뒀다. 아이디어 개발 과정은 '브레인스토밍'과 전혀 다르다. 제품 아이디어는 검증과 해석을 거친 미충족 욕구에서 출발한다. 정성적 데이터와 정량적 데이터를 까다롭게 검증하고 체계적으로 분석하는 과정을 거쳐 발굴된 미충족 욕구는 좋은 아이디어로 연결되고 시장에서 성공 가능성을 높인다.

사전 검증 테스트 방식과 해석은 제품 특성을 반영해야 한다

소주 새로의 출시를 앞두고 마지막 검증을 준비할 때였다. 영업부에서 급하게 현장 테스트를 요청해왔다. "소비자들이 실제로 맛을 어떻게 받아들이는지 하루라도 빨리 확인하고 싶다"는 이유였다. 제로슈거 소주 새로는 당시 익숙한 맛의 소주가 아니었다. 따라서 영업부는 소비자 반응이 걱정됐을 것이다. 하지만 그 요청을 받아들이지 않았다. 새로의 패키지디자인이 아직 최종적으로 결정되지 않았기 때문이다. 그러자 영업부는 "맛만 테스트하면 되니 어떤 용기에 담아서라도 시음부터 해보자"고 재차 제안했다. 하지만 역시 수용하지 않았다.

사전 검증의 목적은 출시 후 소비자 반응을 완벽하게 예측하는 것이 아니라 미처 생각하지 못한 문제를 발견하고 보완함으로써 리스크를 줄이는 데 있다. 이때 검증의 신뢰도를 좌우하는 것은 '얼마나 실제 상황과 비슷한 조건에서 테스트하는가?'이다. 그래서 원칙은 명확하다. 최종 검증은 반드시 실제 출시 형태와 거의 동일한 프로토타입으로 진행해야 한다.

사실 현실에서 사전 검증은 완성품이 아닌 상태에서 테스트를 진행하는 경우가 많다. 특히 식음료 제품의 테스트는 '맛'에 집중하므로 실제 시장에 판매되는 모습 그대로 검증을 진행하는 원칙을 대부분 고집하지 않는다. 하지만 소비자들이 느끼는 맛은 오직 맛으로만 결정되지 않는다. 예쁜 잔에 마시면 더 맛있고 가격이 비싸면 실제보다 더 맛있게 느껴진다. 용기 모양, 색상, 레이블 디자인, 심지어 '제로슈거'라는 정보까지도 맛 인식에 영향을 미친다. 기존의 초록색 소주병에 담긴 새로의 맛과 원래대로 레이블 디자인이 있는 투명한 병에 담긴 새로의 맛을 똑같이 느낄 가능성은 오히려 적다. 제품에 대한 소비자의 평가는 직관과 오감을 모두 동원해 종합한 결과이기 때문이다.

프로토타이핑의 가장 큰 강점은 소비자 반응을 입체적으로 검토할 수 있다는 점이다. 소비자는 때로 제조사가 생각하지 못한 사소하지만 중요한 문제를 잘 찾아낸다. 이런 이유로 기획 단계에서부터 아예 간단한 형태의 시제품을 만들어 빠르게 검증하는 프리토타이핑pretotyping을 도입하는 기업도 늘고 있다. 가설을 입증할 수 있는 최소한의 형태를 만들어서 소비자 반응을 사전 체크하면 큰 자원을 투입하고 실패하게 되는 위험을 줄일 수 있다.

사전 검증의 중요한 원칙은 '테스트 방식과 해석은 제품 특성을 반영해야 한다'는 것이다. 시장에서 이미 검증된 콘셉트의 연장선에 있는 제품이라면 일반적인 블라인드 테스트나 소비자 조사로도 충분할 수 있다. 그러나 새로처럼 맛, 도수, 디자인, 패키지, 커뮤니케이션까지 '처음 시도되는 요소'를 결합한 제품은 다르다. 소비자들은 처음 경험하는 것에 대해 정확한 평가를 하기 어렵다. 익숙하지 않은 것에 대한 소비자 반응은 항상 보수적으로 나타난다.

새로는 기획 단계에서 요소별로 소비자 테스트를 진행했고 제로 슈거 저도주라는 콘셉트에 맞춰 데이터의 균형을 맞춰갔다. 블라인드 맛 테스트에서는 대다수 소비자가 "싱겁다"고 평가했다. 하지만 이 결과를 그대로 반영해 레시피를 수정하지 않았다. 희석식 소주에 익숙한 소비자에게 새로의 맛은 당연히 낯설다. 싱겁다는 표현은 실제로 맛이 싱겁다는 뜻이라기보다 "지금까지 마셔본 소주와 다르다"는 신호로 읽어야 한다고 판단했다. 대신 디자인, 패키지, 네이밍, 이미지 등은 공개 테스트를 통해 적극적으로 소비자 의견을 반영했다.

새로의 맛은 희석식 소주에 익숙한 입맛에는 다소 싱겁고 달지 않은 맛이다. 싱겁다는 말은 진짜 싱겁다는 의미가 아니라 '낯섦'으로 해석해야 한다고 판단했다. 그 외 디자인, 패키지, 네이밍, 이미지는 모두 공개 테스트로 진행했고 소비자 의견을 적극적으로 반영했다.

새로의 최종 검증은 원칙대로 프로토타이핑으로 진행했다. 완성된 패키지의 병을 실제로 보여주고 시음한 결과 블라인드 테스트에서 나왔던 "싱겁다"는 반응은 거의 없었다. 소비자들은 새로를 '제로슈거 저도주의 콘셉트를 가진 산뜻하고 자극적이지 않은 예쁜 소주'로 받아들였다. 만약 시음 결과만을 반영해 맛을 바꾸고 최종 검증에서 완전하지 않은 패키지에 담아서 테스트를 진행했다면 소비자들은 새로의 정체성을 분명하게 인식하지 못했을 것이다.

신제품의 검증은 제품 전에만 하는 것이 아니다. 시장에 나온 후 약 3개월 동안 정량 데이터를 중심으로 반응을 촘촘하게 추적한다. 매출, 채널별 성과, 재구매율, 브랜드 검색량 등을 보며 소비자의 실제 선택을 확인하고 그 결과에 따라 마케팅 전략을 세밀하게 조정한다. 구체적인 데이터를 기반으로 제품의 성장 정도와 성공 가능성을 판단하고 광고비, 프로모션, 채널 전략을 구체화하는 등 최적화 과정이 필요하다.

3장
—
직관과 감성으로 데이터를 통찰한다

: 마케터의 직관과 감성이 필요하다

1
데이터가 미처 보지 못하는
사각지대가 있다

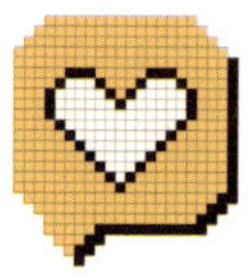

'들어갈 시장이 없다'

어린이 오가닉 음료 시장을 분석한 데이터가 내놓은 결론이었다. 시장 진입 검토 단계에서부터 빨간불이 켜졌다. 어린이 오가닉 음료 시장은 오래전부터 '제품의 성분'으로 경쟁하는 구조였다. 부모의 니즈는 명확하다. 아이에게 조금이라도 더 좋은 것을 먹이고 싶다는 것이다. 기업들은 그 니즈에 맞춰 유기농 원료, 무첨가, 기능성 성분을 강조한 제품을 경쟁적으로 출시해왔다.

문제는 차별화다. 한 브랜드가 새로운 성분을 내세우면 곧바로 유사한 성분이나 다른 기능을 강조한 제품이 따라 나온다. 성분의 차이는 점점 미미해지고 결국 소비자가 체감하는 제품의 차이는 거의 사라진다. 이 구조에서 가격은 구매를 결정짓는 핵심 변수로 작동한다. 조금 더 나은 성분을 조금 더 저렴한 가격에 제공하는 것이 최선의 전략이 된다. 그 결과 어린이 오가닉 음료 시장은 '더

엄마들의 '안심 인덱스'는 가격보다 가치에 반응한다. 제품군별 타깃 포인트와 가격 경쟁 지형을 시각화했다.

좋은 제품'과 '더 싼 가격'이 맞붙는 전형적인 레드오션이 됐다.

데이터가 보여준 시장의 그림은 분명했다. 어떤 제품을 새로 출시해도 경쟁 우위를 오래 유지하기 어렵고 이미 공급이 과잉된 시장에서는 성공 확률이 낮다는 결론이었다. 데이터만 놓고 보면 이 시장에 들어가지 않는 것이 합리적인 판단처럼 보였다.

하지만 이 분석에는 결정적인 맹점이 있었다. 데이터로는 볼 수 없는 영역이 존재했기 때문이다. 바로 음료를 실제로 마시는 '아이들'의 욕구다. 데이터가 수집한 정보는 대부분 전통적 타깃 소비자인 '엄마들'의 니즈였다. 어린이용 제품의 구매자는 부모다. 마케팅 역시 당연히 돈을 지불하는 부모의 관점에서 설계된다. 성분, 기능, 가격은 모두 부모의 기준을 충족하기 위한 요소다.

'들어갈 시장이 없다'는 데이터의 결론을 다시 해석해보면 '엄마를 설득하는 방식의 전략은 더 이상 통하지 않는다'는 의미에 가깝

기존 방식이 구매자 '엄마'를 설득했다면 크니쁘니는 실제 소비자 '아이'의 친밀감을 공략해 새로운 시장을 만들었다.

다. 그러나 타깃을 아이로 옮기면 이야기는 완전히 달라진다. 성분, 기능, 가격은 실제 섭취자인 아이들의 욕구와는 거의 관련이 없다. 아이들은 성분표를 읽지 않고 기능성을 비교하지 않는다. 그럼에도 아이들의 선택은 구매 순간에 막강한 영향력을 행사한다. 성분과 기능에 큰 차이가 없을 때 엄마는 결국 아이가 집어 드는 제품을 장바구니에 넣는다.

어린이용 제품 패키지에 뽀로로, 핑크퐁, 아기상어 같은 인기 캐릭터가 반복적으로 등장하는 이유다. 캐릭터는 아이의 선택을 유도하는 가장 직관적인 장치다. 하지만 이미 진열대에는 수많은 캐릭터 제품이 빽빽하게 들어차 있다. 아이들의 시선을 붙잡기 위해서는 캐릭터 '하나 더'로는 부족했다.

기존 시장은 엄마가 선택하는 시장이었다. 우리는 아이가 선택하는 시장을 만들기로 했다. 오가닉 음료의 주 섭취층은 3~5세 미취학 아동이다. 이 연령대의 아이들이 마트 진열대 앞을 지나며 제품을 인식하는 시간이 매우 짧다. 그 짧은 순간에 선택을 끌어내려면 단순한 호감 이상의 감정이 필요했다. 우리가 주목한 키워드는 '친밀감'이었다.

아이들이 강한 친밀감을 형성하는 대상은 캐릭터보다 장난감이다. 아이들은 장난감을 단순한 물건이 아니라 '친구'로 인식한다. 아이가 장난감을 끌어안고 자고 대화를 나누고 상상의 세계를 확장하는 이유는 대상에 감정을 투사하기 때문이다. 이 감정적 애착은 캐릭터 이미지가 유도하는 호감보다 훨씬 강력하다.

롯데칠성음료의 어린이 오가닉 음료 신제품 패키지는 바로 여기서 출발했다. 인기 캐릭터를 패키지에 붙이는 방식이 아니라 패키지 전체를 하나의 캐릭터처럼 설계했다. 음료 용기 자체가 장난감이 되도록 디자인한 것이다. 이름도 아이들의 발음과 리듬에 맞춰 '크니쁘니'로 정했다. 사과와 당근을 혼합한 주스 '크니', 레드비트와 배와 토마토를 섞은 주스 '쁘니', 그리고 적포도와 보라당근을 활용한 '트니(튼튼이)'까지 각각의 제품을 독립된 캐릭터로 만들었다.

출시 이후 반응은 예상보다 훨씬 강렬했다. 아이들은 크니쁘니를 마시기 위해 엄마를 졸라 마트로 향했다. 엄마들에게 크니쁘니는 성분이 좋은 오가닉 음료였다. 하지만 아이들에게 크니쁘니는 새로운 놀이 친구였다. 크니쁘니는 아이들의 인식 속에 완전히 새로운 시장을 만들었다. 흥미로운 점은 이 시장이 엄마들의 인식 속에는 여전히 존재하지 않는다는 사실이다. 엄마들은 크니쁘니를 여전히 '어린이 오가닉 음료 시장' 안에서 보지만 아이들에게 크니쁘니는 그 시장 밖에 있다. 음료가 아니라 놀이 대상이고 소비가 아니라 경험이다.

데이터는 소비자 자신도 명확하게 인식하지 못하는 세계를 들여다보게 해준다. 마치 현미경을 통해 육안으로 볼 수 없는 세계를 관찰하는 것과 같다. 그러나 현미경으로 보이는 것만이 전부는 아니다. 렌즈에서 눈을 떼고 시야를 넓힐 때 데이터가 보여주지 못한 또 다른 세계가 드러난다. 그 지점에서 마케팅은 비로소 다른 선택지를 갖게 된다.

숫자가 차가울수록 마케터의 직관은 뜨거워야 한다

크니쁘니를 실제로 시장에 내놓기까지 내부에서는 우려의 목소리가 적지 않았다. 제품 기획 단계부터 광고 캠페인까지 주요 의사결정에 데이터보다 마케터의 직관과 감각이 더 많이 개입됐기 때문이다. 데이터 분석은 '엄마를 설득하는 전략은 더 이상 유효하지 않다'는 신호를 분명히 보여주었다. 그 이후의 해답은 데이터로 설명하기 어려운 영역에 있었다. 3~5세 아이들의 감정 반응을 중심에 두고 시장을 새로 정의하겠다는 시도는 전례가 많지 않았고 성공사례를 참고하기도 쉽지 않았다.

마트 진열대 앞에서 아이들이 제품을 인식하는 시간은 불과 몇 초다. 엄마 손을 잡고 빠르게 지나치는 그 짧은 순간에 아이들의 시선을 붙잡고 손을 뻗게 만들겠다는 전략은 상당히 모험적으로 보였다. 더군다나 이 전략은 '성분이 좋은 오가닉 음료'라는 기존 마케팅의 안전한 공식에서 벗어나 있었다. 숫자로 설명하기 어려운 판단이 연속적으로 필요했다. 그 판단의 기준은 데이터보다 '아

크니쁘니

크니쁘니는 단순한 음료 브랜드를 넘어 아이들의 문화콘텐츠로 확장되었다. 마트와 슈퍼를 통해 제공된 스티커 북(위) 크니쁘니 애니메이션과 크니쁘니 그림 공모전(아래) (제작 대홍기획)

이들의 감정이 어떻게 움직일 것인가?'였다.

물론 성분과 기능을 소홀히 한 것은 아니다. 구매자인 엄마들의 기준을 충족하지 못하면 시장 진입 자체가 불가능하다. 원료의 등급, 제조 공정, 영양 기준은 프리미엄 수준을 유지했다. 하지만 캐릭터 디자인, 색, 네이밍, 패키지의 형태, 맛의 인상 등은 100% 아이들의 감각에 맞춰 설계됐다. 이 과정에서 데이터는 참고 자료일 뿐 결정의 기준은 아니었다.

아이들의 취향은 데이터로 정밀하게 분석하기 어렵다. 미취학 아동은 온라인에 흔적을 남기지 않고 자신의 감정을 언어로 명확히 설명하지도 못한다. 그래서 크니쁘니 프로젝트에서는 전통적인 조사방식 대신 관찰과 직관에 기반한 검증 과정을 거쳤다. 실제 제품과 거의 동일한 실물 모형을 제작해 아이들 앞에 놓고 아이들이 처음 제품을 보는 순간의 표정, 손의 움직임, 반응의 속도를 세심하게 관찰했다.

검증 과정에서 인상적인 장면들이 반복해서 나타났다. 아이들은 음료를 다 마신 후에도 패키지를 손에서 놓지 않았다. 크니쁘니를 장난감처럼 끌어안고 다니고 또 음료를 마시기보다 패키지 양옆의 귀를 접었다 펼치며 노는 데 더 많은 시간을 보냈다.

아이들은 크니쁘니를 마시는 음료가 아니라 '함께 노는 대상'으로 인식하고 있었다. 제품이 보내는 감각 신호에 아이들이 즉각적으로 반응하고 있다는 증거였다. 이런 반응은 숫자로 환산하기 어렵다. 하지만 현장에서 아이들의 행동을 관찰한 결과 데이터로 설명할 수 없는 확신이 생겼다.

마케터의 직관에 따라 광고 캠페인도 같은 방향에서 설계됐다. 타깃은 구매자인 엄마가 아니라 실제 섭취자인 아이들이었다. 성분과 기능을 설명하는 광고가 아니라 짧은 애니메이션 콘텐츠 '크니쁘니와 친구들'을 제작해 아이들이 주로 시청하는 EBS를 통해 공개했다. 굳이 설명하지 않아도 공감하고 느끼는 것으로 충분했다. 오로지 아이들에게 집중한 캠페인은 효율적이었고 효과도 즉각적이었다.

아이들이 먼저 엄마에게 크니쁘니 이야기를 하고 마트에 가서 크니쁘니를 사달라고 조르기 시작했다. 그때까지도 엄마들은 "크니쁘니가 뭐야?"라는 반응이었다. 광고는 아이들에게 먼저 도달했고 구매 압력은 아이들로부터 엄마에게 전달됐다. 롯데칠성음료 홈페이지에는 크니쁘니를 어디서 살 수 있느냐는 문의가 급증했다.

이후 크니쁘니는 단순한 음료 브랜드를 넘어 아이들의 문화 콘텐츠로 확장했다. '크니쁘니와 친구들' 이후 '크니쁘니 댄스' '크니쁘니 응가송' '크니쁘니 뮤직비디오' '크니쁘니와 히어로즈' 등 다양한 영상 콘텐츠를 제작해 유튜브를 통해 공개했다. 아이들은 음료를 마시지 않는 순간에도 크니쁘니를 소비했다. 아이들의 세계에서 크니쁘니는 브랜드라기보다 하나의 놀이 문화가 됐다.

크니쁘니의 성공은 데이터 드리븐 마케팅의 한계를 알고 어떻게 마케팅의 시야를 넓히는가에 대한 사례다. 데이터는 '어떤 선택이 피해야 할 리스크인가'를 알려주었지만 '어디에서 새로운 길이 열리는가'는 보여주지는 못했다. 데이터 마케팅은 오로지 데이터 분석만으로 가능하지 않다. 데이터 분석을 통해 시장과 소비자를 명확하게 읽어야 하고 동시에 데이터 밖의 세상을 상상하는 직관과 감성을 발휘해야 한다. 데이터 마케팅에서 직관은 막연한 '감'이 아니라 축적된 경험과 소비자에 대한 깊은 관찰에서 나오는 판단이다. 직관과 감성은 데이터가 말하지 않는 영역을 채우는 역할을 통해 새로운 시장을 만드는 정교한 전략을 가능하게 한다.

데이터라는 렌즈로도 보이지 않는 시장이 있다

데이터 마케팅이 가능해지면서 기업은 과거보다 훨씬 정교하게 소비자의 행동과 인식을 추적할 수 있게 됐다. 검색 기록, 구매 이력, 소셜 미디어 언급, 콘텐츠 소비 패턴을 통해 '누가, 언제, 무엇을, 어떻게 소비하는가?'를 이전보다 정확하게 파악할 수 있다. 그러나 이처럼 정교한 분석에도 불구하고 데이터로는 포착하기 어려운 시장이 분명히 존재한다. 대표적으로 어린이와 노인 소비자다. 이들은 데이터 분석의 사각지대에 놓여 있다. 이유는 단순하다. 데이터가 생성되지 않기 때문이다.

어린이 제품의 경우, 실제 사용자는 아이들이지만 구매자는 부모다. 따라서 데이터는 대부분 부모의 행동을 중심으로 축적된다. 검색도, 구매도, 리뷰도 모두 부모의 몫이다. 데이터가 보여주는 어린이 시장은 사실상 '엄마들의 시장'이다. 이 데이터는 성분, 기능, 가격에 대한 부모의 판단 기준을 잘 설명해주지만 아이들이 어떤 감정을 느끼며 제품을 받아들이는지는 거의 보여주지 못한다.

아이들은 온라인에서 자신의 취향을 표현하지 않는다. 소셜 미디어에 의견을 남기지 않고 리뷰를 쓰지도 않는다. 오프라인에서도 독립적인 구매 이력을 남기기 어렵다. 설문조사나 인터뷰 역시 현실적으로 한계가 크다. 아이들은 말은 할 수 있지만 자기감정과 욕구를 논리적으로 설명하지 못한다. 그래서 아이들의 욕구는 데이터가 아니라 관찰을 통해서만 접근할 수 있는 경우가 많다.

노인 소비자 역시 비슷한 특성을 가진다. 실버 제품 시장에서도 사용자와 구매자가 다른 경우가 많다. 건강기능식품, 의료 보조기기, 간편식 등 많은 제품에서 실제 사용자는 노인이지만 구매 결정은 자녀가 내린다. 이 경우 데이터는 자녀 세대의 검색과 소비 행태를 중심으로 축적된다. 마케팅 메시지 역시 자연스럽게 자녀의 감정을 자극하는 방향으로 설계된다. '부모님의 고생하신 세월' '이 제는 우리가 챙겨드릴 차례' 같은 메시지가 반복되는 이유다.

바로 이 과정에서 노인 소비자 본인의 욕구는 데이터에 잘 드러나지 않게 된다. 노인들은 디지털 채널 사용 빈도가 상대적으로 낮고 온라인에서도 자신의 감정을 즉각적으로 표현하지 않는 경향이 있다. 설문조사도 비슷하다. 노인들은 질문의 의도를 다르게 해석하거나 간접적인 표현을 사용하는 경우가 많다. 결과적으로 데이터는 있지만 해석은 쉽지 않다.

이처럼 데이터는 '행동의 흔적'을 전제로 작동한다. 말과 행동이 기록으로 남아야 분석이 가능하다. 시장에는 행동의 흔적이 거의 없거나 기록되지 않는 집단이 분명히 존재한다. 이들은 시장에서 사라진 것이 아니라 데이터의 언어로 번역되지 않았을 뿐이다.

또 하나의 사각지대는 '아직 존재하지 않는 시장'이다. 데이터 분석은 기본적으로 과거의 패턴을 읽는 작업이다. 과거에 존재했던 행동, 선택, 반응이 데이터로 남고 그 반복 속에서 의미를 찾는다. 따라서 완전히 새로운 제품이나 서비스 그리고 기존에 없던 경험에 대한 반응은 데이터에 나타나기 어렵다.

스티브 잡스는 신제품을 만들 때 소비자 수요조사를 하지 않았다. 그 이유를 묻는 사람들에게 "지금까지 존재하지 않았던 새로운 제품을 어떻게 물어보고 예측할 수 있는가?"라고 말한 일화가 있다. 이전에 존재하지 않았던 제품에 대한 질문은 결국 과거 경험의 언어로만 답을 얻게 된다. 데이터는 익숙한 세계를 설명하는 데는 강력하지만 낯선 세계를 상상하는 데는 한계가 있다.

크니쁘니 사례 역시 이 범주에 속한다. '아이들이 스스로 선택하는 오가닉 음료 시장'은 기존 데이터 어디에도 존재하지 않았다. 어린이 오가닉 음료는 성분과 가격경쟁의 시장으로 정의돼 있었고 그 정의 자체가 데이터 분석 결과였다. 하지만 그 분석은 부모의 세계를 기준으로 한 것이었다. 아이들의 감정과 놀이 경험을 중심으로 한 시장은 데이터에 잡히지 않았다.

이때 필요한 것은 데이터를 버리는 것이 아니라 데이터가 보여주는 세계의 경계를 인식해야 한다. 데이터 드리븐 마케팅에서 중요한 질문은 "데이터가 보여주는 것이 전부인가?"다. 데이터가 없다는 이유로 존재하지 않는 시장이라고 단정하면 새로운 기회는 사라진다. 반대로 데이터가 보여주지 않는 영역이 있다는 사실을 알고 의식적으로 찾을 때 전혀 다른 기준으로 재구성된 시장이 보인다.

데이터는 강력한 도구지만 전능하지는 않다. 특히 감정, 놀이, 문화, 세대적 경험처럼 언어와 숫자로 환원되기 어려운 영역에서는 더욱 그렇다. 이런 영역에서 마케팅은 다시 사람을 관찰하고 맥락을 이해하고 직관을 동원해야 한다. 데이터로 볼 수 없는 시장은 바로 인간의 감정과 경험 속에 숨어 있다.

인간의 복잡 미묘한 감정을 100% 예측할 순 없다

매년 연말이 되면 사람들이 자연스럽게 기다리는 광고들이 있다. 코카콜라의 크리스마스 시즌 광고가 대표적이다. 코카콜라의 '휴일이 온다Holidays Are Coming' 캠페인은 1995년 처음 공개된 이후 30년

코카콜라 크리스마스 광고

2024 코카콜라 '휴일이 온다'

❌ 혹평 이유
- 영혼 없는 비주얼
- 부자연스러운 얼굴 애니메이션
- 아티스트 일자리 위협
- 값싸 보이는 느낌
- 언캐니 밸리 효과
- 창의성 결여
- 1995년 오리지널의 저렴한 복제

2023 코카콜라 '마스터피스'

✅ 호평 이유
- 인간의 손길이 느껴지는 예술성
- 창의적이고 감동적인 스토리텔링
- 예술 작품과의 혁신적인 결합
- 높은 품질의 영상미
- 브랜드 가치 제고
- 독창적인 접근 방식
- 예술가들에 대한 존중

가까이 이어지고 있다. 이 광고가 나오면 사람들은 자연스럽게 '크리스마스가 시작된다'고 인식한다. 광고의 완성도가 뛰어나서라기보다 그 영상이 불러오는 감정과 기억이 세대를 넘어 반복됐기 때문이다.

그런데 2024년 11월 같은 캠페인이 전혀 예상하지 못한 부정적 반응을 일으켰다. SNS에는 '영혼이 없다'거나 '크리스마스 감성을 망쳤다'는 비난이 빠르게 퍼져 나갔다. 광고를 둘러싼 논쟁의 핵심은 영상의 퀄리티나 메시지가 아니었다. 과거 영상과 큰 차이는 이 광고가 생성형 인공지능으로 제작됐다는 점이었다.

영상의 구성 자체는 과거와 크게 다르지 않았다. 북극곰, 눈 덮인 풍경, 반짝이는 조명, 세대가 어우러진 웃음 같은 익숙한 요소들이 그대로 등장했다. 코카콜라 측도 이 캠페인을 "전통을 현대적 방식으로 재해석한 시도"라고 설명했다. 코카콜라 측은 참으로 당황스러웠을 것이다. 사실 그들은 영상제작 과정에 소비자들을 참여시켰다. 웹사이트 '크리에이터리얼매직닷컴CreateRealMagic.com'을 개설해 소비자들로부터 코카콜라의 상징적인 이미지에 대한 아이디어를 모아서 생성형 인공지능으로 영상을 제작한 것이다.

놀라운 점은 바로 전년도인 2023년에 공개된 코카콜라의 '마스터피스Masterpiece' 광고는 생성형 인공지능을 활용했음에도 불구하고 소비자로부터 큰 호평을 받았다는 사실이다. 두 캠페인 모두 인공지능을 사용했지만 소비자의 감정 반응은 완전히 달랐다. 도대체 이유가 무엇일까? 이는 기술의 문제가 아니라 감성의 문제였다. 사람들이 코카콜라의 크리스마스 광고에 기대하는 것은 '완성도 높은 기술'이 아니라 오랫동안 반복해온 감정의 경험이었다. 생성형 인공지능이 만들어낸 이미지는 기술적으로는 의미 있는 시도였다. 하지만 소비자들이 기대하는 감성적인 '온기'를 표현하지는 못했다.

이 사례는 인간의 감성과 감정 반응을 기술적으로 완벽하게 예측하는 것이 얼마나 어려운 일인지 보여준다. 데이터와 인공지능은 사람들의 말과 행동을 분석해 패턴을 찾아낸다. 무엇을 좋아했는지, 어떤 장면에서 긍정적인 반응이 나왔는지, 어떤 요소가 반복적으로 등장하는지를 알려준다. 그러나 그 정보만으로 '왜 그 장면이 좋았는지' '어떤 맥락에서 그 감정이 형성됐는지'까지 완벽하게 설명하기 어렵다.

롯데칠성음료 역시 데이터 분석을 적극적으로 활용해 여러 성공

아이시스 8.0

일상에서 아이시스를 마시는 순간들을 데이터로 추출해 광고의 장면으로 구성했다.

사례를 만들었다. 반복된 성공은 자연스럽게 데이터 도구에 대한 신뢰로 이어졌다. 우리는 광고 제작에도 데이터를 더 깊이 활용하는 시도를 감행했다. 소비자들이 언제 어디서 어떤 상황에서 특정 제품을 소비하는지를 데이터로 분석하고 그 장면을 그대로 영상으로 구현하면 감정적 연결도 강화될 것으로 생각한 것이다.

이런 접근으로 제작된 광고가 '아이시스'다. 일상에서 아이시스를 마시는 순간들을 데이터로 추출해 광고의 장면으로 구성했다. 이론적으로는 타당했다. 소비자 데이터가 말해주는 '진짜 현실에서 마시는' 장면을 그대로 보여주었기 때문이다. 그러나 결과는 기대에 미치지 못했다. 광고는 무난한 반응을 얻었지만 강한 공감이나 자발적 확산으로 이어지지는 않았다. 모델의 인지도 덕분에 단기적으로 주목받았을 뿐 오래 기억되지는 못했다. 사람들은 자신의 일상을 그대로 보여주는 영상보다 그 일상에 의미를 부여해주는 이야기에 더 강하게 반응한다는 사실을 다시 확인할 수 있었다.

인간의 감성과 감정 반응은 매우 복합적이다. 개인의 경험, 문화적 배경, 사회적 분위기, 그날의 기분까지 수많은 요소가 동시에 작용한다. 같은 자극이라도 상황에 따라 전혀 다른 감정을 불러일으킬 수 있다. 그래서 데이터 분석으로 소비자의 욕구를 상당 부분 파악할 수는 있어도 감정을 정확히 예측하는 것은 여전히 어렵다.

기술은 계속 발전할 것이다. 언젠가는 지금보다 훨씬 정교하게 감정을 추론하는 도구가 등장할지도 모른다. 그러나 적어도 현재의 마케팅 환경에서는 인간의 감성과 감정 반응을 완벽하게 계산해내는 기술은 존재하지 않는다. 이 사실을 깨닫지 못하면 데이터가 충분하다는 이유만으로 잘못된 확신에 빠질 위험이 커진다.

마케팅에서 중요한 것은 '데이터가 무엇을 말하는가?'만이 아니라 '데이터가 말해주지 않는 것은 무엇인가?'를 함께 바라보는 일이다. 감정은 숫자로 완전히 환원되지 않는다. 그렇기 때문에 데이터 마케팅이 효과를 발휘하려면 감성을 해석하고 맥락을 읽어내는 인간의 역할이 반드시 필요하다.

데이터는 직관을 키우고 직관은 통찰을 완성한다

데이터 드리븐 마케팅은 고객의 구매 이력, 웹사이트 방문 기록, 검색 행동, 소셜 미디어 활동 같은 방대한 데이터를 분석해 특정 소비자 집단의 선호와 행동 경향을 파악하는 방법론이다. 이 과정에서 마케팅은 이전보다 훨씬 더 과학적이고 체계적인 영역이 됐다. 무엇이 잘 팔리는지, 어떤 메시지에 반응하는지, 어떤 타이밍에 구매가 일어나는지를 수치로 확인할 수 있기 때문이다. 이런 이유로 데이터는 종종 '정답을 찾는 도구'처럼 인식된다. 데이터만 충분히 쌓이면 그 안에서 답이 저절로 나올 것처럼 느껴지기도 한다. 그러나 실제 현장에서 마케팅 전략을 설계하다 보면 데이터가 제시하는 방향을 그대로 따라가는 것만으로는 충분하지 않다는 사실을 반복해서 확인하게 된다.

데이터는 통찰을 향한 출발점이다. 데이터가 곧 통찰을 보여주지는 않는다. 데이터가 알려주는 것은 '무엇이 일어났는가'와 '어떤 경향이 반복되는가'까지다. 그다음 단계, 즉 '그래서 이 브랜드는 무엇을 해야 하는가?' '소비자에게 어떤 이야기를 건넬 것인가?'를 결정해야 할 때는 다른 역량이 필요하다. 바로 직관과 감성이다. 마케팅에서의 직관은 오랜 시간 시장을 관찰하며 축적된 경험, 소비자의 반응을 반복적으로 검증하며 쌓아온 감각, 그리고 데이터로 확인한 사실들을 하나의 그림으로 엮어내는 능력에 가깝다. 데이터는 직관을 검증하고 감각의 방향이 엇나가지 않도록 잡아주는 기준이 된다. 데이터 분석을 거치지 않은 직관은 위험하다. 또 감성만 앞세운 아이디어는 쉽게 자기 확신에 빠지고 시장의 현실과 어긋나기 쉽다.

데이터 드리븐 마케팅에서 감성적 사고는 매우 중요한 역량이다. 감성적 사고는 종종 분석적 사고를 방해한다는 오해를 받는다. 그러나 실제 현장에서는 두 사고방식이 분리돼 작동하지 않는다. 감성적 사고는 타인의 감정 신호를 민감하게 포착하고 상황의 맥락을 입체적으로 이해하는 데 도움을 준다. 숫자로 설명되지 않는 미묘한 반응, 말로 표현되지 않은 불편함, 기대를 읽어내는 힘이 바로 감성적 사고에서 나온다. 또한 감성적 사고는 직관적 판단을 돕는다. 모든 의사결정을 수치와 근거로만 설명할 수는 없다. 특히 새로운 시장을 만들거나 기존 인식을 전환해야 하는 순간에는 분석의 틀을 넘어서는 선택이 필요해진다. 이때 감성적 사고는 논리의 빈틈을 메우고 전략의 방향을 결정하는 중요한 역할을 한다.

결국 데이터 드리븐 마케팅은 논리와 직관과 감성, 즉 과학과 예술이 만나는 마케팅 방법론이다. 데이터 분석은 소비자의 행동과 인식을 냉정하게 해부하고 가능한 선택지를 좁혀준다. 직관과 감성은 그 선택지 중에서 어떤 길이 소비자의 마음에 닿을지를 판단하게 돕는다. 데이터와 직관과 감성은 어느 것도 하나만으로는 충분하지 않다.

훌륭한 데이터 통찰은 직관과 감성의 개입이 필요하고 훌륭한 직관은 데이터 분석에서 시작된다. 데이터 분석은 감성과 직관의 뒷받침이 있을 때 비로소 전략이 된다. 이 순환 관계가 건강하게 유지될 때 데이터 마케팅은 단순한 분석 기법을 넘어 실제로 브랜드와 소비자를 깊게 연결할 수 있다.

2
오감을 자극해
데이터의 마법을 완성한다

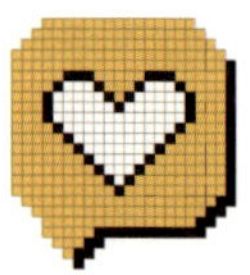

"저 남자는 누구지?"

칠성사이다 제로의 캠페인 '제로라이프' 광고가 공개되자마자 소비자의 관심이 한 인물에 집중됐다. 바로 가상 인물 '류이드RyuID'였다. 오직 이 캠페인을 위해 탄생한 류이드의 등장은 화제성에서 압도적이었다. 단 한 편의 영상이 조회수 1,000만 회를 돌파했고 광고는 대중의 대화 속에 자연스럽게 스며들었다.

제로라이프 캠페인의 성공은 치밀한 데이터 분석을 바탕으로 소비자의 감각과 감정을 정교하게 공략한 결과였다. 영상은 '다이내믹한 역동성'을 전면에 내세웠다. 빠른 템포의 음악, 강렬한 비주얼, 에너지 넘치는 연출은 소비자가 탄산음료를 마실 때 무의식적으로 기대하는 감정, 즉 '짜릿함'을 직관적으로 전달했다.

이러한 오감 신호의 설계는 데이터에서 시작됐다. 데이터 분석 결과 소비자들은 칠성사이다 특유의 '맑고 깨끗함'을 넘어 '가볍지

제로라이프 캠페인과 가상 인물 류이드

캠페인이 시작되자마자 단숨에 화제의 주인공이 된 가상 인물 '류이드RyuID'. 단 한 편의 영상이 조회수 1,000만 회를 돌파했고 광고는 대중의 대화 속에 자연스럽게 스며들었다. (제작 대홍기획)

만 심심하지 않은' 그리고 '부담 없지만 재미있는' 감정 경험을 원하고 있었다. 15초의 짧은 영상은 오로지 이 역동적인 에너지를 시청각화하는 데 집중했다.

모델은 오감 신호를 전달하는 핵심 전략이었다. 당시 전 연령층에서 고르게 호감도가 높았던 모델을 기용해 브랜드의 헤비 유저인 중장년층을 붙잡는 동시에 강렬한 에너지로 활력을 더했다. 하지만 우리가 새로 공략하고자 하는 젊은 세대의 이목을 단숨에 사로잡으려면 기존에 시도되지 않은 차별화된 장치가 더 필요했다. 그래서 기획한 캐릭터가 바로 가상 인물 류이드였다. 류이드는 데이터 분석을 통해 1030세대가 선호하는 외형적 조건을 그대로 적용해 개발한 캐릭터였다. 실험적이고 창의적인 경험을 즐기는 젊은 층의 감정적 기대를 정확히 저격한 것이다.

광고 영상을 가득 채운 소리는 기억을 완성하는 장치였다. 익숙한 노래 대신 새로 CM송을 제작해 브랜드의 메시지를 음악적 코드에 실어 소비자 뇌리에 각인시켰다. 광고 방영 후 음원 다운로드 문의가 쇄도할 만큼 반응은 뜨거웠다. 강렬한 비주얼과 역동적인 리듬은 입 안에서 탄산이 터질 때의 미각과 청각적 청량감을 생생하게 되살려 냈고 결과적으로 젊은 소비자층의 유입을 유의미하게 끌어올렸다.

그런데 제로라이프의 떠들썩한 성공 이후 흥미로운 사건이 발생했다. 타 브랜드에서 제로라이프와 매우 유사한 콘셉트의 광고를 선보였다. 모델도, 영상 비주얼도, 음악 리듬도 비슷했다. 하지만 화제성은 제로라이프에 훨씬 미치지 못했다. 무엇이 달랐을까? 이유는 광고가 내보내는 '감각 신호'가 소비자의 '감정 반응'과 일치하지 않았기 때문이다. 오감 마케팅의 핵심은 '강한 자극'이 아니라 '맞는 자극'이다. 소비자가 브랜드의 감정적 니즈와 외부에서 들어오는 감각 신호가 맞아떨어질 때 광고는 단순한 정보전달을 넘어 사람의 마음을 움직인다. 그리고 이 강력한 감정 반응이 실제 구매로 이어진다.

데이터 마케팅과 오감 마케팅은 상호 보완적 관계다. 아무리 정교한 데이터 분석도 소비자의 오감을 사로잡을 만한 정밀한 감각 설계가 없다면 그 효과는 반감된다. 반대로 데이터라는 지도 없이 설계된 감각은 방향을 잃고 허공을 맴돌게 된다. 결국 데이터는 오감의 나침반이 되고 오감은 데이터에 생명력을 불어넣는다. 이 두 축이 맞물릴 때 소비자가 진정으로 원하는 브랜드 경험은 완성된다.

브랜드 이미지와 오감의 경험이 일치해야 한다

같은 소리, 같은 색, 같은 모델을 써도 광고의 결과는 완전히 달

칠성사이다 제로 라이프 캠페인과 푸드페어링 캠페인

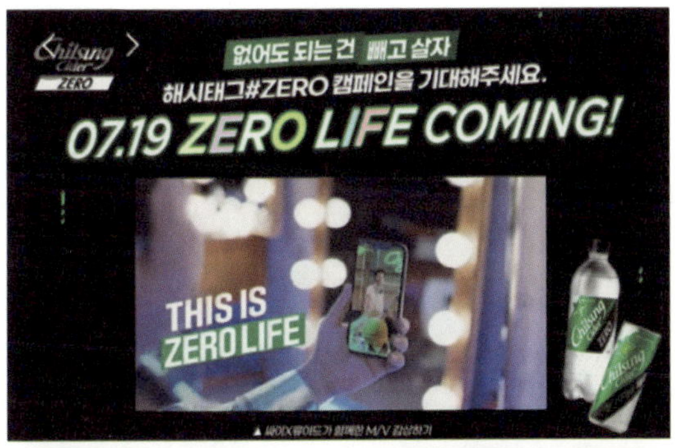

데이터를 통해 '사이다는 음식과 함께 소비된다'는 사실을 발견했고 광고에 '좋은 사람들과 맛있는 음식을 먹으며 부담 없이 즐기는 제로 사이다'라는 메세지를 담아 전달했다.
(제작 대홍기획)

라질 수 있다. 이는 감각 자극 자체의 문제가 아니라 그 감각이 소비자 머릿속에 이미 형성된 '기대 이미지'와 맞아떨어지는지에 달려 있기 때문이다.

사람은 어떤 제품을 마시거나 사용할 때 그 순간에 처음으로 감각을 해석하지 않는다. 이미 과거의 경험을 통해 형성된 이미지와 감정을 기준 삼아 감각 신호를 받아들인다. 탄산음료를 떠올릴 때 많은 소비자 머릿속에는 이미 '톡 쏘는 느낌' '답답함을 씻어내는 청량감' '순간적으로 기분을 끌어올리는 에너지'가 함께 저장돼 있다. 소비자는 이 상태에서 전달되는 시각, 소리, 리듬이 이 기대와 일치하면 별다른 설명 없이도 자연스럽게 공감한다.

칠성사이다 제로라이프 캠페인은 이 지점을 정확히 짚었다. 비주얼은 빠르고 강했고 음악은 리듬감이 분명했으며 화면 전환은 숨 돌릴 틈 없이 이어졌다. 이 오감 신호들은 탄산음료를 마실 때 기대하는 감정 경험과 정확히 겹쳤다. 소비자는 광고를 해석하기 전에 먼저 '느꼈고' 그 느낌이 칠성사이다 제로라는 제품과 연결됐다.

반대로 같은 브랜드의 이전 캠페인이었던 '푸드 페어링' 광고는 다른 결과를 낳았다. 이 캠페인 역시 데이터 분석 결과를 토대로 설계했다. 데이터를 통해 '사이다는 음식과 함께 소비된다'는 사실을 발견했고 광고에 '좋은 사람들과 맛있는 음식을 먹으며 부담 없이 즐기는 제로 사이다'라는 메시지를 담아 전달했다. 논리적으로 틀린 전략은 아니었다. 실제로 많은 소비자가 사이다를 식사할 때 함께 마신다.

그런데 문제는 감정의 연결이었다. 소비자들이 사이다를 식사할 때 함께 마시는 이유와 사이다 자체에 기대하는 감정은 같지 않았다. 우리는 데이터를 다시 분석했다. 그 결과 사이다는 식사 중에도 마시지만 음식과 상관없이 단독으로도 많이 소비되는 사실을 새롭게 발견했다. 특히 소용량 제품의 판매가 꾸준히 유지되고 있었다. 소비자들이 사이다를 마시는 이유가 단지 식사와 함께 마시기 위해서만이 아니라 '상쾌함을 느끼기 위한 목적 음료'로 자주 선택하고 있음을 보여줬다.

푸드 페어링 캠페인의 오감 신호는 '따뜻한' 분위기에서 '함께 마시는' 장면과 가까웠다. 하지만 소비자들이 실제로 사이다에서 기대하는 감정은 '짜릿함'과 '활력'에 더 가까웠다. 이 미세한 어긋남 때문에 소비자들은 제품은 구매하면서도 광고에는 반응하지 않았던 것이다. 광고는 정보를 전달했지만 감정을 움직이지는 못했다.

오감 신호가 기대 이미지와 어긋날 때 나타나는 현상은 분명하다. 소비자는 광고가 틀렸다고 말하지 않는다. 대신 조용히 무시한다. 기억하지 않고 공유하지 않고 대화의 소재로 삼지 않는다. 이것이 바로 감각 신호와 감정 반응의 불일치가 만들어내는 결과다.

'이 자극이 소비자가 이미 떠올리는 이미지와 같은 방향을 보고 있는가?'

오감 마케팅에서 중요한 질문이다. 아주 단순한 신호라도 기대 이미지와 정확히 맞아떨어지면 소비자는 그것을 '자연스럽다' '맞다'고 느낀다. 오감 신호는 새로운 감정을 억지로 주입하는 도구가 아니다. 이미 소비자 머릿속에 존재하는 감정과 기억을 깨우는 트리거에 가깝다. 이 점을 이해할 때 오감 마케팅은 데이터가 발견한 차가운 수치를 생생한 현실 경험으로 바꾸는 강력한 수단이 된다.

소비자의 시각과 청각을 넘어 감각을 공략해야 한다

우리는 데이터 분석을 통해 소비자가 무엇을 사고, 언제 사고, 어떤 상황에서 반응하는지 상당히 정확하게 알 수 있게 됐다. 그러나 분석이 아무리 정교해져도 하나의 질문은 늘 남는다. "그래서 소비자는 이 제품을 느끼고 싶은가?"라는 질문이다. 데이터는 소비자의 행동을 설명해주지만 그 행동이 일어나는 마지막 순간, 즉 구매 직

칠성사이다 = 별 + 초록색

칠성사이다에 대해 어린아이가 표현하는 '별주스'에 대한 하나의 트윗이 많은 사람의 공감을 얻으며 확산됐다. 칠성사이다를 이야기하며 별과 초록색을 함께 연상하고 있다.

전의 판단에는 언제나 감정이 개입한다. 오감 마케팅은 데이터 마케팅의 '장식'이 아니라 전략을 완성하는 마지막 퍼즐이 된다.

오감 자극은 정보전달을 넘어 감정을 형성하고 행동을 유도한다. 외부의 감각 신호가 뇌에 전달되는 순간 몸이 즉각적인 감정 반응을 일으키기 때문이다. 이렇게 형성된 찰나의 감정이 긍정적인 경험으로 쌓이면 비로소 '정서적 연결'이 완성된다. 브랜드와 소비자 사이에 깊은 신뢰와 충성도가 생기는 것이다. 결국 오감 마케팅은 단기적으로는 강렬한 감정 반응을 주고 장기적으로는 단단한 정서적 유대를 구축하는 전략이다.

소비자는 로고, 색상, 슬로건, 음악, 향기 같은 감각 정보를 통해 브랜드를 식별하고 기억한다. 이를 '브랜드 코드Brand Code'라고 한다. 칠성사이다의 '초록색과 별', 애플의 '한 입 베어 문 사과', 블루보틀의 '파란색 병' 등이 대표적인 예다. 진열대를 가득 채운 제품

오감 마케팅 × 데이터 상호보완 시스템

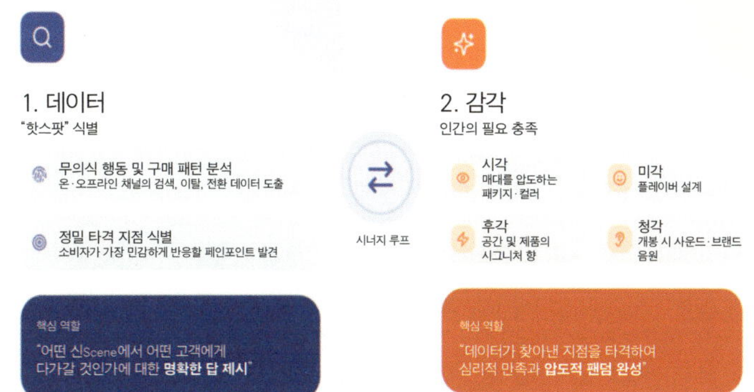

데이터가 B2B·B2C 고객의 무의식을 분석하여 '전략적 신Scene'을 정밀 타격할 설계를 제공한다면 오감 마케팅은 그 지점에서 '실체적 감각(식감, 향, 패키지)'을 통해 고객의 심리적 만족을 완성하고 압도적인 팬덤을 구축합니다.

들 사이에서도 우리가 무의식적으로 특정 브랜드를 찾아내는 이유는 바로 이 코드 때문이다. 감각 신호가 브랜드 코드와 일치할 때 소비자는 브랜드의 차별성을 훨씬 쉽고 강렬하게 인식한다.

마케팅의 본질은 이러한 브랜드를 구축하고 강화하는 과정이다. 하지만 주의할 점이 있다. 브랜드의 힘은 그 코드가 소비자와 연결돼 있을 때만 유효하다는 것이다. 만약 특정 상황에서 소비자가 자동적으로 떠올리는 이미지가 없다면 그 브랜드는 마케팅 전략에서 힘을 쓰지 못한다. 즉 인식 속에 코드가 형성되지 않은 브랜드에 지나치게 집착하는 것은 비효율적일 수 있다.

사실 새로운 브랜드 코드를 만들거나 기존의 고정된 이미지를 전환하는 데는 막대한 예산과 시간이 든다. 끊임없는 캠페인으로 소비자를 교육해야 하기 때문이다. 현실적으로 이런 비용을 감당할 수 있는 국내 브랜드는 많지 않다. 여기서 오감 마케팅의 진가가 드러난다. 오감 마케팅은 없는 코드를 억지로 만드는 대신 소비자가 이미 머릿속에 품고 있는 '기대 이미지'를 파악해 그에 맞는 감각 경험을 제공함으로써 소비자와 제품을 감정적으로 연결한다.

이러한 전략을 현실로 만드는 도구가 바로 데이터 드리븐 마케팅이다. 데이터는 소비자가 스스로 인식하지 못하거나 표현하지 못하는 기대 이미지를 찾아내고 어떤 감각 신호가 필요한지 설계의 방향을 설정해 준다. 분석적 접근인 데이터와 감성적 접근인 오감이 결합할 때 마케팅 효과는 극대화된다.

연주회에 비유해 보자. 곡을 쓰고 악보를 구성하는 과정이 데이터 드리븐 마케팅이라면 그 곡을 해석해 청중에게 감동을 전하는 연주 기법은 오감 마케팅에 해당한다. 아무리 훌륭한 악보라도 연주자의 감성적인 터치가 없다면 청중의 마음을 움직일 수 없는 것과 같은 이치다.

데이터는 차갑고 치밀하게 소비자의 무의식을 분석해 이성적인 솔루션을 도출한다. 하지만 그 솔루션을 받아들이는 주체는 여전히 감정과 경험에 좌우되는 '인간'이다. 소비자가 감동하고 행복을 느껴야 비로소 전략은 완성된다. 오감 마케팅은 데이터 분석을 통해 정교한 전략이 되고 데이터 드리븐 마케팅은 오감 마케팅을 통해 비로소 인간의 마음을 터치하는 예술이 된다.

소비자의 뇌가 느끼는 모든 신호가 지갑을 열게 한다

"병이 예뻐서 꽃병으로 사용해도 좋아요."

새로 출시 후 사람들은 소주병을 다양한 인테리어 소품으로 활용했다.

새로 출시 후 온라인에 등장한 반응 중에는 디자인에 대한 의견이 적지 않았다. 소주병을 인테리어 소품으로 활용할 것을 예상한 것은 아니었다. 하지만 소비자의 감성을 터치하는 다양한 '감각 신호'를 치밀하게 디자인에 적용한 결과인 것은 분명하다.

새로의 용기 디자인은 처음부터 소비자의 오감을 자극하도록 설계됐다. 단순히 예쁜 병을 만드는 접근이 아니라 소비자가 병을 보는 순간, 집어 드는 순간, 마시는 순간에 머릿속에 어떤 인식을 형성하게 될지 거꾸로 상상하는 방식이었다.

새로의 병은 한국의 전통적인 도자기를 모티프로 디자인됐다. 둥글고 안정적인 형태에 과하지 않은 곡선은 도자기에서 느껴지는 '전통'과 '정갈함'을 연상시킨다. 이는 브랜드 스토리 속 천년을 산 구미호가 사는 깊은 산속의 암반수라는 세계관과 자연스럽게 이어진다.

병 표면의 세로 홈 역시 단순한 장식이 아니다. 동굴 속 물방울이 흐르는 이미지를 표현한 것으로 '맑음' '깨끗함' '자연'을 무의식적으로 연상케 한다. 이런 해설은 소비자에게 정보로 제공하지 않

새로 용기 디자인은 처음부터 소비자의 오감을 자극하도록 설계됐다.

는다. 설명이 없어도 감각 신호는 뇌에 바로 전달되고 기존의 기억과 결합된다. 마케팅에서 중요한 것은 소비자가 이해했는가가 아니라 '느꼈는가'다.

투명한 병은 또 다른 메시지를 전달한다. 기능적으로는 재활용이 쉬운 친환경 용기지만 인식의 차원에서는 전혀 다른 역할을 한다. 우리의 경험 속에서 투명한 병에 담긴 술은 대체로 도수가 높다. 진열대에서 투명한 병의 술을 보면 '어, 도수가 높은 술 아닐까?'라고 생각한다. 우리 인식 속에 고정된 센 술의 이미지 때문이다. 새로는 저도주이지만 저도주처럼 보이길 원하지 않았다. '가볍게 마시고 싶지만 가볍게 보이고 싶지는 않은' 소비자의 미묘한 감정과 투명한 병은 정확히 들어맞는 신호였다.

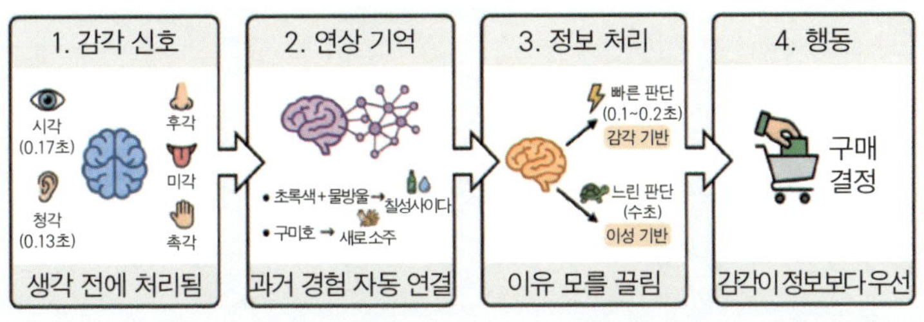

라벨에 사용된 구미호 이미지는 브랜드 캐릭터인 새로구미와 대비된다. 새로구미는 친근하고 귀엽지만 라벨 속 구미호는 비교적 사실적이다. 이 대비는 우연이 아니다. 귀엽기만 한 술이 아니라 성인의 세계에 속한 술이라는 인식을 시각적으로 전달한다. 소비자는 이 차이를 논리적으로 분석하지 않는다. 하지만 뇌는 이 감각 신호를 빠르게 통합해 하나의 인상으로 저장한다.

촉각 역시 중요한 역할을 한다. 병을 집어 들었을 때의 무게감과 손에 닿는 표면의 느낌은 생각보다 구매 결정에 큰 영향을 미친다. 새로의 용기 디자인 과정에서는 여러 샘플을 제작해 타깃 소비자들에게 직접 만져보게 했다. 이유를 묻지 않고 그저 '어떤 게 더 좋게 느껴지는지'를 확인했다. 설명할 수는 없지만 손에 쥐었을 때 기분이 좋은 디자인이 최종 선택됐다. 이는 논리로 설명되는 영역이 아니라 감각이 판단하는 영역이다.

마케터들은 종종 소비자에게 더 많은 정보를 제공하려 한다. 성분, 공법, 차별점, 기술적 우수성까지 최대한 설명하면 구매 확률이 높아질 것이라고 기대한다. 그러나 실제 구매 순간에는 이런 정보들이 거의 영향을 미치지 않는다. 의도적인 무시가 아니다. 단지 의사결정 순간에 시각, 청각, 촉각, 후각, 미각 정보가 더 빠르게 작용하기 때문이다.

연구에 따르면 인간의 반응 속도는 시각이 약 0.17초이고 청각은 약 0.13초 수준이다. 우리가 '생각했다'고 느끼기 전에 뇌는 이미 보고 듣고 느낀 신호를 처리한다. 미각, 후각, 촉각까지 더해지면 이 과정은 더욱 빠르고 강력해진다. 그래서 소비자들은 종종 "이유는 모르겠지만 끌린다." "그냥 좋아 보인다."라고 말한다. 이는 비이성적인 반응이 아니라 감각 정보에 기반한 매우 인간적인 판단이다.

이렇게 들어온 감각 자극은 기억, 감정, 사고를 연결한다. 색상, 형태, 소리, 냄새, 맛은 뇌 속에서 특정 경험과 함께 저장되고 이후 비슷한 자극을 받을 때 자동으로 떠오른다. 이를 연상기억이라고 한다. 새로의 라벨 속 구미호와 애니메이션 속 캐릭터가 자연스럽게 하나의 존재로 인식되는 것도 이 때문이다. 초록색과 물방울 이미지를 보면 칠성사이다가 떠오르는 것도 같은 원리다.

감각 신호는 뇌 속 기억에 불을 붙인다. 바로 '점화효과priming effect'다. 오감 마케팅의 역할은 바로 이 점화효과를 긍정적인 방향으로 유도하는 것이다. 하지만 이 과정은 언제나 위험을 동반한다. 감각 신호가 어떤 기억을 불러낼지는 완벽하게 통제할 수 없기 때문이다. 하이네켄의 라이트 맥주 광고 사례는 이를 바로 보여준다. 2018년 하이네켄은 '때로는 가벼운 것이 더 낫다sometimes lighter is better'는 슬로건의 영상을 공개했다. 이 광고는 라이트 맥주의 특성을 잘 표현한 것처럼 보였다. 그러나 영상에서 맥주가 어두운 피부

색의 사람들을 지나 백인 여성에게 전달되는 장면은 전혀 다른 기억을 점화시켰다. 소비자들은 이를 인종차별적 메시지로 해석했다. 브랜드는 즉각 사과해야 했다. 의도하지 않은 감각 신호가 브랜드 인식 전체를 뒤흔든 것이다.

감각 신호는 강력하지만 그래서 위험할 수 있다. 그래서 오감을 활용한 마케팅에는 언제나 데이터 분석에 기반한 이해와 신중함이 필요하다. 소비자의 문화적 배경, 사회적 맥락, 기존 인식을 충분히 이해하지 못한 상태에서 던져진 감각 신호는 부정적 결과로 이어질 수 있다.

데이터를 마케팅에 접목하면서 소비자가 제품을 구매하는 이유를 파악하고 만족시킬 더 나은 방법도 찾을 수 있게 됐다. 하지만 실제 구매를 결정하는 순간에는 언제나 감성과 감정이 개입해 판단과 결정을 바꾸게 된다. 시각은 판단에 가장 큰 영향을 미치고 청각, 촉각, 후각, 미각은 그 판단을 보강한다. 마케터가 공들여 소비자의 욕구를 정확하게 충족하는 제품을 기획해도 찰나의 순간 맞지 않는 오감 신호가 엉뚱한 결과를 낳을 수 있다.

인간은 언제나 합리적 소비를 추구한다. 기술의 발전으로 정보는 많아지고 비교는 더 쉬워질 것이다. 하지만 구매의 순간에는 여전히 감성과 감정과 직관이 개입할 것이다. 뇌의 인지 시스템은 변하지 않기 때문이다. 데이터 도구가 발전하고 인공지능이 등장해도 마케팅의 핵심은 이성과 직관이 동시에 존재하고 감각에 휘둘리는 감정을 가진 인간을 이해하는 것이다.

3
물건이 아니라
'자존감'을 파는 시대다

무려 11년 만에 패키지 디자인을 새롭게 단장한 마운틴듀는 출시 직후 시장의 뜨거운 호응을 얻었다. 소비자들은 마운틴듀의 맛이 좋아졌다고 입소문도 열심히 내주었다. 물론 맛은 전혀 달라지지 않았다. 바뀐 건 레시피가 아니라 용기 디자인뿐이었다.

마운틴듀의 매출을 끌어올린 결정적 요인은 진열대 위에서의 존재감이었다. 알록달록한 수십 종의 음료가 빼곡하게 채운 진열대 한가운데서 마운틴듀의 강렬한 형광색은 소비자의 시선을 단숨에 사로잡았다. 복잡한 선택 상황에서 소비자는 가장 먼저 눈에 들어오는 제품을 집어 든다. 마운틴듀는 이 기본적인 원리를 정확히 적용했다.

그러나 이 성공은 오래가지 못했다. 마운틴듀의 성과는 곧바로 타 브랜드의 '형광색 경쟁'을 불러왔다. 분홍, 보라, 파랑, 노랑 등 다양한 형광색을 입은 유사한 디자인의 음료들이 빠른 속도로 진

형광병 패키지 디자인

진열대 한가운데서 마운틴듀의 강렬한 형광색은 소비자의 시선을 단숨에 사로잡았다.

열대를 채웠다. 형광색이라는 시각적 차별점은 순식간에 희석됐고 마운틴듀의 가파른 매출 상승세도 결국 꺾였다. 이 시점에서 질문이 하나 생긴다. 마운틴듀의 전략은 단지 '미투 경쟁'에 밀린 것일까? 비슷한 상황에서 전혀 다른 결과를 만든 사례가 있다. 바로 아이시스 무라벨 패키지다.

아이시스는 생수 시장에서 가장 먼저 무라벨 패키지를 선보였다. 이후 경쟁사들은 놀라울 만큼 빠르게 무라벨 제품을 출시했다. 결과만 보면 마운틴듀와 동일한 '미투 상황'이다. 그러나 결과는 정반대였다. 아이시스 무라벨 패키지는 경쟁이 심화된 이후에도 지속성장했다. 소비자들은 아이시스를 '기후환경을 생각하는 브랜드'로 인식하기 시작했다. 브랜드 이미지의 변화는 실제 매출로 이어졌다. 이것이 바로 인식의 선점 효과다.

마운틴듀와 아이시스는 모두 패키지 디자인을 바꿨다. 겉으로 보면 동일한 전략처럼 보인다. 그러나 소비자에게 전달된 메시지는 전혀 달랐다. 그 차이를 이해하려면 소비자의 구매 결정 구조를 조금 더 들여다볼 필요가 있다. 소비자의 구매 결정 순간에는 늘 두 가지 목표가 동시에 작동한다. 하나는 외현적 목표다. 목이 말라서 음료를 사는 것과 갈증을 해소하기 위해 생수를 구매하는 것이 여기에 해당한다. 이 목표는 비교적 단순하고 명확하다. 그런데 구매 결정에서 강력한 동기로 작동하는 것은 내재적 목표다. 제품을 구매함으로써 얻고자 하는 드러나지 않은 욕구다. 제품을 통해 내가 어떤 사람이 되는지, 혹은 어떤 사람처럼 느끼고 싶은지가 여기에 포함된다.

마운틴듀는 형광색 패키지를 통해 젊고 강하고 에너지가 넘치는 이미지를 전달하는 데 성공했다. 특히 타깃 소비자인 젊은 남성들에게 '이 음료는 너희의 취향이다.'라는 신호를 정확하게 보냈다. 그러나 그 신호는 '멋있어 보인다.'라는 감정에서 더 나아가지 못했다. 소비자가 마운틴듀를 선택함으로써 스스로에게 부여할 수 있는 의미는 제한적이었다.

반면 아이시스 무라벨은 전혀 다른 차원의 내재적 기대를 건드렸다. 무라벨 생수를 구매하는 행위는 단순히 물을 사는 행동이 아니었다. 소비자는 그 선택을 통해 '나는 환경을 생각하는 사람이다.' '작지만 의미 있는 행동을 하는 사람이다.'라는 자기 이미지를 완성할 수 있었다. 이때 제품은 더 이상 생수가 아니라 소비자의 정체성을 표현하는 도구가 된다.

이 차이는 구매 이후의 행동에서도 드러난다. 마운틴듀에 열광했던 소비자들은 더 강렬한 시각적 신호를 보내는 새로운 제품이 등장하자 빠르게 이동했다. 반면 아이시스 무라벨로 유입된 소비자들은 반복 구매를 통해 헤비 유저로 진화했다. 이유는 단순하다. 아이시스를 선택하는 행위 자체가 소비자에게 지속적인 만족감을 제공했기 때문이다.

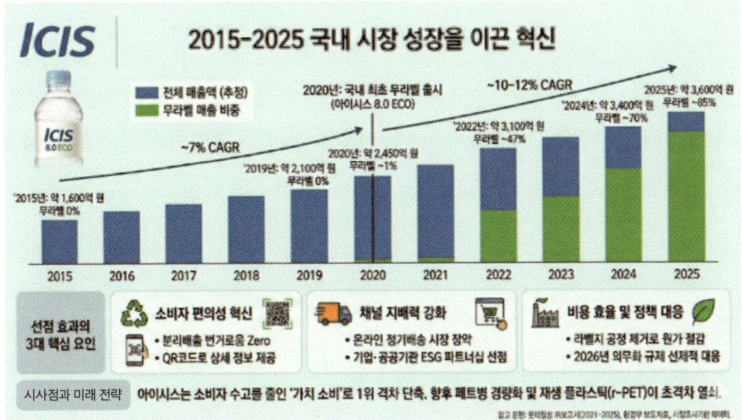

아이시스 무라벨은 2020년 출시 후 2025년 전체 매출의 85%를 차지했다. '환경을 실천하는 소비자'라는 정체성을 제공한 것이 핵심이었다.

마케팅에서 '무엇을 보여주는가?'만큼 중요한 것은 '그 선택이 소비자에게 어떤 의미가 되는가?'다. 단기적인 주목을 얻는 디자인과 소비자의 내면적 욕구를 충족시키는 디자인은 전혀 다른 결과를 만든다. 소비자는 제품을 통해 단순히 무언가를 소비하는 것이 아니라 스스로가 어떤 사람이 되고 싶은지를 선택한다. 그래서 강력한 브랜드와 제품은 늘 하나의 질문에 답한다. "이 제품을 선택함으로써 나는 어떤 사람이 됐다고 느끼는가?"

마케팅의 성공은 결국 이 질문에 얼마나 명확하고 설득력 있게 답할 수 있는가에 달려 있다.

제품이 아닌 '그 제품을 쓰는 나의 모습'을 산다

소비자는 제품이나 서비스에 대해 긍정적인 감정을 느낀다고 해서 곧바로 구매를 결정하지 않는다. '괜찮아 보인다.' '재미있다.' '트렌디하다'는 인상은 분명 중요한 출발점이지만 그것만으로 지갑이 열리지는 않는다. 실제 구매 행동은 훨씬 더 복합적인 판단의 결과다.

이를 잘 보여주는 사례가 '메이킹 베이스'다. 트레비는 국내 탄산음료 시장에서 오랜 기간 1, 2위를 다투며 안정적인 입지를 유지해온 브랜드다. 그런데 제로슈거 탄산음료가 큰 인기를 끌기 시작하면서 매출에 부정적 변화가 일어났다. 기존 탄산음료 소비자 일부가 제로슈거 탄산음료로 이동하기 시작한 것이다. 이미 10여 년 이상 성숙기에 접어든 탄산음료 시장에서 시장 규모 자체를 크게 키우는 전략은 현실적으로 쉽지 않았다. 따라서 새로운 소비자를 무리하게 끌어들이기보다 기존 탄산수 소비자의 음용 빈도를 늘리는 전략을 선택했다.

데이터 분석을 통해 살펴본 탄산수 소비자의 실제 음용 패턴은 흥미로웠다. 소비자들은 탄산수를 '그냥 마시는 물'로만 소비하지 않았다. 주스, 시럽, 커피, 술 등과 섞어 마시는 경우가 상당히 많았고, 특히 집에서 간단하게 즐기는 믹스 음료 문화가 확산되고 있었다. 탄산수에 대한 소비자 니즈는 점점 '단독 음료'가 아니라 '다양하게 섞어 즐기는 베이스 음료'로 이동하고 있었다.

이런 변화를 바탕으로 기획된 제품이 '메이킹 베이스'다. 탄산수에 섞어 마시기 좋은 음료로서 자몽, 청포도, 레몬 등 한국 소비자

트레비 믹스 패키지와 광고 영상

트레비 '메이킹 베이스'는 홈카페 트렌드를 정확히 읽었지만 소비자가 원한 것은 '직접 만드는 나'라는 경험이었다. (제작 대홍기획)

가 좋아하는 맛으로 구성했다. 트레비나 술에 섞기만 하면 집에서도 카페나 바에서 마시는 것 같은 음료를 즐길 수 있다는 콘셉트였다. 이 제품은 아예 트레비 탄산수와 함께 묶어서 '트레비×메이킹' 패키지로도 출시됐다.

광고 캠페인 '트레비×메이킹' 시리즈는 제품 콘셉트를 감각적으로 표현했다. 영상은 세련됐고 메시지는 트렌디했다. 실제 반응도 매우 좋았다. 트렌드에 민감한 유튜버들이 자발적으로 콘텐츠를 만들었고 SNS에는 '힙하다.' '요즘 감성이다.'라는 평가가 이어졌다. 광고는 분명 성공처럼 보였다.

하지만 결과는 달랐다. 매출은 기대만큼 움직이지 않았다. 소비자들은 광고를 재미있는 콘텐츠로 소비했을 뿐 적극적으로 구매하지는 않았다. 이런 현상은 데이터 분석의 오류 때문이 아니었다. 데이터 분석은 소비자의 취향도 '집에서 즐기는 홈카페' 트렌드도 정확하게 읽어냈다. 우리가 놓친 것은 그다음 단계였다. 소비자가 이 제품을 통해 '무엇을 얻고 싶어 하는지', 더 정확히 말하면 '어떤 모습의 자신을 기대하고 있는지'를 충분히 이해하지 못한 것이다.

탄산수를 활용해 음료나 칵테일을 만들어 마시는 소비자들은 단순히 '맛있는 음료'를 원하는 것이 아니었다. 탄산수에 이것저것 섞는 방식의 칵테일을 즐기는 소비자들은 음료 자체보다 집에서 믹싱하는 과정을 더 즐겼다. 집에서 여러 재료를 준비해서 비율을 맞추고 잔에 따르고 완성된 음료를 사진으로 찍어 SNS에 공유하는 일련의 과정이 중요했다. 그 안에는 '나만의 레시피를 만드는 사람' '집에서도 센스 있게 즐기는 사람' '잠시나마 바텐더가 된 나'라는 역할과 이미지가 담겨 있었다. 즉 소비자의 내재적 목표는 편하게 만들어 마시는 것이 아니라 '무언가를 직접 만들어내는 나'가 되는 경험이었다.

'메이킹 베이스'는 내면의 깊은 욕구를 충분히 이해하지 못했다. '집에서 간편하게 즐기세요.'라는 메시지는 기능적으로는 맞았지만 소비자가 기대하는 정체성과는 어긋나 있었다. 소비자의 구매 결정은 그 제품이 '어떤 가치를 주는가'에 달려 있다. 핵심은 제품을 통해 '무엇이 되고 싶은가being'와 '무엇을 하고 싶은가doing'의 욕구를 충족할 수 있다는 기대다.

프리미엄 브랜드를 구매하는 이유는 품질이나 기능 때문만은 아니다. 그 제품을 소유함으로써 세련된 사람, 안목 있는 사람, 트렌드를 아는 사람으로 인식되고 싶은 기대가 함께 작동한다. 친환경 제품을 선택할 때는 환경을 생각하는 책임감 있는 사람이 될 수 있다는 기대가 깔려 있다. 캠핑 장비, 여행용 백팩, 고급 카메라를 구매하는 소비자는 그 제품을 직접 사용하는 '나의 모습'을 함께 구매한다.

결국 소비자는 제품 자체를 구매하는 것이 아니라 그 제품을 통해 얻을 수 있는 경험을 구매한다. 제품이나 서비스가 실제로 자신이 되고 싶은 모습, 하고 싶은 행동, 얻고 싶은 만족을 충족시켜줄 것이라는 믿음이 구매 결정에서 가장 중요하다.

기능보다 중요한 것은 그 물건이 주는 '가치'다

"기대는 대상을 한결 위대하게 만든다."

행동경제학자 댄 애리얼리Dan Ariely의 이 말은 소비자 행동의 본질을 정확히 짚고 있다. 소비자는 제품이나 서비스가 제공하는 기능적 효용만으로 구매를 결정하지 않는다. 그 제품이 자신이 추구하는 목표와 얼마나 강하게 연결돼 있는지와 그 목표를 달성했을 때 어떤 보상을 기대할 수 있는지가 구매 결정에 더 큰 영향을 미친다. 보상의 기대가 높을수록 구매 욕구를 자극하고 비싼 돈을 지불할 만한 가치가 있다고 느낀다.

소비자들이 프리미엄 브랜드를 구매하는 심리를 떠올려보자. 더 좋은 소재, 더 뛰어난 기술, 더 높은 완성도는 분명 구매의 이유가 된다. 하지만 그것이 전부는 아니다. 소비자 인식 속에 프리미엄 브랜드는 '품질 좋은 제품'이기 이전에 '부유해 보이는 나' '세련된 나' '안목 있는 나'를 상상하게 만드는 장치다. 소비자는 제품을 통해 자신의 이미지를 강화하고 스스로 보상을 준다.

신경과학과 심리학에서는 이를 '목표 가치goal value'라는 개념으로 설명한다. 개인이 어떤 목표를 얼마나 중요하게 여기는지에 따라 행동의 강도와 방향이 달라진다는 것이다. 목표 가치가 높을수록 그 목표를 달성하기 위한 행동에는 더 많은 시간, 비용, 노력이 투입된다. 건강을 삶의 핵심 가치로 여기는 소비자는 유기농 식품이나 기능성 식품에 높은 목표 가치를 부여한다. 환경 보호가 중요한 목표인 소비자에게는 아이시스 무라벨 패키지나 파타고니아 같은 브랜드가 강력한 보상을 제공한다. 이들에게 해당 제품은 단순한 생수나 의류가 아니라 자신의 가치를 실천하게 해주는 도구다.

실제로 소비자는 제품 자체보다 자신이 추구하는 목표를 달성하도록 도와주는 브랜드에 끌린다. 브랜드는 개인이 추구하는 내면의 목표를 달성할 수 있는 제품과 서비스를 제공함으로써 구매를 유도한다. 예를 들어 기술 혁신과 디자인을 중시하고 트렌드 리더로 보이고 싶은 이들에게 애플 브랜드는 구매를 결정하게 하는 강력한 요인이 된다. 테슬라도 같은 맥락이다. 테슬라는 단순히 전기

차를 파는 브랜드가 아니다. 테슬라는 지속가능한 미래, 기술 혁신, 환경 보호라는 큰 목표를 끊임없이 이야기한다. SNS와 커뮤니케이션에서도 제품 스펙보다는 '우리가 만들고자 하는 미래'를 강조한다. 테슬라를 선택하는 소비자들은 차를 산 것이 아니라 그 미래에 동참했다는 만족감을 구매한다. 이 감정은 브랜드에 대한 강력하고 장기적인 지지로 이어진다.

이처럼 소비자의 목표 가치는 브랜드 충성도의 핵심 동력이다. 자신의 가치관과 욕구를 정확히 반영해주는 브랜드일수록 소비자는 가격이나 일시적인 불편을 넘어 지속적인 관계를 유지한다. 소비자에게 브랜드 가치를 깊이 있게 전달하는 장치로는 브랜드 세계관, 스토리, 이미지, 영상 등이 있다. 이들 장치는 소비자에게 '이 브랜드와 함께하면 내가 원하는 목표에 가까워질 수 있다'는 기대를 만들어준다. 브랜드의 세계관이 소비자의 경험과 공명할 때 애정과 신뢰를 느끼고 관계는 더 깊어진다. 결국 구매 결정의 중심에는 언제나 목표 가치가 있다. 소비자가 목표 가치를 실현할 수 있다는 기대를 제공할 수 있어야 브랜드는 지속가능할 수 있다.

4
결국 사람을
움직이는 것은 '이야기'다

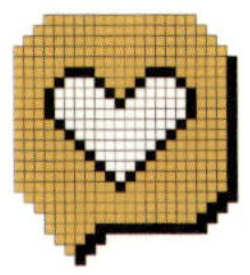

#1. 천년 묵은 구미호 '새로구미'는 어린 시절 사냥꾼에게 부모를 잃었으나 한 아이의 도움으로 목숨을 건진다. 하지만 인간에 대한 원망으로 가득 찬 나머지 인간을 해치고 간을 먹는 사냥꾼이 됐다. 세월이 흐른 어느 날 새로구미는 그만 과거 자신을 살려준 아이를 헤치고 만다. 어느새 어른으로 성장한 옛날의 그 아이를 알아보지 못한 것이다. 큰 충격을 받은 새로구미는 스스로 자신을 강원도 대관령 기슭의 동대굴에 가뒀다. 그곳에서 수백 년 동안 천연 암반수를 마시며 부정한 잡념을 정화한 새로구미는 더는 인간을 해치지 않겠다고 결심한다. 그리고 인간에게 속죄하고 이들의 풍요를 기원하기 위해 대관령의 정기를 받아 맑은 술 '새로'를 빚었다.

조회수 1500만을 기록한 새로구미 첫 캠페인

(제작 스튜디오좋)

#2. 과거 인간의 간을 먹던 새로구미는 이제 인간의 간을 치료하는 전문의가 돼 인간들과 함께 살아간다. 새로구미는 육식의 본능을 억제하는 삶을 지속하기 위해 퇴근 후에는 남몰래 자신의 은신처인 강릉 옥계면의 산 257번지 동굴로 돌아와 대관령 맑은 물로 빚은 '새로'를 마시며 마음을 다스리고 육신을 회복한다.

이 스토리는 제로슈거 소주 브랜드 '새로'의 세계관이다. 브랜드 세계관은 단순히 캐릭터에 관한 스토리가 아니다. 브랜드가 어떤 가치를 추구하고 왜 존재하는지를 설명하는 하나의 서사 구조다. 소비자는 이 서사를 통해 브랜드를 이해하고 자신이 그 브랜드를 선택해야 할 이유를 감정적으로 받아들인다. 브랜드가 전달하는 가치가 소비자가 원하는 가치와 일치할 때 충성도가 높아진다.

세계관이 중요한 이유는 소비자의 '공감'을 전제로 작동하기 때문이다. 세계관이 명확할수록 그 가치에 공감하는 소비자들은 더 강하게 끌린다. 그렇다면 새로의 세계관은 소비자가 제품에 기대하는 가치, 즉 보상을 제공했을까? 결론부터 말하면 그렇다. 새로의 타깃 소비자인 MZ세대는 새로를 마시면서 살찔 염려를 조금 내려놓을 수 있었고 덜 취할 수 있었고 무엇보다 '즐거움'의 가치를 공유했다. 새로구미라는 캐릭터와 서사는 음주 경험을 가볍고 유쾌한 놀이로 바꿨다. 그 결과 새로는 단순한 신제품 소주를 넘어 자발적으로 이야기를 소비하고 확산시키는 브랜드 지지자 그룹을 만들어냈다.

스토리를 활용해 브랜드와 소비자를 연결한다는 점에서 세계관 마케팅과 스토리텔링 마케팅은 비슷해 보일 수 있다. 하지만 두 전략의 방향은 분명히 다르다. 스토리텔링 마케팅은 특정 이야기를 통해 브랜드의 가치나 메시지를 전달하는 방식이다. 감동적인 이야기와 도전과 극복의 서사를 통해 소비자와 감정적으로 연결되는 것이 목적이다. 나이키의 '저스트 두 잇Just Do It' 캠페인은 실제 운동선수들의 이야기를 통해 '도전'과 '극복'이라는 브랜드 가치를 효과적으로 전달한 대표적인 스토리텔링 마케팅 사례다.

반면 세계관 마케팅은 브랜드만의 독특한 설정이나 가상세계를 구축해 소비자에게 특별한 경험을 선사하는 전략이다. 브랜드가 만든 세계관 안으로 소비자를 초대하는 순간 소비자는 단순히 이야기를 구경하는 '관찰자'가 아니라 브랜드가 만든 세계 속에 들어온 '주인공'이 된다. 이 과정에서 소비자는 브랜드의 가치와 자신의 목표 가치를 자연스럽게 겹쳐서 보는 경험을 하게 된다. 바로 그 순간부터 브랜드는 비교와 선택의 대상이 아니라 소비자 자신의 정체성을 드러내는 일부가 된다.

세계관 마케팅은 브랜드가 창조한 가상세계나 브랜드 자체의 독특한 설정을 만들어내 소비자에게 특별한 브랜드 경험을 제공한다. 즉 브랜드가 만든 세계관 안으로 소비자를 초대하는 전략이다. 소비자는 브랜드가 제공한 이야기를 '보는 사람'이 아니라 세계관 안에 '들어온 존재'가 된다. 이 과정에서 소비자는 브랜드가 제시하는 가치와 자신의 목표 가치를 자연스럽게 겹쳐 보는 경험을 하게 된다. 바로 그때부터 브랜드는 선택의 대상이 아니라 정체성의 일부가 된다. 실제로 새로의 소비자들은 새로구미의 스토리와 자신을 연결시켰다. 새로를 마시는 행위를 단순한 음주가 아니라 자신이 추구하는 라이프스타일과 연결된 경험으로 받아들였다.

서사는 소비자를 설득하는 도구가 아니라 소비자가 스스로 브랜드 편에 서게 만드는 힘이다. 그래서 잘 설계된 세계관은 단기적인 유행을 넘어서 오래 지속되는 브랜드 지지를 만들어낸다.

잘 만든 세계관은 백 년 된 전통보다 힘이 세다

소비자들은 브랜드를 평가할 때 종종 "○○○스럽다" "○○○답다"라는 표현을 쓴다. "애플답다" "이케아스럽다"라는 말에는 대개 긍정적인 의미가 담긴다. "○○○답다"는 말이 긍정적 맥락에서 사용될 때는 소비자가 충성고객으로 록인되는 효과가 있다. 반대로 '그 브랜드가 그럼 그렇지.'라는 의미로 사용되는 경우라면 신규 소비자의 유입은 물론 기존 고객 유지조차 어려워진다.

브랜드 이미지는 소비자가 특정 브랜드에 대해 가지고 있는 정서적 인지적 인상의 총합이다. 제품 품질, 디자인, 서비스 경험, 사회적 책임, 커뮤니케이션 방식이 오랜 시간 겹겹이 쌓이며 만들어진 결과다. 그리고 이 인식은 소비자의 신뢰와 충성도를 좌우한다.

시장에서 오랫동안 강력한 힘을 유지하는 브랜드들은 공통점이 있다. 이들은 높은 수준의 품질과 트렌드를 선도하며 무엇보다 일관된 브랜드 메시지를 전달한다. '애플다움' '샤넬다움'이라는 표현이 통용된다는 것은 소비자가 그 브랜드의 철학과 세계관을 이미 이해하고 있다는 뜻이다. 브랜드가 어떤 존재인지, 무엇을 중요하게 여기는지 설명하지 않아도 소비자가 알아서 해석한다.

마케팅의 핵심은 결국 브랜드 관리다. 제품이 성공하느냐 실패하느냐는 브랜드 전략에 크게 좌우된다. 문제는 한 번 형성된 브랜드 인식을 바꾸는 일이 매우 어렵다는 점이다. 브랜드에 대한 신뢰와 강한 선호도는 하루아침에 만들어지지 않는다. 이는 소비자가 브랜드의 정체성, 즉 전통, 가치, 철학에 감성적으로 깊이 유대감을 느끼고 있을 때 가능하다. 정체성은 브랜드가 일방적으로 공표하는 것이 아니라 오랜 세월 소비자와 브랜드가 함께 '공유해온 스토리'다. 이것이 바로 브랜드 헤리티지brand heritage다.

시장 1위 브랜드들은 대부분 강력한 브랜드 헤리티지를 가지고 있다. 브랜드의 역사와 전통은 가치와 품질에 대한 신뢰로 이어지고 소비자 충성도를 높인다. 소주 시장에서 강력한 소비자 충성도를 유지하는 브랜드는 진로다. 우리나라 희석식 소주의 역사를 써온 진로는 사이다 시장에서 칠성사이다가 그렇듯 70여 년 동안 소주 시장을 주도했다.

오랫동안 축적된 감성적 유대감과 깊은 신뢰는 새로 만들어진 후발 브랜드들이 쉽게 넘기 어려운 장벽이다. 이럴 때 전략은 이미 고정된 인식에서 벗어나, 소비자가 감성적으로 공감할 수 있는 전혀

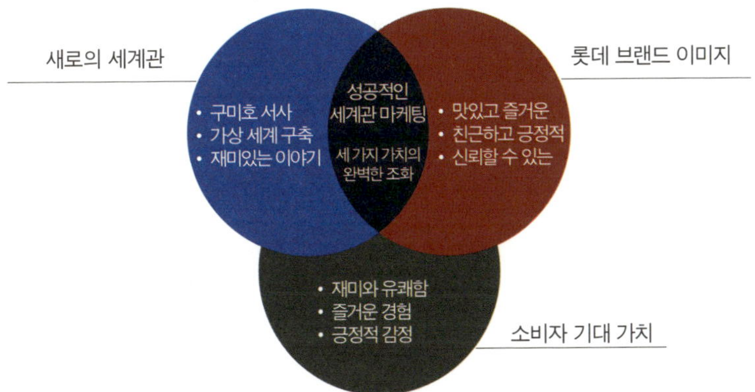

세계관 마케팅은 제품과 브랜드와 소비자의 기대 가치가 일치해야 비로소 힘을 발휘한다. 새로의 세계관을 관통하는 키워드 '재미'는 롯데 브랜드 이미지와 소비자의 기대 가치가 정확하게 일치했다.

다른 세계를 열어주는 것이다. 이것이 바로 '세계관 마케팅'이다. 소주 새로가 세계관 마케팅을 선택한 이유는 상대적으로 약한 브랜드 헤리티지 때문이다. 롯데칠성음료는 오랜 역사와 정체성을 가진 기업이지만 소주 시장에서는 상대적으로 브랜드의 힘이 약했다. 어떤 신제품을 출시해도 '진로와 경쟁하는 브랜드'라는 프레임에서 벗어나기 어려웠다. 그래서 새로는 진로의 헤리티지와 정면승부를 하기보다 전혀 다른 판을 만들었다. 현실의 역사와 전통이 아니라 가상의 세계관과 서사를 통해 소비자와 연결되는 전략이다.

이 전략의 핵심은 경쟁 구도를 바꾼 데 있다. 롯데칠성과 진로의 경쟁이 아니라 '진로의 헤리티지'와 '새로구미의 세계관'이 경쟁하는 구도를 만든 것이다. 진로가 현실 세계의 역사와 전통으로 소비자와 연결된다면 새로는 가상의 세계에서 '재미'라는 가치를 제공한다.

새로의 세계관은 단순히 이야기를 소비하는 재미에 그치지 않는다. 소주를 마시는 경험 자체를 가볍고 유쾌한 놀이로 재해석한다. 재미있는 이야기는 긍정적인 감정을 만들고 그 감정은 친밀감으로 이어진다. 친밀감은 신뢰를 낳고 신뢰는 쉽게 깨지지 않는다. 이렇게 형성된 감정적 연결은 브랜드를 오래 지지하게 만드는 힘이 된다.

세계관 마케팅이 성공하려면 조건이 있다. 브랜드가 만든 세계관, 브랜드의 정체성, 그리고 소비자가 추구하는 가치가 서로 어긋나지 않아야 한다. 세계관은 단순히 재미있는 가상의 세계를 만드는 것이 아니라 브랜드 철학을 소비자 언어로 풀어낸 구조여야 한다. 실제로 새로가 제공하는 '재미'라는 가치는 새로를 마시는 경험과도 일치하고 롯데라는 기업이 가지고 있는 '맛있고 즐거운 브랜드'라는 이미지와 맞닿아 있다. 이는 데이터 분석 결과와 정확하게 일치한다.

이처럼 고유한 헤리티지가 부족한 브랜드가 세계관 마케팅을 통해 소비자와 새로운 관계를 형성함으로써 신뢰도를 높인 사례는 많다. 테슬라가 대표적이다. 테슬라는 단순한 전기차 브랜드가 아니라 자율주행, 우주여행, 인간과 기술의 결합까지 연결된 '미래'라는 세계관을 구축했다. 소비자들은 테슬라의 세계관을 통해 미래 우리 삶의 모습을 상상한다. 테슬라에 대한 충성도는 다름 아닌 브랜드 세계관과 연결된 소비자의 감성이다.

그런데 세계관 마케팅은 브랜드 헤리티지가 약한 브랜드만을 위한 전략은 아니다. 강력한 헤리티지를 보유한 브랜드도 변화하는 소비자와 소통을 위해 세계관을 적절히 활용할 필요가 있다. 고유한 정체성 위에 현대적인 세계관을 덧입히는 전략을 통해 오래된 브랜드는 과거와 미래를 동시에 이야기할 수 있게 된다.

세계관 마케팅의 생명은 '진심'과 '일관성'이다

세계관 마케팅이 항상 좋은 반응을 얻는 것은 아니다. 설정은 화려하고 캐릭터는 매력적이고 스토리도 그럴듯한데 막상 반응이 좋지 않은 경우가 적지 않다. 이런 경우 공통으로 나타나는 소비자 반응은 "그래서 이 이야기가 브랜드랑 무슨 상관이지?"라는 것이다.

세계관 마케팅은 단순한 이야기 만들기가 아니다. 브랜드가 만든 가상의 세계가 소비자의 현실 인식과 브랜드에 대해 이미 가지고 있던 이미지와 자연스럽게 이어질 때 비로소 작동한다. 이 연결고리가 느슨하면 세계관은 하나의 콘텐츠로 소비될 뿐 브랜드에 대한 신뢰나 애착으로 이어지지 않는다. 소비자는 재미있는 이야기를 보고 웃을 수는 있다. 하지만 그 브랜드를 선택해야 할 이유를 그 안에서 찾지 못한다.

세계관을 설계할 때 흔한 실수는 '더 복잡한' 설정을 쌓고 '더 강렬한' 캐릭터를 만들고 '더 자극적'인 스토리를 만드는 것이다. 하지만 세계관의 핵심은 이야기의 밀도가 아니라 이야기와 브랜드 사이의 거리다. 세계관이 브랜드의 정체성과 동떨어져 있거나 제품이 제공하는 실제 경험과 어긋나면 소비자는 금세 부자연스러움을 감지한다. 이렇게 한 번 생긴 의심은 쉽게 사라지지 않는다.

세계관 마케팅에서 반드시 해야 할 질문은 "이 세계는 소비자가 믿을 수 있는가?"다. 소비자가 이 세계를 현실로 받아들이고 그 안에서 브랜드의 역할과 존재 이유를 자연스럽게 이해할 수 있는지가 중요하다. 이 질문에 긍정적으로 답할 수 있을 때 세계관은 단순한 설정을 넘어 브랜드 자산으로 작동한다. 마케팅 이론에서는 이 조건을 '진정성authenticity'이라고 부른다. 진정성은 세계관에 몰입하기 위한 최소 조건이며 브랜드에 대한 신뢰를 형성하는 출발점이다. 진정성이 없는 세계관은 아무리 정교해도 허구로 인식된다. 반면 진정성이 느껴지는 세계관은 가상의 이야기임에도 불구하고 현실의 소비자를 설득한다.

진정성의 핵심은 이야기의 '사실' 여부가 아니다. 세계관은 본질적으로 허구다. 중요한 것은 그 허구가 브랜드의 역사, 제품의 특성, 소비자가 체감하는 경험과 자연스럽게 연결되는 것이다. 소비자가 '그럴듯하다'고 느끼면 세계관은 감정적 몰입을 만들어낸다. 반대로 브랜드의 실제 행보와 세계관 속 이야기가 충돌하면 소비자는 그 스토리를 가짜로 인식한다.

세계관 마케팅에 대한 흔한 오해는 세계관을 단순한 내러티브 전략으로 생각하는 것이다. 하지만 소비자가 공감하지 않는 뻔한 스토리는 오히려 비호감만 쌓는다. 세계관에서 스토리의 목적은 감동을 주는 것이 아니라 브랜드에 대한 '믿음'을 만드는 것이다. 그래서 스토리는 반드시 소비자가 신뢰할 수 있는 방식으로 설계돼야 하며 신뢰는 현실로 이어지는 맥락을 통해 형성된다. 브랜드의 세계관이 전하는 이야기는 소비자가 현실 세계에서 실제로 경험할 수 있는 가치와 연결돼야 한다는 뜻이다. 데이터는 이 설계를 현실에 발붙이게 하는 기준점이다. 소비자 인식에 대한 정확한 이해, 제품의 사용, 문화적 맥락이 종합적으로 반영되지 않은 세계관은 허공을 떠도는 이야기로만 남게 된다.

세계관의 진정성은 고정된 것이 아니다. 소비자 인식과 시장 환경의 변화에 맞춰 유연하게 업데이트해야 한다. 현실을 반영하지 못한 세계관은 결국 균열이 생기고 소비자의 신뢰를 잃는다. 세계관에서 가장 중요한 역할을 하는 요소는 캐릭터다. 캐릭터는 브랜드 세계관을 소비자에게 직관적으로 전달한다. 캐릭터는 소비자가 공감할 수 있고 브랜드의 정체성과 제품의 특성을 반영해야 한다. 새로의 세계관을 이끄는 캐릭터 새로구미는 이 조건에 따라 만들어졌다. 새로구미는 귀엽고 친근한 모습이지만 본질은 한국의 대표적인 전설 속 귀신 구미호다. 새로의 세계관 속 주인공을 구미호로 정한 이유는 새로의 정체성과 관련이 있다.

새로는 저도주다. 센 술은 아니지만 '세 보이고 싶은' MZ세대의 욕구를 충족해야 했다. 그래서 세계관 속 주인공도 외형은 부드럽지만 내면에는 '센' 본질을 숨긴 캐릭터여야 했다. 구미호는 이런 이중성을 가장 잘 표현할 수 있는 상징이었다. 구미호는 아름다운 여성으로 위장하는 능력을 지녔다. 친근감 있게 다가와 사람들을 홀린 후 잡아먹는다. 인간의 간을 먹음으로써 기를 흡수해 인간이 되려는 무서운 존재다. 이런 구미호의 이중성은 '순한 술을 마시면서 세 보이고 싶은 욕구'를 충족하는 브랜드의 콘셉트와 아주 잘 맞았다. 하지만 새로구미는 단지 세 보이는 캐릭터만은 아니다. 새로구미는 인간의 간을 치료하는 의사다. 이는 건강하게 음주를 즐기자는 헬시플레저 트렌드를 반영한 제로슈거 소주의 특성과 연결된다.

세계관의 캐릭터가 제품의 특성과 일치하는가는 매우 중요하다.

스토리의 진정성을 완성하는 핵심 4요소

요소	새로 세계관의 특징
일관성	구미호 캐릭터, 애니메이션, 패키지 디자인이 하나의 세계관으로 통일되어 있다. 라벨의 구미호와 광고 속 구미호가 동일한 존재로 인식되며 '새로구미'라는 캐릭터의 정체성이 명확하다.
공감대 형성	'재미'라는 가치를 중심으로 연결된다. MZ세대가 선호하는 가볍고 유쾌한 스트리텔링 방식을 채택하여 소주를 마시는 경험 자체를 즐거운 놀이로 재해석한다.
감동과 현실성	현실의 헤리티지가 아닌 가상의 세계관으로 감정적 연결을 만든다. 구미호라는 친근한 한국 설화 소재를 활용해 문화적 친밀감을 형성하면서 신선하고 재미있는 해석으로 현대적 감각을 더한다.
브랜드 메시지와 일치하는 이야기	'재미있고 즐거운' 롯데의 브랜드 철학이 완벽하게 일치한다. 세계관이 제공하는 '재미'는 소비자가 기대하는 가치이자 롯데 브랜드 이미지와도 정렬돼 있어 스토리의 진정성이 확보된다.

가령 환경친화적인 브랜드가 창조한 '자연을 보호하는 캐릭터'가 세계관 안에서 환경 보호에 반대되는 행동을 한다면 캐릭터, 세계관, 브랜드의 개연성이 떨어지고 진정성을 잃는다.

소비자가 세계관을 완전히 허구로 느끼지 않게 하려면 현실과의 연결성이 반드시 필요하다. 전설이 오랜 세월 구전되는 이유는 구체적인 장소, 역사, 그리고 사람들의 경험과 맞닿아 있기 때문이다. 새로의 세계관이 강릉, 대관령, 실제 존재하는 동굴과 같은 현실적 요소를 가져온 이유도 여기에 있다. '암반수로 만든 부드러운 소주'는 물 맑기로 소문난 강릉과 대관령과 자연스럽게 연결된다. 라벨에 새겨진 '257'이라는 숫자는 허구가 아닌 실제 존재하는 대관령 동굴의 주소다. 이런 디테일을 통해 소비자는 무의식적으로 이야기의 진정성을 느낀다.

세계관 마케팅의 성공은 이야기가 브랜드와 소비자의 현실을 얼마나 설득력 있게 연결했느냐에 달려 있다. 소비자가 브랜드의 세계관에 공감하고 브랜드의 정체성과 자기 가치를 일치시킬 수 있어야 비로소 세계관은 브랜드를 지지하는 강력한 힘이 된다.

이야기가 있는 브랜드는 그 자체로 하나의 문화가 된다

> "독창적인 콘셉트와 B급 유머는 확실한 매력! 깊은 생각 없이 웃고 싶을 때 킬링타임용으로 충분히 만족할 작품이다."
> "「식사이론」은 B급 코미디, 오피스 판타지, 그리고 음식과 인간의 관계라는 독특한 주제로 재미와 메시지를 전달합니다."

2025년 단편 영화 「식사이론」이 극장에서 개봉된 후 관람객들이 남긴 솔직한 평이다. 흥미로운 점은 이 작품이 영화사에서 제작한 상업 영화가 아니라 롯데웰푸드가 자사 브랜드 '식사이론'의 론칭과 함께 공개한 마케팅 콘텐츠라는 사실이다. 「식사이론」은 '식사는 거짓말하지 않는다'는 브랜드 철학을 시각화하는 데 집중했다. '우리 제품은 건강하다'고 반복하는 대신 '우리가 먹는 음식이 개인의 자존감, 활력, 나아가 삶의 변화를 이끄는 중요한 동력이 된다'는 메시지를 영화를 통해 자연스럽게 전달한 것이다.

이제 브랜드는 단순히 제품을 광고하지 않는다. 스스로 '문화 콘텐츠'가 돼 소비자의 일상에 깊숙이 침투한다. 지금은 소비자가 광

영화라는 세련된 형식을 빌려 브랜드만의 독창적인 세계관을 소비자의 무의식 속에 이식했다.

고를 적극적으로 스킵하는 시대다. 하지만 흥미로운 서사는 소비자가 직접 검색해서 찾아보게 만드는 힘이 있다. 과거의 마케팅이 소비자의 시간을 '뺏는' 행위였다면 미래의 마케팅은 소비자의 시간을 '점유하는' 행위다. 콘텐츠가 곧 브랜드의 자산이 되는 시대로 이동하고 있다. 「식사이론」은 이러한 시장의 변화를 선명하게 보여준다.

이 프로젝트의 목적은 영화라는 세련된 형식을 빌려 브랜드만의 독창적인 세계관을 소비자의 무의식 속에 이식하는 것이다. 「식사이론」은 브랜드가 콘텐츠로서 소비자의 시간을 점유하고 정서적 공감대를 형성할 수 있도록 설계된 고도의 전략적 결과물이다.

영화적 완성도를 갖춘 콘텐츠는 소셜 미디어 안에서 소비자의 자발적인 해석과 공유를 이끌어낸다. 브랜드가 문화 콘텐츠화에 집중하는 이유는 제품의 스펙만으로는 설명할 수 없는 브랜드 철학을 효과적으로 전달하고 단순한 구매자를 넘어 브랜드를 방어하고 확산시키는 강력한 지지자를 확보하는 강력한 전략이기 때문이다. 과거 수년 동안 영역을 가리지 않고 많은 브랜드가 앞다퉈 '세계관 마케팅'을 시도하는 흐름 역시 이와 궤를 같이한다. 문화 콘텐츠의 강력한 힘은 '덕질(팬덤)'에서 나오며 세계관은 팬들이 모일 수 있는 광장을 제공한다. 즉 세계관 마케팅은 브랜드를 단순한 상품에서 팬덤이 즐길 수 있는 문화적 유희로 격상시키는 가장 효과적인 수단이다.

이 전략의 성패를 가르는 핵심은 바로 서사다. 세계관의 구축은 단순히 매력적인 캐릭터나 설정을 만드는 데 그치지 않는다. 진짜 핵심은 '서사의 확장'에 있으며 그 생명력은 단편적인 스토리가 아니라 지속성에서 나온다. 이야기는 멈추지 않고 계속 확장돼야 하며 그 과정에서 소비자와의 관계도 깊어진다.

성공적인 서사의 확장을 위해서는 몇 가지 조건이 필요하다. 첫째는 일관성이다. 환경에 따라 설정은 변할 수 있어도 핵심 가치는 유지돼야 한다. 둘째는 공감대다. 소비자가 자신의 경험을 투영할 수 있어야 한다. 셋째는 감동과 현실성의 균형이다. 가상의 설정일지라도 전달되는 감정만큼은 현실적이어야 한다. 마지막은 브랜드 메시지와의 일치다. 모든 서사는 결국 브랜드가 지향하는 철학으로 귀결돼야 한다.

제로슈거 소주 '새로'의 세계관은 이러한 서사의 힘을 보여주는 훌륭한 사례다. '간 전문의 새로구미'로 포문을 연 서사는 '소주 맛

세계관의 문화 콘텐츠화

레고 무비 플랫폼형 세계관 확장

새로구미 에피소드 시리즈 연속 서사 확장 (제작 스튜디오좋)

집은 새로, 얼굴 맛집은 새로구미', 「새로운 시작, 잊혀진 기억」 「시린 칼날 아래, 새로이 피는 혼」 「새로구미뎐: 산257」 등의 에피소드로 쉼 없이 확장되고 있다. 소비자는 이제 해마다 공개되는 새로운 에피소드를 마치 인기 시리즈물을 기다리듯 고대하며 '새로'의 세계관을 하나의 독립된 콘텐츠로 즐기고 있다. 서사가 충분히 축적되면 브랜드는 구구절절 제품을 설명하지 않아도 된다. 세계관 자체가 브랜드를 설명하는 고유한 언어가 되기 때문이다.

브랜드의 문화 콘텐츠화 전략에서 독보적인 성공 사례는 단연 레고LEGO다. 레고는 '자유로운 창조'라는 세계관을 플랫폼 삼아 영화, 게임, 테마파크 등 대중문화 전반으로 진화했다. 오늘날 많은 브랜드가 레고의 길을 따른다. 애플은 '샷 온 아이폰Shot on iPhone' 시리즈를 통해 브랜드가 제안하는 가치를 누구나 즐길 수 있는 문화 콘텐츠로 만들었고 현대자동차는 스낵 무비 「밤낚시」를 통해 관객들이 차량의 기술력을 예술적으로 경험하게 했다.

이렇게 문화 콘텐츠로 성장한 브랜드는 새로운 비즈니스 기회로 이어진다. '크니쁘니' 애니메이션 시리즈는 캐릭터를 넘어 독자적인 콘텐츠 사업으로의 확장성을 확인시켜 주었다. 엔터테인먼트 기업 하이브는 베이커리 브랜드 '뱅앤베이커스'를 통해 비즈니스 영역을 넓혔다. 방시혁 의장이 '음악만큼이나 빵에 진심'이라는 서사를 입힘으로써 팬들은 빵을 먹는 행위를 하이브의 거대한 문화 세계관을 소비하는 경험으로 받아들이게 됐다.

서사는 단순히 보는 것에 그치지 않고 소비자의 일상적 감각과 결합해야 강력한 생명력을 갖는다. 브랜드가 씨앗이 되는 이야기를 만들고 소비자가 그 이야기를 기억하며 각자의 삶에서 이어갈 때 브랜드는 비로소 하나의 '문화'가 된다.

5
문화 선도층이 흥미로워 해야
지속가능하다

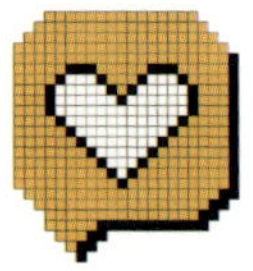

'오 드 칠성 바이 살롱 드 느바에eau de chilsung et salon de nevaeh'는 롯데칠성음료가 선보인 프리미엄 니치 향수 브랜드다. 한국 최초의 니치 향수 브랜드 '살롱 드 느바에'와 협업해 조향부터 패키지까지 세심하게 설계했다. '시드르' '르 사피르' '비터 멜로우' '빈티지 코랄' '페트리코' 등 다섯 가지 향은 각각 칠성사이다, 트레비, 클라우드를 모티프로 만들어졌다.

이 프로젝트는 얼핏 보면 다소 엉뚱해 보인다. 음료 회사가 향수를 만든다는 것은 제품 확장의 논리로만 보면 쉽게 이해되지 않는다. 그러나 바로 그 '낯섦'이 이 기획의 출발점이었다. 오 드 칠성은 출시와 동시에 온라인을 뜨겁게 달궜다. 가장 먼저 반응한 이들은 역시 MZ세대였다. 이들은 사이다를 만드는 회사가 사이다 향의 향수를 만든 것 자체에 강한 호기심을 보였다. 구매 열기도 예상보다 훨씬 뜨거웠다. 잠실 롯데 에비뉴얼에서는 쟁쟁한 글로벌 럭셔리

오 드 칠성 출시에 가장 먼저 반응한 것은 MZ세대였다. 사이다를 만드는 회사가 사이다 향의 향수를 만든 것 자체에 강한 호기심을 보였다.

향수 브랜드들을 제치고 향수 부문 매출 2위를 기록했다. 이후 온라인에는 빠르게 후기들이 쌓였고 소비자들은 향의 완성도에 만족감을 표현하는 동시에 롯데칠성음료라는 기업을 '쿨하다.' '재미있는 브랜드다.'라고 평가했다.

이 향수 라인은 칠성사이다 출시 70주년을 기념해 기획된 프로젝트였다. 이는 매출을 위한 주력 상품 개발이 아니라 브랜드에 대한 새로운 경험을 제공하는 것이 목적이었다. 핵심 타깃은 바로 문화 선도층이었다. 문화 선도층이란 사회와 시장에서 새로운 취향과 태도를 먼저 받아들이고 주변으로 확산시키는 사람들이다. 이들은 단순히 소비를 하는 집단이 아니다. 사회에서 무엇이 멋지고 무엇이 촌스럽고 무엇이 지금의 시대 감각에 맞는지를 결정하는 기준을 만드는 역할을 한다. 문화 선도층의 관심을 얻은 브랜드는 자연스럽게 더 넓은 소비자층으로 영향력을 확장할 수 있다. 반대

로 이들의 흥미에서 멀어지는 순간 브랜드는 빠르게 '과거의 것'이
된다.

칠성사이다는 누가 뭐래도 한국을 대표하는 음료 브랜드다. 70
년 동안 한 번도 소비자의 선택지에서 사라진 적이 없다. 그러나
문제는 '사랑받는 브랜드'와 '지금도 매력적인 브랜드'가 반드시 같
은 의미는 아니라는 점이다. 아무리 오랜 시간 사랑받은 브랜드라
도 그 브랜드를 지지해온 충성고객이 나이 들면 브랜드 이미지 역
시 함께 노후화된다.

브랜드의 지속가능성은 단순히 현재의 매출이나 점유율로 결정
되지 않는다. 그 시대의 문화 선도층에게 여전히 흥미로운 브랜드
로 인식되는지가 훨씬 중요하다. 문화 선도층이 "이 브랜드는 흥미
롭지 않다"고 느끼면 그 브랜드는 다음 세대와의 연결 고리가 급격
하게 약화된다.

사이다 향수는 이 연결을 다시 만드는 장치였다. 향수라는 카테
고리는 기능적 효용보다 감각, 취향, 정체성이 훨씬 중요하게 작동
하는 영역이다. 이 영역에서 칠성사이다는 음료 브랜드의 익숙한
이미지를 벗고 '새로운 시도를 할 줄 아는 브랜드'라는 메시지를 전
달했다. 향수 자체의 판매 성과는 좋았다. 하지만 더 중요한 성과는
칠성사이다라는 브랜드가 문화적 대화의 대상이 됐다는 점이다.

문화 선도층은 브랜드를 평가할 때 제품 하나만 보지 않는다. 그
브랜드가 어떤 태도를 가지고 있는지와 지금의 문화와 어떤 방식
으로 대화하는지를 본다. 오 드 칠성은 문화를 선도하고 소비를 주
도하는 소비자층에게 '우리는 여전히 새로운 언어로 이야기할 수
있다'는 신호를 보냈다. 이 신호가 통했기 때문에 소비자들은 향수

를 사고 이야기를 나누고 칠성사이다라는 브랜드를 다시 바라보게
됐다.

오 드 칠성 프로젝트는 음료 브랜드가 어떻게 문화의 언어로 자
신을 다시 설명할 수 있는지를 보여줬다. 브랜드가 사회적 흐름과
트렌드를 반영하면서 문화 선도층의 관심을 놓치지 않을 때 시장
에서 지속적으로 리더십을 발휘할 수 있다.

트렌드 세터들에게 대체할 수 없는 '경험'을 선사하라

문화 선도층의 지지를 얻는 것도 쉽지 않지만 그보다 더 어려운
것은 그 지지를 지속하는 일이다. 이들은 하나의 브랜드에 오래 머
물지 않으며 늘 새로운 자극과 혁신적인 경험을 찾아 빠르게 이동
한다. 창의적이고 새로운 커뮤니케이션 방식이 등장하면 가장 먼
저 반응한다. 기존 브랜드에서 흥미를 느끼지 못하면 즉시 관심을
거두고 다른 브랜드로 이동한다. 창의적이고 혁신적인 아이디어와
경험을 쫓아 누구보다 빠르게 이동하는 것은 본질적 속성이다. 어
떤 브랜드도 이들을 억지로 붙잡아두는 것은 불가능하다. 따라서
문화 선도층의 지지를 유지하는 전략은 이들이 잠시 떠나더라도
빠르게 다시 돌아오게 만드는 것이다.

문화 선도층의 마음을 붙잡는 가치는 가격이나 기능이 아니라
쉽게 대체할 수 없는 브랜드 경험이다. 취향은 시대와 함께 끊임없
이 변한다. 따라서 브랜드가 제공하는 경험도 변화에 맞춰 달라져
야 한다. 한때 파산 위기에 몰렸던 구찌의 부활은 이러한 원리를

증명하는 완벽한 사례다. 과거 구찌의 위기는 트렌드를 주도하는 문화 선도층이 MZ세대로 교체됐다는 사실을 간과한 데서 비롯됐다. 기성세대가 권위와 부의 상징으로 럭셔리를 소비했다면 새로운 주류인 MZ세대는 고급스러움보다 '쿨cool'하고 '힙hip'한 개성을 추구했다. 당시의 구찌는 이들에게 그저 지루하고 낡은 브랜드일 뿐이었다.

이에 구찌는 과감한 변화를 시도하며 전통적인 럭셔리 브랜드의 문법을 파괴하기 시작했다. 도라에몽 캐릭터와의 협업, 진품과 위조의 경계를 유머로 풀어낸 '해커 프로젝트', 브랜드 전용 모바일 게임 출시 등이 그 예다. 특히 브랜드 로고를 'GUCCY'나 'GUC-CIFY' 등으로 변형한 것은 자신만의 언어를 만들어내는 놀이를 즐기는 MZ세대를 정면으로 겨냥했다. 이러한 파격은 문화 선도층에게 강력한 혁신의 신호가 됐다. 미국 MZ세대 사이에서는 '멋지다'는 의미로 '구찌스럽다!It's so GUCCI!'라는 유행어까지 탄생했다. 구찌는 단 3년 만에 브랜드 이미지를 완전히 탈바꿈하며 부활에 성공했다. 단순히 매출만 회복된 것이 아니다. 브랜드에 대한 문화 선도층의 태도를 완전히 바꿔놓았다. 브랜드는 젊어졌고 수명은 연장됐다.

문화 선도층은 시장의 흐름을 결정하는 풍향계와 같다. 이 현상은 도시의 핫플레이스가 생성되고 사라지는 과정과도 닮아 있다. 문화 선도층이 특정 공간의 분위기를 만들면 대중의 유입이 시작된다. 그래서 공간의 개성이 희석되면 다시 새로운 장소를 찾아 떠난다. 가로수길, 경리단길로, 다시 성수동과 압구정으로 핫플레이스가 옮겨가는 이유는 바로 이들의 이동 때문이다. 문화 선도층이 떠난 브랜드나 지역은 결국 시장의 활력을 잃게 된다.

문화 선도층이 곧 젊은 세대를 의미하는 것은 아니다. 시장과 카테고리에 따라 문화 선도층의 구성은 달라진다. 현대 사회에서 MZ세대는 대표적인 문화 선도층이다. 이들의 사고와 라이프스타일이 디지털 환경에서 빠르게 확산되고 소비 트렌드와 사회적 가치에 영향을 미치기 때문이다. 환경적 지속가능성, 윤리적 소비, 사회적 책임 등의 가치가 소비 트렌드가 된 것은 모두 MZ세대의 영향이 크다.

문화 선도층의 지지는 브랜드 리더십으로 연결된다. 브랜드 리더십이란 단순한 시장점유율을 넘어 문화적 영향력, 소비자의 충성도, 그리고 혁신적인 시도 등을 포괄하는 개념이다. 문화 선도층의 강력한 지지는 대중의 호감으로 이어지며 거대한 소비 트렌드를 형성한다. 애플, 테슬라, 스타벅스, 나이키와 같은 브랜드들이 대중의 사랑을 독차지하는 공통적인 비결이다. 이들은 언제나 문화 선도층의 취향과 그들이 추구하는 가치를 충족시키는 데 집중한다. 결과적으로 문화 선도층의 선택을 받은 브랜드가 대중의 마음마저 사로잡으며 시장에서 독보적인 지위를 굳히게 된다.

문층 선도층의 흥미를 유지하는 전략을 세워야 한다

"일흔 살이나 먹은 회사가 용기 있네."

'오 드 칠성' 향수 라인을 런칭했을 때 온라인에 등장한 재미있는 반응이었다. 물론 비아냥은 아니었다. MZ세대는 사이다 브랜드가 만든 향수에 적극적으로 호감을 표현했다. 탄산음료를 모티프로 고급 니치 향수를 만든 것 자체가 낯설고 엉뚱하고 그래서 흥미로웠던 것이다.

문화 선도층은 기업이 제공하는 전통적인 광고 메시지에 쉽게 설득되지 않는다. 취향이 확고한 이들은 브랜드를 소비하는 동시에 그 브랜드를 통해 자신을 표현하고자 하는 욕구가 강하다. 그래서 문화 선도층과 강하게 연결되기 위해서는 제품 설명이나 기능 중심의 커뮤니케이션이 아니라 취향을 충족하는 브랜드 경험이 필요하다.

문화 선도층이 선호하는 경험에는 공통점이 있다. 기존의 문법을 살짝 비트는 방식, 예술적이거나 실험적인 요소, 그리고 한 번쯤은 타인에게 이야기하고 싶어지는 장치다. 이런 경험을 했을 때 자발적으로 브랜드를 공유한다. SNS를 통해 경험을 기록하고 해석하고 자신의 언어로 재구성한다. 이 과정에서 브랜드의 이야기는 기업이 통제하지 않는 방식으로 확산된다.

소비자를 공략하는 마케팅 전략은 크게 핵심 전략과 보조 전략으로 나뉜다. 핵심 전략은 제품과 서비스가 제공하는 본질적 가치에 집중하는 것이다. 보조 전략은 브랜드와 소비자 사이의 정서적 유대강화에 집중한다. 문화 선도층의 흥미를 지속해서 자극하기 위한 다양한 장치들은 대개 이 보조 전략에 속한다. 이들의 마음을 움직이는 결정적인 동인은 제품의 기능적 우수함을 넘어 브랜드가 제안하는 독특한 경험과 서사이기 때문이다. '보조'라는 표현 때문에 이 전략을 자칫 부차적인 것으로 오해하기 쉽다. 하지만 실제로는 그렇지 않다. 핵심 전략이 브랜드의 뼈대라면 보조 전략은 브랜

롯데칠성음료 제작한 한정판 굿즈들

(상단 왼쪽부터) 칠성사이다 미니, 한정판 오프너, 최초 니치향수 오드 칠성, 라보에이치 사이다 쿨링 샴푸, 칠성사이다×벤자민 무어 페인트

드를 살아 움직이게 만드는 감각과 태도에 가깝다.

보조 전략에는 다양한 장치가 활용된다. 대표적인 것이 한정판 제품, 독특한 굿즈, 특별한 이벤트다. 한정판 아이템을 소유하는 경험은 브랜드와의 친밀감을 강화하는 동시에 자신의 취향을 외부에 드러내는 수단이 된다. 스타벅스의 한정판 굿즈 전략이 대표적인 사례다. 굿즈 출시 시즌마다 길게 줄을 서는 풍경이 뉴스가 된다. 소비자들은 단순한 컵이나 텀블러를 사기 위해서 줄을 서는 게 아니다. 스타벅스라는 브랜드 세계관 안에 참여하는 경험을 얻기 위해서다. 여기에 '한정판'이라는 심리가 더해지면 효과는 증폭된다. 쉽게 가질 수 없는 아이템을 얻는 경험은 개인적 만족에서 끝나지 않는다. 특히 MZ세대는 기업의 세계관을 확장시키는 콘텐츠를 자발적으로 만들고 SNS에 공유하면서 새로운 동조자들을 불러 모은다.

이와 같은 보조 전략에서 중요한 것은 타깃층의 취향을 정확하게 공략하는 것이다. 단지 희소성만으로는 문화 선도층을 움직일 수 없다. 핵심은 희소성이 아니라 그 아이템이 전달하는 '가치'다. 아이템은 브랜드 이미지를 전달하는 매개체이기 때문에 어떤 메시지를 담고 있는지가 중요하다. 타깃의 취향과 성향에 맞지 않으면 반응은 제한적이다. 향수는 그 자체로 가장 개성적이고 감각적인 자기표현의 수단이다. 동시에 브랜드의 이미지를 농축해서 전달할 수 있는 도구이기도 하다. 칠성사이다가 보조 전략으로 향수를 선택한 이유는 독특하고 감각적인 경험을 선호하는 MZ세대의 취향을 고려한 것이다.

오 드 칠성은 단순히 롯데칠성 제품의 패키지 디자인을 가져온 굿즈가 아니었다. 칠성사이다, 트레비, 클라우드 각각의 음료를 '향'이라는 감각으로 재해석했다. 오 드 칠성 향수를 뿌렸을 때 소비자는 음료를 마시지 않고도 전혀 다른 방식으로 롯데칠성이라는 브랜드를 경험하게 된다. 이 경험의 핵심은 브랜드가 만든 이미지를 그대로 받아들이는 것이 아니라 소비자가 스스로 감각을 활용해 브랜드를 해석하고 정의하게 만든다는 점이다. 이것이 문화 선도층에게 특히 매력적으로 작용했다.

보조 장치는 또 SNS에 공유할 만한 이야기와 이미지를 제공해야 한다. 때로는 이종 업계와의 협업 혹은 동종 업계의 경쟁 브랜드와의 협업처럼 과감한 시도도 필요하다. 이런 '예상 밖의 조합'은 트렌드 선도자들에게 강한 자극이 된다. 칠성사이다가 아모레퍼시픽과 협업해 출시한 샴푸는 '깨끗하고 청량한' 브랜드 이미지를 새로운 카테고리로 확장했다. 타미야와 협업으로 선보인 미니카 에

디션은 MZ세대의 덕질 문화를 공략한 한정판 굿즈로 큰 반응을 얻었다.

이런 반전의 재미와 창의적 자극은 그 브랜드만의 특별한 경험으로 기억된다. 보조 전략의 창의성은 소비자가 브랜드를 더 기분 좋게 더 오래 기억하게 만든다. 다만 이 모든 시도에는 전제가 있다. 새로운 경험이 브랜드와 연결되지 않으면 의미가 없다. 보조 전략은 어디까지나 브랜드 정체성을 강화하는 방향이어야 한다. 기존 이미지와 완전히 동떨어진 자극은 일회성 관심은 얻을 수 있을지 몰라도 브랜드에 대한 신뢰와 애착으로 이어지기는 어렵다.

문화 선도층의 흥미를 지속시키는 보조 전략은 단순한 시각적 이벤트가 아니다. 그것은 브랜드가 어떤 감각과 태도로 세상과 대화하는지를 증명하는 가장 세련된 교신이자 신호여야 한다.

강력한 팬덤보다 '열린 지지자' 전략이 훨씬 현실적이다

소비자의 인식을 선점했다고 해서 곧바로 '퍼스트 초이스First Choice' 브랜드가 되는 것은 아니다. 진정한 퍼스트 초이스가 되기 위해서는 초기에 형성된 일시적 호감이 지속적인 지지로 이어져야 한다. 여기서 우리는 팬과 지지자의 차이를 분명하게 구분해야 한다. 두 집단 모두 브랜드에 긍정적이지만 관계를 맺는 방식과 그 지속성은 전혀 다르기 때문이다.

팬은 브랜드에 강력한 감정적 애착을 느끼며 자신의 정체성과 동일시하는 집단이다. 이들은 높은 결속력을 바탕으로 제품을 반복 구매하고 메시지를 적극적으로 확산한다. 반면 지지자는 브랜드가 제공하는 가치가 자신의 삶과 목적에 맞을 때 전략적으로 선택하는 소비자다. 이들에게 중요한 것은 감정적 호감 그 자체보다 '이 브랜드가 지금의 나에게 어떤 의미를 주는가?'이다. 지지자는 특정 집단에 매몰되지 않는다. 각자의 경험을 바탕으로 브랜드를 추천하고 필요할 때 선택하며 더 이상 의미가 없다고 판단되면 조용히 곁을 떠난다.

브랜드가 팬 그룹, 즉 팬덤을 갖는 것은 이상적일 수도 있다. 하지만 모든 브랜드에게 팬덤이 필요한 것은 아니다. 오히려 많은 경우 팬덤 전략은 비효율적일 수 있다. 특히 일상에서 반복 소비되는 실용재나 식음료 군에서는 팬덤보다 지지자 전략이 훨씬 현실적이다. 트렌드를 주도하는 MZ세대에게도 폐쇄적인 팬덤 구조는 매력적이지 않다. 이들은 강한 결속보다 '느슨한 연대'를 선호하며 특정 브랜드에 고착되기보다 자신의 가치와 취향에 맞는 브랜드를 그때그때 선택하기 때문이다. 이들을 움직이는 핵심 키워드는 맹목적인 충성도가 아니라 '가치 소비'다.

따라서 문화 선도층을 공략하는 전략은 소비자를 가두는 팬덤이 아니라 언제든 들어오고 나갈 수 있는 '열린 지지자들'을 확보하는 방향이어야 한다. 고정된 관계를 강요하기보다 필요할 때 선택받고 공감할 때 지지받는 유연한 구조를 만드는 것이 목표다. 이들을 브랜드의 든든한 지지자로 만들기 위해서는 다음과 같은 세 가지 접근이 필요하다.

첫째, 브랜드와 지지자는 개방적이고 유연한 관계를 유지해야 한다. 브랜드가 만든 답을 강요하기보다 소비자가 자신의 방식대로 브랜드를 해석하고 경험할 수 있는 여백을 주어야 한다. 이들이 중요하게 여기는 가치를 브랜드가 함께 추구하고 있음을 보여줄 때 소비자는 자발적으로 브랜드를 찾게 된다.

둘째, 브랜드와 라이프스타일을 자연스럽게 연결해야 한다. 이들은 독특한 경험을 중시하는 동시에 소비를 넘어 참여하고 소통하기를 원한다. SNS나 커뮤니티에서 자발적으로 공감하고 대화할 수 있는 콘텐츠와 환경을 지원함으로써 이들의 지지가 자연스럽게 확산될 수 있도록 돕는 것이 중요하다.

셋째, 감성적 가치를 선명하게 전달해야 한다. MZ세대는 감각적인 요소에 민감하게 반응한다. 브랜드 가치를 공유할 수 있는 세계관, 시각적 요소(로고, 색상, 디자인), 일관된 메시지의 톤은 강력한 지지자층을 구축하는 토대가 된다. 감동과 공감 그리고 재미와 신뢰를 감각적으로 전달하는 브랜드만이 지지자들의 마음을 지속해서 붙잡을 수 있다.

결국 지지자 전략의 핵심은 일회성 이벤트가 아니라 지속가능한 관계를 설계하는 데 있다. 꾸준히 흥미를 일으키고 의미를 공유하는 장치들은 단 한 번의 운 좋은 마케팅으로 만들어지지 않는다. 조직의 역량을 집중해 전략적 시도를 반복할 때 비로소 브랜드는 소비자의 삶 속에 단단히 뿌리 내린 지지자들을 얻게 될 것이다.

'이 모든 전략과 역량을 어떻게 조직의 자산으로 남길 것인가?'

지금까지 살펴본 데이터와 감성, 오감과 서사, 그리고 세계관과 지지자 전략은 결국 하나의 본질적인 질문으로 수렴된다. 데이터를 읽어내는 방식, 본질을 꿰뚫는 질문의 수준, 감각적 판단을 존중하는 문화, 실패를 성장으로 전환하는 학습시스템 중에서 어느 하나라도 빠지면 마케팅 성과는 조직의 역량으로 축적되지 않는다. 이는 곧 과거의 성공이 우연에 그칠 뿐 현재와 미래에 재현될 수 없음을 의미한다. 결국 브랜드가 시장에서 지속해서 선택받기 위한 최우선의 과제는 데이터 드리븐 마케팅 역량의 내재화다. 데이터 마케팅이 외부 기술이나 일회성 전술에 머물지 않도록 뒷받침하는 조직 구조를 재설계하고 내부 역량으로 체화하는 과정이 반드시 선행돼야 한다.

4장

—

데이터로 일하고
데이터로 성장하라

: 성과를 내는 조직과 앞서가는 마케터의
무기는 데이터다

1
데이터 드리븐 마케팅은
일하는 방식의 문제다

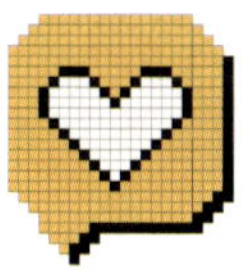

　데이터 드리븐 마케팅은 본질적으로 조직 역량 기반의 마케팅이다. 개인의 기량을 넘어 조직 전체의 시스템적 역량이 뒷받침돼야 실질적인 성과로 이어진다. 아무리 정교한 분석 도구와 방대한 데이터를 보유해도 해석하고 활용할 조직 구조와 문화가 없으면 결국 실무와 동떨어진 '값비싼 기록'에 머물게 된다.

　전략적으로 활용해 실질적인 성과를 창출하려면 분석 기술과 인프라는 물론 부서 간 협업과 합리적인 의사결정 체계가 유기적으로 맞물린 종합적인 조직 역량이 필수적이다. 단순히 '데이터를 사용하는 조직'을 넘어 '데이터 드리븐Data-driven 마케팅 조직'으로 진화해야 하는 이유다. 데이터 드리븐 마케팅이란 데이터를 참고 자료로 활용하는 수준을 넘어 경험이나 직관보다 데이터 기반의 통찰을 의사결정의 최우선 가치로 두는 것을 의미한다. 데이터 전문가들에게 분석 업무를 전담시키는 것만으로는 구현될 수 없다. 기술적 시스템부터 조직의 구조, 나아가 구성원의 사고방식에 이르기까지 전반적인 체질 개선이 요구되는 작업이다.

흔히 '데이터 기반의 의사결정'을 기술적인 문제로 오해하곤 한다. 하지만 사실 이는 훨씬 포괄적인 개념이다. 데이터 속에서 유의미한 질문을 던질 수 있는 구성원, 분석 결과를 전략적 언어로 치환할 수 있는 조직, 그리고 데이터를 근거로 치열하게 토론하고 결정하는 문화가 공존해야 비로소 생명력을 얻는다. 결국 데이터 드리븐 마케팅은 도구의 문제가 아니라 '일하는 방식'의 문제다.

이때 조직의 데이터 역량을 가늠하는 핵심 지표는 '자기 데이터화' 능력이다. '자기 데이터'란 외부의 범용 리포트나 트렌드 데이터가 아니다. 조직이 스스로 수집하고 정리하며 고유한 해석을 더해 축적한 '우리만의 데이터 자산'을 말한다. 브랜드의 맥락에 맞게 데이터를 재구성하고 반복적으로 활용하며 경험과 결합해 나가는 과정, 즉 데이터를 단순히 '보는 것'이 아니라 '조직의 내재적 자산으로 만드는 능력'이다. 자기 데이터화 능력은 마케팅 통찰의 출발점이다. 아무리 거대한 데이터가 쌓여 있어도 브랜드의 언어로 해석하지 못하면 무용지물에 불과하다. 반면 규모는 작더라도 밀도 있게 축적된 자기 데이터는 조직만의 날카로운 질문을 만들고 남들이 보지 못한 기회를 발견하게 한다. 데이터를 목적에 맞게 능숙하게 다룰 줄 아는 조직만이 반복 가능한 통찰을 생산할 수 있다.

물론 고도의 전문성이 필요한 영역이기에 많은 기업이 외부 전문업체와 협력한다. 수집과 분석 툴 도입 등 협업의 형태는 다양하지만 핵심은 그 과정에서 조직 내부의 '자기 데이터화 역량'이 얼마나 작동하느냐에 있다. 이 역량이 부족하면 조직은 외부 전문가가 내놓은 결괏값을 비판 없이 수용하는 수동적인 위치에 머물게 된다.

예를 들어 'A 제품은 왜 많이 팔리는가?'라는 질문을 외부에 맡기면 정리된 답은 얻을 수 있을 것이다. 그러나 기업이 스스로 데이터를 파헤치며 질문을 설계하는 과정이 생략되면 성장할 수 없다. 스스로 질문할 수 없으면 올바른 가설을 세울 수 없고 전략의 깊이 또한 얕아질 수밖에 없다. 결국 마케팅은 단순 반복 작업에 그치고 조직의 학습 경험은 축적되지 않는다. 현상을 정확히 진단하고 의미 있는 통찰에 도달하기 위해서는 직접 데이터를 다뤄본 경험이 필수적이다. 조직이 스스로 데이터를 정제하고 해석하며 성공과 실패의 기록을 쌓아갈 때 비로소 독자적인 방법론이 구축된다. 이 과정이 반복될수록 마케팅 조직은 외부 환경 변화에도 흔들리지 않는 명확한 기준을 갖게 된다.

뛰어난 파트너와 협력하더라도 조직 내부에 데이터 기반의 사고 방식과 자기 데이터화 역량이 뿌리내리지 못하면 기대한 성과를 거두기 어렵다. 데이터 드리븐 마케팅 조직이 된다는 것은 조직의 미래를 외부에 의존하지 않겠다는 선언과도 같다. 데이터를 통해 스스로 질문하고 판단하고 성장을 거듭하는 조직만이 지속가능한 마케팅 경쟁력을 확보할 수 있다.

남의 데이터가 아닌 '우리의 데이터'가 진짜이다

브랜드들은 전문업체와 협력해 소비자 조사와 데이터 분석을 진행한다. 이는 매우 합리적인 선택이다. 데이터를 수집하고 분석하는 과정에는 높은 전문성, 기술적 인프라, 그리고 숙련된 인력이 필요하기 때문이다. 하지만 전통적인 조사방식이든 첨단 기술의 마케팅 도구든 자체적인 데이터 분석 역량을 키우는 건 매우 중요하다.

그 이유는 데이터 분석이 단순히 숫자를 읽는 작업이 아니기 때문이다. 데이터는 언제나 특정 상황, 즉 '맥락' 위에 놓여 있다. 시장의 구조, 소비자의 미묘한 심리 변화, 브랜드의 역사, 그리고 내부 구성원들만 공유하는 현장의 경험이 함께 고려되지 않으면 데이터는 자칫 전혀 다른 방향으로 해석될 위험이 있다. 오랜 시간 현장에서 쌓아온 시장 이해도와 자사 제품에 대한 깊은 애정은 복잡한 데이터 이면에 숨겨진 배경을 읽어내는 결정적인 열쇠가 된다.

제로슈거 탄산음료의 출시를 준비할 때의 일이다. 당시 내부에서 가장 민감했던 이슈는 두 가지였다. 신제품이 시장에서 얼마나 성장할 것인가와 기존 자사 제품이 점유하고 있는 시장을 얼마나 잠식할 것인가였다. 신제품의 성공도 중요했지만 이미 안정적으로 수익을 내던 기존 제품에 예상치 못한 타격을 주는 일은 반드시 피해야 했다. 결국 관건은 '리스크'를 얼마나 정교하게 예측하느냐였다.

우리는 리스크를 정확하게 예측하기 위해 자사와 타사의 제품 매출 변화를 아주 세밀하게 파고들었다. 단순한 성장률을 넘어 제품 간 이동 경로, 시점별 변화, 특정 소비자군의 반응까지 샅샅이 분석했다. 그 과정에서 겉으로만 봐서는 알 수 없지만 오랜 경험이 반영된 관점에서만 보이는 숫자들이 있었다. 이 숫자들을 다각도로 해석한 끝에 우리는 '3 : 7'이라는 결론을 내렸다. 향후 국내 탄산음료 시장이 레귤러 제품 70%, 제로슈거 제품 30%의 구조로 재편될 것이라는 예측이었다. 또한 신제품 출시로 기존 제품의 시장 잠식은 피할 수 없다는 사실을 확인했다. 이미 소비자의 취향이 이동하기 시작했다는 것을 데이터를 통해 확인했기 때문이다. 따라서 오히려 신제품을 출시하지 않는 것이 전체 시장점유율을 더 빠르게 잃는 길이라는 판단했다. 출시 3년 후 시장은 우리가 예측한 방향과 비율에 놀라울 정도로 가깝게 움직였다.

소수점 단위까지 정확했던 이 예측은 결코 우연이 아니다. 조직이 오랜 시간 축적해온 '자기 데이터화 능력'이 빛을 발한 결과다. 외부 전문가보다 탄산음료 시장을 가장 잘 이해하고 있었기에 어떤 데이터를 선택하고 어디에 주목할지를 정확하게 결정할 수 있었다. 자사 브랜드의 관점으로 정성스럽게 해석된 데이터는 그 어디에서도 구할 수 없는 고품질 정보다. 자체 분석 역량을 갖춘다는 것은 조직이 데이터 주도권을 갖는다는 의미다. 조사 설계, 질문의 방향, 해석의 깊이까지 전 과정을 이끌 수 있기 때문이다. 외부 업체가 제공하는 보고서도 훌륭하지만 그 안에는 필연적으로 놓치게 되는 맥락이 있다. 업체의 실력 문제라기보다 브랜드 내부의 언어와 현장의 미묘한 경험을 완벽히 공유할 수 없기 때문에 발생하는 한계다.

현장의 마케터는 알지만 외부 전문가는 놓치기 쉬운 정보들이 있다. 회의실에서 오간 짤막한 의견, 영업 현장에서 반복되는 고객의 불만, 특정 제품을 둘러싼 내부의 미묘한 분위기 같은 것들이다. 이런 요소들은 데이터의 '행간'에 숨어 있으며 직접 데이터를 다뤄본 조직만이 이를 읽어낼 수 있다.

마케터가 직접 소비자 조사를 경험하면 응답의 표면적인 내용뿐 아니라 그 너머의 뉘앙스까지 파악하는 힘이 생긴다. 숫자 뒤에 숨은 망설임과 질문을 살짝 바꿨을 때 달라지는 반응 등을 감지하게 되는 것이다. 이런 경험은 일회성으로 끝나지 않고 조직의 학습으로 이어져 시스템으로 정착된다. 자체 역량을 쌓는 일은 당장 비효율적으로 보일 수 있다. 외부 업체의 보고서가 더 빠르고 더 전문적으로 보이기 때문이다. 하지만 장기적으로 보면 이것이야말로 가장 신뢰할 수 있는 통찰을 얻는 지름길이다. 데이터는 조직이 스스로 질문을 던지고 답을 찾아가는 과정이 반복될 때 단순한 숫자를 넘어 전략을 세우는 강력한 무기가 된다.

데이터 역량이 마케팅 효율성과 효과성을 최대화한다

"광고가 잘 진행되고 있나요?"

'크니쁘니' 출시 이후 임원 회의에서 인사처럼 반복되던 질문이다.

"물론입니다. 아주 잘하고 있습니다."라고 답하면 약속이라도 한 듯 곧바로 다음 질문이 돌아왔다.

"그런데 왜 내 눈에는 광고가 안 보이죠?"

크니쁘니는 어린이용 오가닉 주스다. 출시 전 광고를 본 아이들의 성화에 못 이겨 엄마들이 홈페이지에 구매 문의를 남길 정도로 반응은 뜨거웠다. 하지만 당시 성인 소비자들은 대부분 크니쁘니를 알지 못했다. 광고를 볼 기회가 없었기 때문이다.

이 상황은 철저히 의도된 결과였다. 크니쁘니 광고는 오직 EBS

채널에서만 그것도 3~6세 아이들의 시청 시간대에만 집중적으로 방영했다. 아이들을 직접 공략한 타깃 전략이었다. 큰 인기를 얻은 크니쁘니 애니메이션 시리즈를 유튜브에 공개했을 때도 마찬가지였다. 알고리즘 특성상 아이들이 아닌 중장년층에게 광고가 노출되기는 어려웠다. 크니쁘니의 핵심 타깃은 구매자인 엄마가 아니라 실제 음용자인 아이들이었다. 엄마가 골라주는 제품이 아니라 아이가 '졸라서 사게 만드는 제품'을 목표로 했기 때문이다. 광고 노출을 아이들에게만 정밀하게 집중시킨 이 전략은 광고의 효율성과 효과성을 동시에 확보했다.

비슷한 상황은 '새로' 소주 광고 때도 반복됐다. 타깃 마케팅의 대표적 성공사례로 꼽히는 새로도 초기에는 TV 광고가 아니라 SNS와 유튜브에 광고를 집중했다. 데이터 분석 결과 MZ세대에게 TV는 정보 노출 효과가 아주 낮은 매체였기 때문이다. 새로 광고가 타깃 소비자층 사이에서 빠르게 퍼져나가고 있음에도 불구하고 내부에서는 "광고 노출이 너무 적은 것 아닌가요?" 하는 우려가 나왔다. 그때마다 우스갯소리처럼 이렇게 답하곤 했다. "만약 지금 여러분이 TV에서 새로 광고를 매일 보고 계신다면 그건 저희의 전략이 잘못된 겁니다."

마케팅 활동으로 최대의 성과를 얻기 위해서는 '최적화'가 필수다. 최적화란 자원, 도구, 기술을 무작정 많이 쓰는 것이 아니라 제한된 자원을 가장 효과적인 지점에 정확하게 배치하는 일이다. 그리고 그 최적화 과정은 조직 내부에 데이터 분석 역량이 있을 때만 가능하다. 데이터 분석의 주도권을 조직 내부로 가져왔을 때 얻게 되는 전략적 이점은 다음과 같다.

첫째, 마케팅의 효율과 효과를 동시에 극대화한다. 데이터 분석은 타깃 소비자를 정밀하게 정의하고 실제로 반응하는 접점을 찾아낸다. 크니쁘니와 새로는 매스 미디어에 넓게 뿌리는 기존 관행을 버리고 타깃에게 '좁고 깊게' 다가가는 전략을 택했다. 그 결과 같은 예산으로 훨씬 높은 성과를 냈으며 캠페인 진행 중에도 메시지나 노출 방식을 지속적으로 수정하며 최적의 지점을 찾을 수 있었다.

둘째, 데이터 분석의 질이 구조적으로 향상된다. 분석의 수준은 경험의 양에 비례한다. 하지만 외부 전문업체에 의뢰하면 프로젝트 건당 비용이 발생하므로 반복적인 데이터 활용에 한계가 생긴다. 비용은 많이 들면서 정작 내부 역량은 쌓이지 않는 악순환이 생기는 것이다. 반면 롯데칠성음료는 자체 서베이 시스템과 데이터 분석 툴을 도입해 내부에서 직접 수행하는 구조를 갖췄다. 그럼으로써 조사비용을 절반 이상 절감했고 그 덕분에 조사 횟수를 획기적으로 늘릴 수 있었다. 반복된 경험은 자연스럽게 데이터 해석 능력을 끌어올렸고 분석의 깊이 또한 눈에 띄게 깊어졌다.

셋째, 즉시성이 획기적으로 개선된다. 외부 의뢰는 절차와 시간이 필요하지만 자체 체계를 갖춘 조직은 필요한 순간 즉시 데이터를 확인하고 전략에 반영할 수 있다. 시장 반응에 따라 메시지를 즉각 수정하고 캠페인 방향을 트는 유연함은 변화무쌍한 시장 환경에서 결정적인 경쟁력이 된다.

데이터 드리븐 마케팅은 단 한 번의 분석으로 끝나는 이벤트가 아니라 전략 수립, 실행, 검증과 개선이 끊임없이 반복되는 '지속적인 최적화 과정'이다. 데이터를 기반으로 가설을 세우고 실행 결과를 다시 데이터로 증명하며 전략을 정교화해 나가는 선순환이 멈추지 않고 돌아가야 한다. 이러한 순환 구조가 실질적인 성과로 이어지려면 분석과 실행이 분리된 구조를 넘어 조직 전체가 하나의 유기체처럼 움직이는 시스템을 갖춰야 한다. 분석을 통해 전략을 세우는 활동과 그 데이터를 기반으로 실행을 개선하는 활동이 서로 긴밀하게 상호작용할 때 마케팅의 효율성과 효과성은 비로소 극대화된다.

결국 데이터 마케팅의 성패는 개인의 기량이 아닌 조직의 체질에서 결정된다. 단순히 데이터를 '사용하는 조직'에 머물지 않고 데이터로 '생각하고 판단하는 조직'으로 변모해야 한다. 그래야 기업은 외부 환경 변화에 흔들리지 않는 진정한 의미의 마케팅 최적화를 실현할 수 있다.

데이터로 증명할 때 리더십의 힘이 실린다

펩시콜라 제로슈거 라임의 출시는 칠성사이다 제로의 기획 단계에서 전략적으로 결정됐다. 탄산음료 시장을 대표하는 사이다와 콜라 두 품목을 동시에 제로슈거 라인으로 확장함으로써 시장점유율을 빠르게 올리는 목적이었다. 문제는 실행 권한이었다. 펩시콜라는 글로벌 브랜드다. 제품 라인 확장과 레시피 변경은 글로벌 펩시콜라의 승인 없이는 불가능했다.

당시 칠성사이다는 5년여 기간에 걸쳐 새로운 레시피 개발을 완료한 상태였다. 우리의 레시피는 기존 레귤러 제품과 거의 동일한 맛을 유지하면서도 오히려 산뜻하고 청량감을 강하게 느낄 수 있었다. 물론 펩시콜라도 자체적인 제로슈거 레시피가 있었다. 그러나 제로슈거 탄산음료에 대한 한국 소비자의 불만, 즉 맛에 대한 니즈를 해결한 레시피는 아니었다. 따라서 펩시콜라의 제로슈거 제품도 칠성사이다와 같은 기준을 적용하고자 했다.

하지만 글로벌 펩시콜라의 판단은 달랐다. 그들은 한국의 제로슈거 탄산음료 시장 규모가 크지 않을 것으로 판단했다. 오히려 경제 수준이 높아질수록 탄산음료 소비가 감소하는 만큼 장기적으로 한국 시장도 성장 가능성이 불확실하다고 보았다. 따라서 한국 시장만을 위해 별도의 레시피를 개발하는 것은 비효율적이라고 결론을 내렸다. 이 상황에서는 두 개의 선택지가 있다. 하나는 글로벌 펩시의 결정을 수용한다. 다른 하나는 그들을 설득한다. 우리는 후자를 선택했다.

글로벌 펩시를 설득하려면 그들의 판단을 뒤집을 명확한 팩트가 필요했다. 즉 한국의 탄산음료 시장은 '다르다' 사실을 증명하는 것이다. 정밀한 데이터 분석으로 글로벌 펩시가 결정을 내리게 된 판단의 전제가 실제 한국 시장과는 다르다는 것을 확인했다. 일반적으로 한 나라의 경제 수준이 높아질수록 탄산음료 소비가 감소하는 경향은 분명히 존재한다. 그러나 한국은 그 흐름이 매우 완만했고 오히려 제로슈거 탄산음료에 대한 니즈가 빠르게 증가하고 있었다. 한국 소비자들은 탄산음료를 줄이기보다 '대안'을 찾고 있었다.

이 데이터의 의미는 바로 '한국은 탄산음료가 줄어드는 시장이 아니라 기준이 바뀌는 시장'이라는 것이다. 데이터로 입증된 이 논리는 글로벌 펩시의 정책을 최초로 바꿨다. 글로벌 펩시는 롯데칠성음료가 요구한 레시피 기준에 동의했고 그렇게 탄생한 제품이 펩시콜라 제로슈거 라임이다. 이 제품은 '맛' 하나로 코카콜라 제로를 넘어섰고 한국 시장을 위해 개발된 제로슈거 레시피는 이후 글로벌 시장으로 확대 적용되고 있다.

이 사례는 데이터가 마케팅을 넘어 '조직 간 설득과 협력의 언어'가 될 수 있음을 보여준다. 마케팅은 본질적으로 협업의 영역이다. 내부의 여러 팀, 외부 파트너, 글로벌 본사, 때로는 경쟁 브랜드까지도 이해관계 속에서 함께 움직여야 한다. 협업의 전제는 항상 이해의 충돌이다. 이 충돌을 조정하는 가장 강력한 수단은 '논리'이다. 그리고 그 논리를 객관화하는 도구가 바로 데이터다. 데이터는 의견을 대체하지 않는다. 대신 그 의견을 증명한다. 감각과 경험의 영역에 머물던 주장을 '검증이 가능한 사실'로 바꾸는 순간 설득의 차원은 완전히 달라진다.

마케팅 의사결정에서 중요한 것은 마케팅 조직이 이 설득의 중심에 서는 것이다. 다양한 이해관계가 충돌하는 상황에서 마케팅 조직이 리더십을 주도하지 못하면 전략은 쉽게 타협되거나 왜곡될 수 있다. 하지만 데이터 기반의 전략을 갖춘 마케팅 조직은 '의견 제시자'가 아니라 '판단 기준'을 제시하는 위치로 이동하게 된다.

또한 데이터 드리븐 마케팅은 마케팅 부서의 전문성을 강화하는 데 그치지 않는다. 정교한 분석 결과를 경영진과 공유함으로써 경영 전략과 마케팅 전략의 일관성을 높이고 영업, 생산, 연구개발 등 유관 부서가 하나의 목표를 향해 움직이게 만든다. 이때 데이터는 조직 전체를 관통하는 '공용어'가 되며 마케팅은 그 언어를 설계하고 전파하는 핵심 역할을 맡게 된다.

데이터 드리븐 마케팅 조직이 주도하는 마케팅 리더십

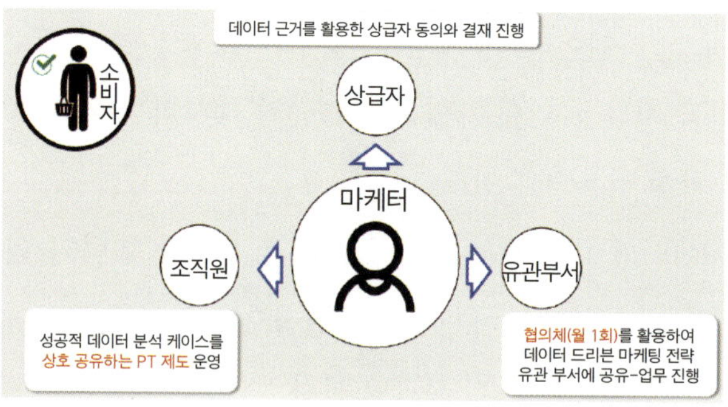

데이터 드리븐 마케팅 조직의 리더십 구조

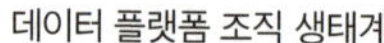

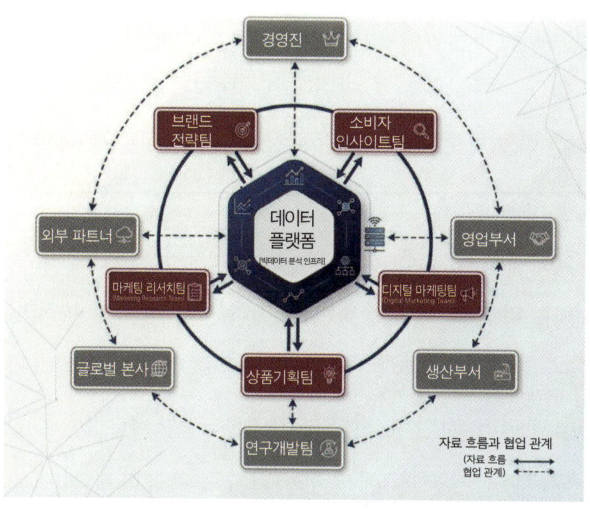

데이터 드리븐 마케팅 조직의 리더십은 직급이나 권한에서 나오지 않는다. 그것은 명확한 근거를 바탕으로 의사결정 구조 내에서 자연스럽게 형성되는 실질적인 영향력이다. 마케팅 조직이 데이터로 말하기 시작할 때 조직은 비로소 마케팅을 단순한 '지원 부서'가 아닌 비즈니스 성장을 견인하는 '전략 부서'로 인식하게 된다.

2
데이터 해석의 주도권 확보가 무기가 된다

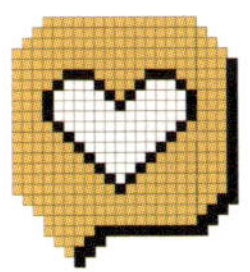

데이터 분석의 출발점은 데이터 그 자체가 아니라 질문이다. 같은 데이터를 보더라도 어떤 질문을 던지느냐에 따라 도달하는 답과 통찰은 완전히 달라진다. 문제의 본질을 어디에 두는지와 어떤 관점으로 접근하는지에 따라 데이터가 갖는 의미가 재정의되기 때문이다.

모든 기업과 브랜드는 서로 다른 목표를 가지고 있다. 비즈니스 모델도 다르고, 제품과 서비스의 성격도 다르고, 타깃 소비자 역시 다르다. 당연히 같은 데이터라도 식품 기업, 패션 브랜드, 기술 기반 스타트업이 던져야 할 질문은 같을 수 없다. 예를 들어 "요즘 소비자가 왜 이 제품을 선택하는가?"라는 질문 하나만 놓고 봐도 식품에서는 '맛과 건강', 패션에서는 '정체성과 표현', 테크 스타트업에서는 '문제해결과 편의성'이라는 전혀 다른 접근이 필요하다.

이러한 이유로 데이터 분석 시스템은 단순히 데이터를 수집해 보여주는 것만으로는 충분하지 않다. 일반적으로 데이터 시스템은 수집, 처리, 분석, 시각화 과정을 통합한 체계를 의미한다. 하지만 이 모든 인프라를 독자적으로 개발하려면 막대한 비용과 시간이 든다. 따라서 현실적으로 기업들은 대부분 검증된 외부 데이터 소스와 분석 도구를 대여해 시스템을 구축한다.

진짜 차이는 여기서 발생한다. 똑같은 데이터와 도구를 사용해도 어떤 조직은 혁신적인 통찰을 얻고 어떤 조직은 무의미한 보고서만 쌓아둔다. 이 간극을 메우는 결정적 요소가 바로 '자체 인덱스(지표) 개발 역량'이다. 조직의 분석 역량은 '어떤 도구를 쓰는가?'보다 '어떤 기준으로 데이터를 구조화하고 해석하는가?'에 달려 있다. 즉 스스로 질문을 풀어내는 알고리즘과 고유한 인덱스(지표)를 설계하는 능력이 핵심이다.

데이터 분석은 방대한 데이터를 있는 그대로 나열하는 작업이 아니다. 수많은 정보 중 무엇을 선별하고 어떻게 묶고 비교할 것인지가 정리될 때 비로소 의미가 있다. 브랜드가 중시하는 기준 — 구매 맥락, 사용 상황, 감정 반응, 기대 가치 등 — 에 맞춰 데이터를 분류하고 구조화한 인덱스가 필요한 이유다. 인덱스는 데이터를 빠르고 정확하게 해독하기 위한 '조직만의 언어'다. 인덱스는 데이터 전문가가 아닌 구성원들도 데이터를 쉽게 활용하게 돕는다. 분석가만 이해할 수 있는 데이터는 조직의 자산이 될 수 없다. 마케터, 기획자, 영업 담당자, 나아가 경영진까지 동일한 기준으로 데이터를 이해하고 대화할 수 있어야 실질적인 데이터 기반 의사결정이 가능해진다.

결국 데이터 분석 역량이란 데이터를 조직의 목적에 맞게 분류하고 질문하며 해석할 수 있는 '해석의 주도권을 확보하는 것'이다. 자체 인덱스를 설계하고 축적하는 과정을 통해 조직은 스스로 문제를 정의하고 답을 찾는 역량을 갖게 된다. 이것이 바로 데이터 드리븐 마케팅 조직이 보유한 진짜 경쟁력이다.

데이터 인덱스는 조직의 관점이 반영된 해석의 틀이다

조직 차원의 데이터 역량을 한 문장으로 정의하면 자기만의 데이터를 생산하고 축적하고 해석할 수 있는 능력이다. 여기서 말하는 '자기 데이터'란 단순히 내부에 보유한 데이터가 아니다. 또 외부에서도 쉽게 구할 수 있는 일반적인 데이터도 아니다. 자기 데이터는 자사의 비즈니스 맥락과 문제의식 속에서 재구성된 '차별화된 고유 정보'를 말한다. 이 자기 데이터를 만들어내는 핵심 과정이 바로 데이터의 인덱스화다. 인덱스는 단순한 데이터 분류가 아니다. 자사의 비즈니스 요구에 맞게 데이터를 분석하고 세분화하고 구조화한 결과물이다. 다시 말해 인덱스는 데이터 그 자체가 아니라 데이터를 바라보는 조직의 관점이 반영된 해석의 틀이다.

예를 들어 구매 고객 데이터와 구매 가격 데이터가 있다고 하자. 이 두 데이터는 그 자체로는 단순한 숫자에 불과하다. 데이터 전문가가 아니라면 이 숫자만 보고 의미 있는 통찰을 얻기는 어렵다. 하지만 이 두 데이터를 결합해 제품별 구매 선호도의 변화를 보여주는 인덱스로 정리하면 이야기가 달라진다. 가격 변화에 따라 어떤 제품의 구매가 늘고 줄었는지, 특정 가격대에서 소비자의 반응이 어떻게 갈렸는지가 한눈에 보인다. 숫자는 '정보'가 되고 정보는 '의미'로 바뀐다.

한 단계 더 나아가 보자. 단순히 자사 브랜드의 구매자 수 증감을 보여주는 데서 멈추지 않고 고객이 어느 브랜드로 이동하는지를 장기간 추적하는 알고리즘을 개발해 고객 이동 인덱스로 정리하면 전혀 다른 수준의 통찰이 나온다.

■ 대시보드로 구축한 데이터 인덱스화의 예

모듈 1. 성과분석
전체 시장 내 자사 및 경쟁사의 성과와 성장 기여도를 분석하여 브랜드의 현재 포지션을 진단

모듈 2. 고객분석
고객 구매 행동을 분석하여 자사와 경쟁사 이용 고객의 특성 구매 여정의 차이를 도출

모듈 3. 구색분석
고객 유형별 선호 분포를 분석하고 실제 접점에서 경쟁 관계에 있는 제품군을 파악하여 구색을 최적화

모듈 4. 가격분석
가격과 판매량의 상관관계 분석을 통해 가격 민감도를 파악하고 최적의 프로모션 가격대를 수립

모듈 5. 신상품분석
출시 초기 지표를 바탕으로 신규 고객 유입과 재구매율을 분석하여 신상품의 장기 성장성을 예측

1. 성과 분석
① 매출 트렌드
② 브랜드·상품수의 매출 기여도 요인 분석
③ 경쟁 제품과의 이득과 손실 분석 (=스위칭 분석)
④ 파레토 분석 (카테고리에서 우수·부적합 성과 품목 추출 분석)

2. 고객 분석
① 누가 구매하고 있는가?
② 고객들의 재구매 상황은 어떤가?
③ 상품간 중복 구매는 어떻게 되는가?
④ 구매 시간은?

3. 구색 분석
① 가격 가치 커브: 고객 유형별 가격 민감도 분석 (틈새시장 찾기)

4. 가격 분석
① 가격 변화 추이
② 가격 변화(오름, 내림) 시 성과 변화 분석

5. 신상품 분석
① 신상품 출시 조회
② 신상품 성공 여부 초기 추론
③ 신상품 성과 분해(기여 분석)

이 인덱스를 통해 자사 제품이 실제로 경쟁하는 브랜드가 누구인지, 어떤 시점에서 고객 이동이 발생하는지, 어떤 조건에서 이탈이 가속화되는지를 직관적으로 파악할 수 있다. 이는 단순한 시장 점유율 데이터로는 절대 알 수 없는 정보다.

이처럼 인덱스는 데이터를 '쌓아두는 방식'이 아니라 질문에 답할 수 있도록 설계된 구조다. 현장에서 쏟아지는 다양한 질문 – 왜

이 제품이 팔리는지, 왜 이 타이밍에 반응이 달라졌는지, 왜 특정 소비자층이 움직였는지 – 에 답하기 위해 알고리즘을 설계하고 인 덱스로 정리하는 과정 자체가 조직의 사고 수준을 끌어올린다. 이 과정이 반복되면 조직에는 중요한 변화가 일어난다. 데이터를 요 청해서 받아보는 조직이 아니라 스스로 질문을 만들고 답을 찾아 가는 조직으로 진화한다. 이것이 인덱스화가 조직의 통찰력을 깊 게 만드는 이유다.

인덱스화된 데이터는 반드시 시각화돼야 한다. 대시보드의 목적 은 데이터 분석가만을 위한 것이 아니다. 마케팅 조직 구성원은 물 론이고 경영진과 유관 부서까지 같은 데이터를 같은 언어로 이해 하도록 돕는 데 있다. 누구나 한눈에 보고 흐름을 파악할 수 있어 야 데이터 기반 의사결정이 가능해진다. 반대로 지나치게 복잡한 시각화나 전문적인 분석 기능 위주의 시스템은 오히려 활용도를 떨어뜨린다. 마케팅이나 경영진처럼 기술적 배경이 없는 사용자에 게 데이터는 또 하나의 '벽'이 되기 쉽다. 좋은 인덱스란 전문 지식 없이도 핵심 질문에 답을 주는 구조다.

결국 데이터의 인덱스화는 기술의 문제가 아니라 사고방식의 문 제다. 조직이 무엇을 중요하게 보고 어떤 질문을 반복적으로 던지 고 어떤 기준으로 세상을 해석하는지가 인덱스에 고스란히 담긴 다. 이 인덱스가 쌓일수록 조직의 판단은 빨라지고 전략은 정교해 지며 통찰은 깊어진다.

데이터 분석 도구는 데이터를 처리할 뿐이다. 데이터를 '어떻게 활용할 것인가?'에 대한 방향성이 없다면 그 가치는 급격히 떨어진다. 분석의 목적과 방향이 마케팅 목표와 일치하지 않으면 아무리 많은 데이터를 수집하고 정교하게 분석해도 실제로 도움이 되는 아이디어와 통찰로 이어지지 않는다. 그래서 데이터 시스템은 기술보다 먼저 사용자를 이해해야 한다. 특히 마케팅 조직에서 시스템의 실제 사용자는 데이터 분석가가 아니라 현장의 브랜드 매니저$_{BM}$이다. 시스템은 브랜드 매니저가 100% 활용할 수 있도록 설계돼야 하며 그렇지 않으면 아무리 잘 만든 시스템도 결국 사용되지 않는다.

문제는 많은 데이터 시스템이 하향식으로 구축된다는 점이다. 외부 전문업체가 시스템을 설계하고 내부 사용자에게 교육을 진행하는 방식이다. 기술적으로는 완성도가 높아 보일 수 있지만, 이런 방식으로 만들어진 시스템은 실제 현장에서 의미 있는 가치를 제공하지 못하는 경우가 많다. 데이터 전문가는 데이터 처리와 분석에는 뛰어나지만 그 시스템을 사용하는 마케팅 현장의 맥락에는 익숙하지 않다. 마케팅에서 어떤 질문이 중요하고 어떤 시점에 어떤 데이터가 필요한지는 결국 현장에서 결정된다. 분석의 질을 좌우하는 것은 기술이 아니라 질문의 수준이고 그 질문은 현장에서 나온다.

필요한 데이터와 분석은 전문업체의 시스템을 활용할 수 있다. 그러나 자기 데이터화를 가능하게 하는 알고리즘과 인덱스를 어떻게 설계하고 운영할 것인가는 철저히 사용자 관점에서 접근해야 한다. 큰 비용과 오랜 시간을 들여 구축한 시스템이 실제 업무에 적용되지 못하고 '애물단지'가 되지 않으려면 최소한 다음 네 가지 조건을 충족해야 한다.

첫째, 활용 가능한 정보여야 한다. 기술 중심으로 설계된 시스템은 데이터의 양과 정교함을 강조한다. 하지만 실제 사용자는 '어떤 정보를 어떻게 써야 하는지'를 가장 궁금해한다. 시스템은 사용자들의 실제 업무 목표와 맞닿아 있어야 하며 바로 행동으로 옮길 수 있는 정보를 제공해야 한다.

둘째, 직관적인 디자인이 필수다. 브랜드 매니저는 데이터 전문가가 아니다. 대시보드를 보는 순간 추가 설명 없이도 흐름과 변화를 이해할 수 있어야 한다. 복잡한 차트와 전문 용어로 가득한 화면은 활용도를 떨어뜨린다. 좋은 시스템은 설명이 필요 없다.

셋째, 응답성이 확보돼야 한다. 분석 결과는 가능한 한 실시간에 가깝게 제공돼야 한다. 대시보드의 데이터가 최신 트렌드를 즉시 반영하지 못한다면 브랜드 매니저가 그 시스템을 사용할 이유는 사라진다. 마케팅은 타이밍의 싸움이기 때문이다.

넷째, 지속적인 교육과 지원이 필요하다. 시스템 구축이 끝이 아니다. 사용자의 이해 수준과 요구는 계속 변한다. 정기적인 교육과 함께 실제 사용 중 발생하는 요구를 반영해 시스템을 업그레이드해야 한다. 시스템은 고정된 결과물이 아니라 함께 성장하는 도구여야 한다.

이런 이유로 데이터 시스템 구축은 하향식이 아니라 상향식 접근이 필요하다. 롯데의 경우, 내부 데이터 전문가 조직이 중심이 되고 브랜드 매니저들이 처음부터 직접 참여하는 방식으로 단계적인 시스템 구축을 진행했다. 서베이 툴에서 시작해 정성적 데이터 시스템과 정량적 데이터 분석 툴을 순차적으로 연결해 나갔고 그 과정에서 브랜드 매니저들의 요구를 적극적으로 반영했다.

브랜드 매니저들은 단순히 질문을 던지는 데서 그치지 않았다. 직접 알고리즘 구성에 참여했고 어떤 인덱스가 실제 업무에 필요한지 함께 고민했다. 서베이-정성-정량 데이터로 이어지는 트라이앵글 시스템 역시 사용자, 즉 브랜드 매니저 중심의 운영 원칙 위에서 설계했다.

시스템은 현장에서 브랜드 매니저가 직접 사용하면서 계속 다듬어진다. 필요한 점과 불편한 점을 빠르게 반영해 새로운 기능을 개발하고 내부 전문가들이 먼저 테스트와 수정을 거친 뒤 실행조직에 교육한다. 이후 다시 사용자 피드백을 반영해 알고리즘과 인덱스를 업그레이드한다. 이 과정이 반복되면서 시스템은 점점 조직에 맞게 진화한다.

물론 상향식 시스템 구축은 시간이 오래 걸린다. 롯데의 경우, 데이터 마케팅의 성과를 대표할 만한 히트 상품이 나오기까지 약 8년이 걸렸다. 하지만 이 과정에서의 수많은 시행착오는 낭비가 아니었다. 브랜드 매니저들이 직접 조사하고 데이터를 활용하고 새로운 접근 방식을 고민한 경험은 개인의 역량을 넘어 시스템에 축적 장기적으로 조직의 자산이 됐다.

데이터 시스템의 진짜 가치는 기술 그 자체가 아니다. 현장의 마케터들이 데이터를 통해 사고하기 시작하고 그 사고방식이 조직의 문화로 뿌리내리는 것이다. 그래야 비로소 독보적인 데이터 역량으로 내재화된다.

3

개인의 감각과 조직의 경험을
자산으로 축적한다

마케터의 직관과 창의성을 논할 때 빠지지 않는 인물이 바로 스티브 잡스다. 그는 기술과 디자인, 그리고 사용자 경험ux이라는 서로 다른 영역을 독보적인 감각으로 연결해 하나의 완성된 가치로 구현해냈다. 그의 진정한 힘은 단순한 아이디어에 머물지 않았다. 그는 직관을 통해 제품에 영혼을 불어넣었다. 이는 소비자와의 강력한 감성적 연결로 이어져 견고한 브랜드 충성도를 구축했다. 오늘날의 애플은 결국 그의 본능적인 판단과 집요한 선택들이 겹겹이 쌓아 올린 결과물이다.

잡스는 의사결정의 핵심으로 늘 '직관'을 강조했다. 그러나 그와 같은 천재적인 감각은 학습이나 노력만으로 도달할 수 있는 영역이 아니다. 모든 기업이 스티브 잡스 같은 인재를 보유할 수도 없을뿐더러 단 한 명의 직관에 중요한 의사결정을 온전히 맡기는 것은 매우 위험한 일이다.

하지만 데이터와 인공지능 기술의 발전은 천재가 아닌 평범한 마케터들에게 새로운 길을 열어주었다. 이제 마케팅 조직은 다수 구성원의 재능과 능력을 유기적으로 결합하고 여기에 데이터 통찰력을 더함으로써 과거에는 상상조차 할 수 없었던 정교한 의사결정을 내릴 수 있게 됐다.

데이터 시대 마케팅 조직의 핵심은 '데이터를 다루고 활용하는 역량'이다. 이는 타고나는 천재성과 달리 꾸준한 훈련으로 강화할 수 있다. 사실 실무 현장에서 모든 역량을 완벽하게 갖춘 이른바 '육각형 인재'를 찾는 것은 거의 불가능에 가깝다. 하지만 조직은 역할을 나누고 강점을 결합하며 서로의 약점을 보완할 수 있다. 한 명의 육각형 개인은 희귀할지 몰라도 여러 구성원의 전문성이 데이터로 연결돼 육각형에 가까운 능력을 발휘하는 조직은 충분히 만들 수 있다.

데이터 드리븐 마케팅 조직의 본질이 바로 여기에 있다. 개인의 감각과 경험을 데이터로 보완하고 그 데이터를 다시 조직의 학습 자산으로 축적하는 것이다. 이 과정에서 마케터의 직관은 사라지는 것이 아니라 데이터라는 정교한 필터를 거치며 더욱 날카로워진다.

결국 중요한 것은 데이터를 다루고 활용할 수 있는 조직의 구조와 문화다. 데이터 드리븐 마케팅 역량은 소수의 데이터 전문가가 독점하는 결과물이 아니다. 마케팅 직관과 데이터의 전문성이 자연스럽게 융합되고 현장의 학습 경험이 시스템 안에 차곡차곡 쌓일 때 비로소 거대한 통찰이 탄생한다. 이것이 데이터 시대에 마케터 개인이 성장하고 조직이 지속적인 성과를 만들어낼 수 있는 가장 현실적이고도 강력한 방법이다.

데이터 드리븐 마케팅은 조직 역량을 높인다

기존 브랜드 매니저 중심의 마케팅 조직에 데이터 시스템을 접목할 때 가장 어려운 과제는 데이터 분석이 고도의 전문영역이라는 점이다. 좋은 망치를 쥐여준다고 해서 모두가 훌륭한 목수가 되는 것은 아니다. 마찬가지로 아무리 성능 좋은 분석 도구가 있어도 모든 마케터가 데이터 전문가가 될 수는 없다. 사실 데이터 분석전문가, 브랜드 매니저, 디자이너, 콘텐츠 기획자는 각자 요구되는 관점, 기질, 재능 자체가 다르다.

데이터 드리븐 마케팅 조직이라고 하면 마치 모든 구성원이 전문가 수준으로 데이터를 활용할 수 있는 조직으로 오해하기 쉽다. 물론 이는 사실이 아니다. 데이터 드리븐 마케팅 조직은 서로 다른 재능들이 데이터 시스템으로 긴밀하게 연결돼 공동의 목표를 달성하는 조직이다. 마케팅 조직의 데이터 역량은 개인 능력의 합이 아니라 개인의 재능과 역량에 전문성이 결합돼 유기적으로 작동하는 시스템적 역량을 의미한다. 따라서 데이터 분석전문가, 브랜드 매니저, 디자이너, 콘텐츠 마케터가 각자의 언어로 일하면서도 같은 방향을 볼 수 있도록 협업 구조와 운영 프로세스를 설계하는 것이 조직의 데이터 역량을 좌우한다.

데이터 드리븐 마케팅 조직을 어떻게 구성해야 하는지에 대한 정답은 없다. 기업마다 사업 구조, 브랜드 포트폴리오, 인력 구성,

데이터 환경이 모두 다르기 때문이다. 다만 마케팅 전략 수립단계에서는 고도의 데이터 분석 역량이 집중적으로 필요하다. 그래서 많은 기업이 '전략 기능'과 '실행 기능'을 분리하는 방식을 선택한다. 예를 들어 전문적으로 데이터 분석에 집중하는 전략팀과 이를 현장에서 구현하는 실행팀이 유기적으로 협업하는 구조를 만드는 것이다.

롯데칠성의 마케팅 조직 역시 전략과 실행을 분리하고 프로젝트 단위로 협력하는 시스템을 구축했다. 전략조직은 데이터 분석을 중심으로 새로운 시장 기회, 대형 브랜드 전략, 그리고 5년, 10년 단위의 중장기 방향성을 설계한다. 이 조직의 가장 중요한 역할은 자기 데이터의 축적이다. 현장에서 반복적으로 등장하는 질문들을 구조화하고 해결하기 위한 알고리즘을 설계해 대시보드로 구축한다. 이렇게 축적된 데이터는 마케팅 조직에만 머무르지 않는다. 구매, 영업, 생산, 연구개발 등 유관 조직과 공유되며 전사 차원의 의사결정을 가능하게 한다. 데이터 드리븐 마케팅이 조직 전체의 전략 역량으로 확장되는 순간이다.

하지만 조직의 데이터 역량은 전략 조직만으로 완성되지 않는다. 실행 조직의 데이터 활용 능력이 함께 성장해야 한다. 전략 조직과 실행 조직이 유연하게 협력하는 구조는 실행 조직에 일종의 교육과 훈련 시스템으로 작동한다. 초기에는 고난도의 분석이 필요한 프로젝트를 전략 조직이 주도하지만 경험이 쌓일수록 실행 조직은 점차 독립적으로 데이터를 활용해 문제를 정의하고 해결할 수 있는 역량을 갖추게 된다. 잘 설계된 시스템은 실행 조직의 사고방식을 바꾼다. 감에 의존하던 판단은 질문으로 바뀌고 의견은 가설이 되고 결과는 데이터로 검증된다. 이렇게 만들어진 조직은 논리적 전략, 창의적 아이디어, 그리고 합리적인 의사결정을 동시에 가능하게 한다. 이것이 바로 데이터 드리븐 조직의 핵심이다.

협력 시스템은 프로세스가 아닌 신뢰 위에서 작동한다

데이터 드리븐 조직을 만드는 과정은 단순히 기술을 도입해 적용하는 것이 아니다. 이는 기존 조직 안에 전혀 다른 사고방식과 일하는 방식을 지닌 이질적인 DNA를 심는 과정에 가깝다. 이런 변화는 필연적으로 조직 내 크고 작은 갈등을 만들어낸다. 기존의 프로세스와 방식에 익숙한 사람들이 새로운 시스템과 사고법을 받아들이는 과정은 마치 면역반응처럼 자연스러운 현상이다. 따라서 이 변화가 조직의 저항으로 굳어지지 않으려면 적절한 변화 관리 전략과 갈등을 다룰 수 있는 리더십이 필요하다. 새로운 시스템에 적응할 수 있도록 돕는 교육, 조직 내 소통 구조, 변화에 대한 심리적 지원은 선택이 아니라 필수다.

■ 내부 고객경험이 변해야 신뢰가 형성된다

데이터 드리븐 조직으로의 전환은 사람, 문화, 내부 시스템이 함께 바뀌는 종합적인 작업이다. 기술과 사람이 따로 움직이면 변화는 실패한다. 이 과정에서 가장 먼저 다뤄야 할 과제는 '신뢰'다. 데이터라는 낯선 도구를 사용하고 익숙하지 않은 데이터 전문가들과 함께 일해야 하는 불편함은 현장에서 협력을 어렵게 만드는 심리적 장벽이 된다. 자연스러운 협력을 만드는 것은 시스템이 아니라 신뢰다. 협력의 시스템은 눈에 보이는 프로세스가 아니라 보이지 않는 신뢰 위에서 작동한다.

신뢰의 출발점은 정서적 공감이다. 인간은 상대에 대해 많이 알아서 이해하는 것이 아니라 공감하는 과정을 통해 '이해하고 있다'고 느낀다. 거부감은 대개 이질감에서 비롯되고 감성적으로 연결되지 않은 상태를 의미한다. 이해와 신뢰의 핵심은 결국 교감이다. 이를 해결하기 위해 주 1회 '브랜드 아고라'라는 프로그램을 운영했다. 구성원 모두에게 동일하게 5분의 시간을 주고 형식과 주제의 제한 없이 자신을 표현하도록 했다. 노래를 부르기도 하고 악기를 연주하기도 하고 책을 읽거나 간단한 퀴즈를 진행하기도 했다.

고작 5분의 효과는 기대보다 훨씬 컸다. 소통의 어려움을 호소하던 구성원들 사이에서 "잘 몰랐던 동료를 조금 알게 된 것 같습니다."라는 말은 나오기 시작했다. 이는 공감과 신뢰가 형성되고 있다는 신호였다. 이후 실제 협업을 하고 긍정적인 결과물이 나오자 구성원들은 데이터 기반 의사결정 시스템과 새로운 프로세스가 팀과 개인에게 어떤 이점을 주는지 자연스럽게 이해하고 체감하게됐다. 조직의 변화는 이렇게 내부 고객경험의 변화를 통해 빠르고 자연스럽게 진행된다.

■ 공통의 목표와 '업의 본질'을 공유한다

하지만 신뢰만으로는 충분하지 않다. 서로 다른 전문 영역과 성향을 지닌 구성원들이 데이터라는 공통의 도구를 활용해 시너지를 내려면 반드시 공유돼야 할 또 하나의 축이 있다. 바로 '업의 본질'

이다. 전문 영역이 다르고 사고방식과 일하는 방식이 다른 팀원들이 같은 목표를 향해 움직이기 위해서는 단기 성과보다 더 근본적인 공통분모가 필요하다. 이는 조직이 왜 존재하고 함께하는 일이 무엇인지를 이해하고 공감하는 문제다. 업의 본질을 규정하고 전체 구성원 앞에서 발표하는 프레젠테이션을 시작했다. 무엇을, 왜, 어떻게 할 것인지 구체적인 계획을 공유하는 자리다. 하지만 단순히 성과 목표를 발표하는 시간은 아니다. 이 프레젠테이션의 목적은 의사결정자로서 각자의 직무 목표와 판단 기준을 설명하는 데 있다. 그리고 그 중심에는 언제나 '업의 본질'이 있다.

'우리는 고객에게 즐거움을 제공하는 일을 한다.'

이 한 문장은 구성원들이 각자의 역할과 직무 차이를 넘어 하나의 방향을 향해 협력할 수 있도록 돕는다. '함께 하는 일'의 가치를 공유할 때 사람들은 소속감을 느낀다. 이 소속감은 서로 다른 관점과 업무 방식에서 비롯되는 갈등을 줄이고 팀워크를 강화하는 가장 강력한 토대가 된다.

리더의 태도에서 데이터 드리븐 조직의 전환이 시작된다

고객사였던 한 유통업체와의 미팅에서 있었던 일이다. 당시 델리카트Delicatessen인 즉석 조리 식품 카테고리에 대한 전략을 준비하며 해당 업체의 고객 데이터를 분석했다. 주 고객층이 빠르게 중장년층으로 제한되고 있었고 젊은 소비자의 신규 유입이 이루어지지 않는다면 시장 회복이 어렵다는 결론에 도달했다. 단기적인 매출은 유지되고 있었지만 구조적으로는 점점 선택지가 줄어드는 상황이었다.

고객사의 요청대로 기존 상품 납품에만 집중할 수도 있었다. 하지만 데이터가 가리키는 방향은 분명했다. 단기적인 매출은 유지되고 있었지만 타깃 소비자와 제품 구성 등 구조적인 문제를 해결하지 않으면 안 되는 상황이었다. 그래서 2030세대 유입을 목표로 한 전략을 준비했다. 젊은 소비자들의 라이프스타일 변화, 구매 채널의 이동, 온오프라인을 연계한 상품 구성과 커뮤니케이션 아이디어까지 담아 제안했다. 제안은 받아들여지지 않았다. 데이터는 가까운 미래의 위기를 명확히 보여주고 있었다. 하지만 고객사는 전략 전환에 따르는 신규 투자와 기회비용을 더 큰 리스크로 판단했다. 이는 데이터에 기반한 판단이라기보다 '현재의 안정'을 유지하려는 경영진의 선택이었다.

이 사례는 데이터 기반 의사결정의 역설적인 현실을 보여준다. 거의 모든 조직에서 리더는 데이터 기반의 의사결정을 강조한다. 심지어 데이터 만능주의에 가까운 태도를 보는 리더도 늘고 있다. 하지만 정작 현장에서 데이터 분석 결과를 가장 쉽게 무시하는 사람 역시 리더인 경우가 많다. "데이터는 참고용일 뿐 결정은 내가 한다."라는 말이 지배하는 조직에서는 데이터 기반 의사결정이 결코 뿌리 내릴 수 없다. 결국 데이터 드리븐 조직으로의 전환은 리더의 태도에서 시작될 수밖에 없다.

데이터 시스템을 구축하고서도 데이터 기반 의사결정이 이뤄지지 않는 조직은 많다. 이런 경우 문제는 대개 기술이나 역량이 아닌 리더십에 있다. 조직의 위계 구조는 종종 데이터의 흐름을 막고 통찰이 공유되는 것을 가로막는다. 데이터 분석 기반의 의사결정 구조가 작동하려면 모든 구성원이 필요한 데이터에 접근할 수 있어야 하고 그 결과를 자유롭게 논의할 수 있는 환경이 필요하다. 정보가 제한적으로 흐르는 조직에서는 데이터가 왜곡되거나 선택적으로 활용되기 쉽다. 이런 환경에서는 아무리 '데이터 기반'을 강조해도 실제 의사결정은 결국 개인의 경험과 직관에 의존하게 된다.

현장에서 매일 체감하는 사실은 '좋은 시스템을 구축하는 것보다 그 시스템대로 일하게 만드는 것이 훨씬 어렵다'는 점이다. 데이터 드리븐 문화가 현장에 안착하려면 초기에는 리더의 강력하고 의도적인 개입이 필요하다. 가장 대표적인 방식은 정보가 특정 집단이나 관리자층에서 고이지 않도록 소통 채널을 전면 개방하는 것이다. 중요한 의사결정과 관련된 데이터 등 정보를 팀장부터 실무자까지 모두가 모인 자리에서 투명하게 공유하고 논의를 진행하는 식이다. 조직이 지향하는 가치와 원칙이 중간 단계를 거치며 왜곡되지 않고 동일한 메시지로 전달될 때 조직의 변화는 속도를 내기 시작한다.

데이터 드리븐 조직으로의 전환은 위로는 기존의 관성을 극복하고 옆으로는 부서 간의 균형을 맞추며 아래로는 새로운 방식을 확산시켜야 하는 매우 까다롭고 고된 과정이다. 그 중심에서 균형을 잡는 것이 바로 리더의 핵심 역할이다. 결국 데이터 드리븐 조직을 만드는 일은 단순히 분석 도구를 도입하는 기술적 문제가 아니다. 데이터를 기준으로 사고하고 토론하고 결정하는 '문화'를 선택할 것인가의 문제다. 그리고 그 변화의 선택은 언제나 리더로부터 시작된다.

4
마케팅 조직의 핵심 역량은
끊임없는 학습이다

마케터에게 필요한 데이터 분석 역량을 한마디로 표현하면 '낫 놓고 기역자를 읽는 능력'이다. 데이터 분석 시스템이 구축되면 조직의 구성원들은 대시보드를 통해 다양한 데이터를 손쉽게 접할 수 있다. 클릭 몇 번이면 소비자 반응, 시장 변화, 브랜드 성과가 정리된 숫자와 그래프로 펼쳐진다. 하지만 이 정보들이 모두에게 같은 의미로 읽히는 것은 아니다. 글자를 읽을 수 없으면 책이 단지 종이 묶음에 불과하듯 데이터를 해석하는 능력이 없으면 그저 의미를 알 수 없는 숫자일 뿐이다. 데이터는 '낫'을 보여줄 뿐이다. 그 낫을 보고 '기역자'를 읽어내는 일은 결국 사람의 몫이다. 문제는 이 능력이 결코 쉽게 만들어지지 않는다는 것이다.

데이터를 숫자 이상의 의미로 이해하려면 기본적인 훈련이 필요하다. 데이터 분석에는 정답도 공식도 없다. 같은 데이터라도 어떤 관점에서 보느냐, 어떤 질문을 던지느냐에 따라 전혀 다른 결론에 도달한다. 예를 들어 같은 식품 카테고리라도 주류, 음료, 제과는 소비 맥락이 다르고 분석에 필요한 데이터의 조합과 해석 방식 역시 달라진다. 데이터 분석은 레고 블록을 조립하는 과정과 비슷하다. 데이터 하나하나는 작은 블록에 불과하지만 어떤 블록을 선택하고 어떻게 연결하느냐에 따라 전혀 다른 형태의 결과물이 만들어진다.

이 과정에서 중요한 것은 '지식'보다 '학습'이다. 실제로 조직 내부에서 데이터를 반복적으로 분석하다 보면 처음에는 전혀 관계없어 보이던 소비 행태들이 하나의 맥락으로 읽히는 순간을 경험하게 된다. 이런 통찰은 외부 리포트나 단발성 분석으로는 쉽게 얻기 어렵다. 동일한 데이터를 장기간 축적하고 여러 프로젝트를 거치고 질문을 수정하고 가설을 버리는 과정을 반복하는 학습 속에서만 드러난다. 그래서 데이터 드리븐 마케팅 조직의 핵심 역량은 분석 툴 그 자체가 아니라 데이터를 통해 배우는 능력이다.

중요한 사실은 학습이 일회성 교육으로 완성되지 않는다는 것이다. 데이터 분석 역량은 단기간의 교육이나 매뉴얼로 만들어지지 않는다. 실제 문제를 풀어보고 실패를 경험하고 다시 시도하는 과정에서만 강화된다. 그래서 데이터 드리븐 조직은 끊임없이 학습하는 조직일 수밖에 없다. 데이터 환경이 바뀌고 소비자가 변하고 시장의 맥락이 달라질 때마다 기존의 해석을 점검하고 새롭게 읽어내야 하기 때문이다.

결국 데이터 드리븐 조직이란 데이터를 통해 계속 배우는 조직이다. 학습조직으로서의 데이터 드리븐 조직은 데이터를 '정답을 알려주는 도구'로 보지 않는다. 대신 데이터를 통해 사고하는 방식을 훈련한다. 이 데이터는 왜 이렇게 움직였을까? 다른 해석의 가능성은 없을까? 지금까지 우리가 놓치고 있던 전제는 무엇이었을까? 이런 질문들이 쌓일수록 조직은 점점 더 정교한 해석 능력을 갖추게 된다. 그리고 이 능력은 특정 개인의 역량으로만 남지 않고 조직의 자산으로 축적된다.

시스템은 마케터를 감시하는 도구가 아닌 성장의 발판이다

조직은 직무에 적합한 기본 이상의 역량을 갖춘 인재를 채용한다. 그러나 시간이 지날수록 인재들이 평범한 수준으로 하향 평준화되는 현상을 자주 목격하게 된다. 이유는 단순하다. 같은 조직 안에서 비슷한 업무를 반복하며 유사한 경험만을 쌓기 때문이다. 업무방식과 문제해결의 패턴이 고정되면 개인의 재능은 한정된 범위 안에서만 발휘되고 결국 조직 전체의 역량도 정체된다.

조직의 경쟁력을 높이는 핵심은 개인의 능력을 평가하는 데 있지 않다. 구성원들이 각자의 역량을 바탕으로 계속 성장할 수 있도록 돕는 구조를 만드는 데 있다. 즉 업무 프로세스와 시스템 자체가 학습을 유도하는 방향으로 설계돼야 한다. 학습조직은 별도의 교육 프로그램이 많은 조직이 아니라 실무에서 발생하는 문제를 해결하는 과정 자체가 학습되는 조직이다.

데이터 드리븐 마케팅 조직은 단기간에 완성되지 않는다. 시스템이 고도화되고 일하는 방식이 달라질수록 학습의 목표와 방식도 함께 진화해야 한다. 롯데의 경우 약 8년에 걸쳐 데이터 드리븐 마케팅 역량을 단계적으로 강화해왔다. 모바일 온라인 조사와 면접 조사 도구를 시작으로 정성적 데이터 분석, 정량적 데이터 분석 도구로 시스템을 확장하는 과정에서 학습 전략 역시 계속 변화했다. 초기에는 외부 전문업체의 컨설팅을 내부 학습과 연계했고 자체 시스템이 자리 잡은 이후에는 실행조직이 직접 성과의 경험을 축적하도록 기회의 구조를 바꿨다.

■ 전문업체의 컨설팅을 내부 교육의 기회로 만든다

데이터를 마케팅에 접목하는 초기 단계에서는 외부 전문업체와의 협력이 불가피하다. 이때 중요한 것은 컨설팅을 단순한 '결과물 납품'으로 끝내지 않는 것이다. 프로젝트는 최고의 교육 기회가 될 수 있다. 프로젝트마다 업체를 바꾸기보다 자사 특성을 잘 이해하는 파트너와 장기적인 협력 관계를 유지하면 학습의 연속성을 확보할 수 있다.

예를 들어 조사 설계와 분석 과정에 브랜드 매니저들이 직접 참여하도록 요청할 수 있다. 브랜드 매니저들이 질문을 던지고 분석 방향을 함께 논의하는 과정 자체가 학습이다. 프로젝트의 최종 결과를 공유하는 자리에는 관련 실무자 전원이 참석하도록 원칙을 세웠다. 자유로운 질문과 토론을 통해 데이터를 읽고 해석하고 적용하는 경험이 반복되면서 분석 감각이 자연스럽게 축적된다.

■ 학습 그 자체를 목적으로 한 프로젝트 설계가 효과적이다

업무를 통한 학습만으로는 충분하지 않다. 이때는 학습 그 자체를 목적으로 한 프로젝트를 설계하는 것이 효과적이다. 시스템 구

신제품 개발을 위한 아이디에이션 워크숍에서 나온 아이디어 중 하나가 깨수깡이었다.

축 초기 '신제품 개발을 위한 아이디에이션 워크숍'을 기획한 적이 있다. 마케팅 조직, 영업조직의 실무자, 그리고 외부 데이터 전문가들이 함께 참여한 일종의 해커톤 형식의 프로그램이었다.

각 팀은 스스로 질문을 정의하고 필요한 데이터를 선택해 가설을 세운 뒤 신제품 아이디어를 도출했다. 성과를 목표로 한 프로젝트는 아니었지만 뜻밖의 결과도 나왔다. 이 과정에서 나온 아이디어 중 하나가 숙취해소제 '깨수깡'이었고 실제 제품으로 출시돼 성공을 거두었다. 학습을 위한 실험이 실질적인 비즈니스 성과로 이어진 사례다.

■ 브랜드 매니저 주도의 성공 경험을 축적한다

자체적인 분석 시스템이 갖춰진 이후에는 실행조직이 주도하는 성공 경험을 늘리는 것이 중요하다. 초기에는 내부 데이터 전문가

청하와 탐스제로

브랜드 매니저 주도의 데이터 마케팅 전략으로 성공한 제품들

그룹이 전략 수립을 전담했다면 이후에는 교육의 대상이었던 브랜드 매니저들이 직접 소비자 조사, 전략 수립, 실행까지 전 과정을 책임지는 기회를 제공해야 한다.

성공이든 실패든 스스로 성장의 과정을 체감하는 경험이 동기부여의 출발점이다. 장기 전략이나 대형 브랜드가 아닌 경우, 브랜드 매니저 조직이 전략과 실행을 주도하는 구조로 점차 전환했다. 실제로 칸타타 콘트라베이스와 탐스제로 등은 브랜드 매니저 조직 주도의 데이터 기반 전략과 실행을 통해 성과를 냈다. 이런 사례가 쌓일수록 데이터는 '어려운 도구'가 아니라 '성과를 만드는 무기'로 인식되기 시작한다.

■ 보상의 기준은 개인이 아니라 협업 성과에 두어야 한다

학습조직에서 협력은 가장 중요한 자산이다. 협업의 과정을 체계적으로 공유하면 조직의 노하우와 통찰이 축적되고 개인의 경험

은 조직의 자산이 된다. 동시에 학습에는 적절한 긴장감도 필요하다. 성장을 체감할 수 있어야 자발적인 학습이 지속된다.

이때 효과적인 장치는 조직 내 롤모델이다. 데이터 드리븐 조직에서의 롤모델은 재능 있는 개인이 아니라 데이터 기반의 협업으로 성과를 만들어낸 사례다. 다만 협업 안에서 특정 개인이 독주하는 분위기가 되면 오히려 조직을 분열시킬 수 있다. 그래서 보상의 기준은 개인이 아니라 반드시 협업의 성과에 둔다. 상위 성과에 대한 공개적인 인정은 동기부여가 되지만 성과를 서열화하고 낙인을 찍는 방식은 학습 의욕을 꺾는다.

잘 작동하는 학습조직에서는 지식과 경험을 나누는 데 거리낌이 없다. 협력이 성장의 조건이 되고 성과를 만드는 전략이 되기 때문이다. 이런 환경에서 구성원은 성장하고 조직의 데이터 역량은 자연스럽게 강화된다.

데이터라는 공용어로 조직의 다양성을 시너지로 바꾸자

오늘날 마케팅 프로세스에서 데이터 분석은 이미 선택이 아닌 필수다. 데이터는 오래전부터 마케팅의 중요한 자원이었지만 데이터 드리븐 마케팅이 본격화되면서 그 위상과 의미는 완전히 달라졌다. 과거의 데이터가 이미 벌어진 결과를 설명하는 '사후 보고서'였다면 지금의 데이터는 미래의 가능성을 탐색하고 지도를 그리는 '전략적 언어'에 가깝다.

흥미로운 점은 데이터 드리븐 마케팅이 확산될수록 역설적으로

'관점의 다양성'이 지니는 가치는 더욱 커진다는 사실이다. 데이터를 수집하고 분석하고 시각화하는 기술적 과정은 점점 자동화되고 있지만 그 결과물에 어떤 의미를 부여하고 실제 전략으로 전환할지는 여전히 인간의 몫이기 때문이다. 데이터를 마케팅에 어떻게 해석하고 적용할 것인가는 결국 마케터가 지닌 직관, 지식, 그리고 축적된 경험과 감각에 따라 결정된다. 같은 데이터를 마주하더라도 마케터의 관점에 따라 포착하는 지점은 다르다. 어떤 마케터는 숫자 이면의 차가운 시장 변화를 읽어내고 어떤 마케터는 그 숫자 속에 숨겨진 소비자의 뜨거운 감정을 포착한다.

결국 진정한 의미의 데이터 드리븐 마케팅은 정교한 데이터 분석 능력과 마케터의 다각적인 관점이 결합한 통찰을 요구한다. 서로 다른 해석이 자유롭게 공존하고 충돌하며 정교해질 때 데이터는 비로소 단순한 숫자를 넘어 시장을 움직이는 강력한 힘을 갖게 된다.

이런 문제의식에서 데이터 드리븐 마케팅 조직의 인적 다양성 강화에 집중했다. 논리적 분석 역량과 창의적 감각은 좌우의 날개처럼 균형을 이뤄야 한다. 데이터 분석 전문가로 구성된 전략 조직, 소비자와 시장의 현실을 가장 가까이에서 다루는 브랜드 매니저 조직, 감각과 취향, 시대의 정서를 표현하는 콘텐츠 마케팅 조직은 서로 다른 기질과 언어를 가지고 있다. 중요한 것은 이 차이를 줄이는 것이 아니라 차이를 유지한 채 연결하는 시스템을 만드는 것이다.

이를 위해 의도적으로 인재 구성에서 다양한 배경을 받아들였다. 마케팅이나 경영학 전공이 아니어도 상관하지 않았다. 숫자에

강한 사람, 맥락에 강한 사람, 감정과 표현에 강한 사람, 끈질기게 파고드는 성향의 사람 등 각 조직의 성격에 맞는 '끼'를 우선했다. 비슷한 경험과 지식이 모였을 때보다 서로 다른 경험과 관점이 섞였을 때 시장과 소비자에 대한 이해는 훨씬 입체적이고 깊어진다.

하지만 다양성 그 자체만으로 성과가 만들어지는 것은 아니다. 서로 다른 경험과 언어가 뒤섞인 조직은 자칫하면 대립과 혼란에 빠지기 쉽다. 다양성이 갈등이 아닌 경쟁력이 되려면 각자의 재능을 발휘하면서도 하나의 목표를 향해 정렬할 수 있는 '공통의 기준'이 필요하다. 그 기준이 바로 '데이터를 다루는 원칙'이다.

데이터는 서로 다른 재능을 같은 논의 테이블 위에 올려놓기 위한 공통 언어다. 데이터는 서로 다른 관점을 연결하고 검증하는 장치다. 각자의 직관과 감각으로 상황을 해석하되 그 해석의 근거와 검증은 데이터라는 공용어를 통해 이루어지는 것이다. 데이터라는 명확한 룰 위에서 소통함으로써 조직의 다양성은 정교한 전략이 된다.

그렇다면 데이터 드리븐 조직의 데이터 분석 역량은 어느 수준까지 도달해야 하는 걸까? 데이터에 대한 이해도와 활용 능력에는 분명 개인차가 존재한다. 전략 조직의 데이터 분석 역량을 200이라고 가정할 때 실행 조직의 실무자들은 교육과 경험을 통해 150에서 50까지 다양한 수준에 분포하게 된다. 조직의 현실적인 목표는 모두를 전문가 수준으로 끌어올리는 것이 아니라 전체 평균을 안정적으로 유지하는 것이다. 100에서 80 정도의 수준만 확보해도 조직의 데이터 분석 역량은 충분히 강해질 수 있다. 조직의 목표는 개별 능력의 최대치가 아니라 협업이 가능한 최소 공통분모를 만드는 것이다.

기술은 앞으로 더 눈부시게 발전할 것이다. 마케팅 영역에서도 데이터 분석에 인공지능을 활용하는 단계는 이미 시작됐다. 반복적인 분석과 가설 검증은 점점 더 자동화될 것이며 프로세스의 효율성 또한 획기적으로 높아질 것이다. 이 과정에서 인공지능은 의사결정 과정에 개입하는 고질적인 인지적 편향을 보완하는 유용한 도구가 돼줄 것이다. 하지만 인공지능이 데이터 분석의 '통찰'까지 극적으로 높여줄 것이라 기대하기는 어렵다. 분석의 주체가 인공지능이든 인간이든 그 결과를 고객이 요구하는 가치로 전환하는 최종 판단은 여전히 인간의 통찰력과 창조적 감각에 달려 있기 때문이다.

결국 데이터 드리븐 마케팅의 본질은 기술이 아니라 '사람'이다. 진정한 마케팅 경쟁력은 데이터를 다루는 기술이 아니라 데이터라는 탄탄한 토양 위에서 서로 다른 관점이 충돌하고 토론하며 융합되는 '마케터들의 시너지'에서 나온다. 따라서 미래 마케팅의 승패는 누가 더 다양한 재능과 다채로운 관점을 보유하고 있는가, 그리고 그 인재들을 얼마나 데이터 친화적인 전략가로 성장시키는가에 따라 결정될 것이다. 기술이 고도화될수록 마케팅은 사람의 마음을 읽고 가치를 제안하는 가장 인간적인 관점과 감각을 요구할 것이기 때문이다.

미주

1.   인스타그램&오픈서베이. 2023

2.   CCCMK 종합연구소, 닛케이 트렌드, 2023

3.   Self-Determination Theory, 1985

4.   kepios, 2023

5.   정보통신정책연구원, 2022

6.   메리츠증권 리서치센터, 2024

7.   식품의약품안전처, 2022

8.   The Economist. 2021. 3. 1

9.   harvard business review

10.   bain & company

데이터 투 하트

히트 상품은 어떻게 만들어지는가

초판 1쇄 인쇄 2026년 4월 10일
초판 1쇄 발행 2026년 4월 17일

지은이 여명랑
펴낸이 안현주

기획 류재운 **편집** 안선영 김재훈 **브랜드마케팅** 이민규 **영업** 안현영
디자인 표지 정태성 본문 장덕종

펴낸 곳 클라우드나인　**출판등록** 2013년 12월 12일(제2013-101호)
주소 우) 03993 서울시 마포구 월드컵북로 4길 82(동교동) 신흥빌딩 3층
전화 02-332-8939　**팩스** 02-6008-8938
이메일 c9book@naver.com

값 22,000원
ISBN 979-11-94534-70-9 03320